이 책을
보배롭고 존귀한

님께
_____

드림
_____

내가 경험한 산촌 유학의 이야기

임 교장의 산촌 유학 리포트

내가 경험한 산촌 유학의 이야기

임금순

프롤로그

　이 책은 과거 내가 옴천초등학교 교장으로 재직하면서 기록한 일기에 근거하고 있다. 나는 지난 2013.03~2017.02 까지 옴천초에 근무하면서 그날그날의 일들을 간략하게 기록했다. 나는 평소 일기를 잘 쓰지 않는다. 그런데 옴천초에 재직하면서는 매일 그날의 일들을 기록했었다. 그때의 일기장을 A4 용지로 정리해 보니, 무려 250페이지가 되었다.

　나는 참으로 많은 기억들을 남겼다. 나는 일기장을 살펴보면서 왜 이처럼 많은 기록을 남겼는가? 생각해보았다. 그것은 망각에 대한 두려움이다. 즉 그때의 일들을 잊고 싶지 않아서이다. 그 당시 나는 남이 시도해보지 않았던 산촌 유학에 무모하게 도전했다. 그래서 때론 길을 잃고 방황하기도 하고 마음의 상처를 입기도 했다. 그러나 나는 옴천초에서의 산촌 유학이 전라남도 교육의 방향에 새로운 좌표를 찍었다고 생각한다.

일기는 개인의 사적 공간으로 그날의 기쁨과 아픔이 기록된 기억의 현장이다. 그래서 일기를 다시 펼쳐 읽어보니 그날그날의 기억들이 떠올랐다. 나는 은퇴를 앞두고 산촌 유학의 기억 조각들을 다시 정리하고 싶은 충동을 느꼈다. 그러나 나의 지난 업적을 자랑하려는 것은 결코 아니다. 단지 이제 국가적 정책으로 추진하는 농산어촌 유학에 조금이나 도움이 되었으면 하는 바람에서이다. 나는 남들보다 미리 앞서서 그 길을 갔었고, 나의 교직 기억의 하이라이트는 산촌 유학이었다. 그래서 40년 교직을 마무리하면서 이 책을 쓰게 된 것이다.

그런데 나는 나의 산촌 유학의 일기장을 그 당시 '내 삶의 보고서'라고 생각한다. 그래서 나는 이 책을 출간하면서 『임 교장의 산촌 유학 보고서』라고 제목을 붙였다. 이 보고서는 거창한 정책을 제시한 것이 아니라, 단지 내가 경험한 산촌 유학의 이야기다. 강진군 옴천초에서 교사와 학생 그리고 주민들과 함께 겪었던 교육적 현장의 이야기이다.

내가 경험한 교육의 현장이 보편적 원리가 될 수 없다. 즉 내가 경험한 산촌 유학이 정답은 아니다. 그러나 앞서 경험한 이야기들은 그 길을 가는 사람들에게는 좋은 길잡이가 되기도 한다.

나는 산촌 유학을 추진하면서 많은 사람을 만났다. 때론 힘들었던 사람들도 있었지만, 대부분 나와 학교에 도움을 주었던 소중한 사람들이다. 그리고 무엇보다 감사한 것은 아이들이다. 나와 학교를 믿고 강진군 옴천까지 유학 온 아이들을 생각하면, 지금도 감사함이 절로 나온다. 나는 이 책에서 등장한 사람들과 아이들의 이름을 주로 가명으로 기록했다. 그러나 그분들의 이름을 밝혀도 좋은 경우는 실명을 그대로 사용했다.

『임 교장의 산촌 유학 보고서』는 총 6부로 구성되어 있다. 제1부는 교사로서의 꿈을 갖게 된 유년의 기억, 섬마을 교사, 그리고 율어초 교감이 되어서 시작한 '작은 학교 살리기'를 기록하고 있다. 또한, 옴천초 공모 교장이 되어서 산촌 유학의 기초를 놓은 일들을 기록했다.

제2부~5부까지는 옴천초에서 산촌 유학을 하면서 겪게 된 사건들과 교육의 성과 그리고 그 의미에 대해 기록했다.

옴천초의 산촌 유학은 그동안 민간활동에서 조금씩 시작된 농촌 유학을 공적인 교육기관에서 최초로 실시한 것이다. 그런 의미에서 가지 않았던 길을 개척한 교육의 새로운 방향이라 자평할 수 있다. 특히 학생 수 감소로 폐교가 되어야 할 산촌의 학교가 오히려 교육의 강점이 될 수 있음을 알리게 되었다.

제6부에서는 담양교육지원청에서 교육지원과장으로 근무하면서 추진했던 서울특별시 중랑구청과 담양교육지원청과의 '도농 교류 농촌 유학'에 관해 기록하였다.

도농 교류 유학은 도시와 농촌의 학생들이 다른 교육적 상황을 접하는 좋은 계기가 되었다. 도농 교류 유학은 교육의 상대적 박탈감을 해소하는 한국 교육의 새로운 미래가 될 수 있음을 발견하였다. 그리고 담양 봉산초에 교장으로 부임해서 다시 현장에서 추진한 농촌 유학을 기록하고 있다. 에필로그에서는 농산어촌 유학이 어떤 방향으로 나가야 하는가에 대한 나의 소견을 기록했다.

내가 옴천초에서 성공적으로 산촌 유학을 추진할 수 있기까지는 마을 주민들과 교육청, 그리고 군청의 적극적인 협조가 있었다. 어찌 이분들뿐인가? 책에 등장하지는 않았지만, 보이지 않게 도움을 주신 분들이 많았다. 이 책을 출간하면서 그분들께도 감사를 드린다.

2022년 8월

임 금 순

차례

프롤로그_7

두드림의 시작

유년의 기억(교사로 부르심)_19 • 섬마을 선생님과 미술_23
보성 율어초등학교_28 • 강진군 옴천초등학교 교장_32
첫 가정방문_35 • 遊學 혹은 留學_36
젊은 교사의 부임_39 • 맥우단지 장을재 사장님_41
강진원 군수님과 첫 만남_42 • 국립광주박물관 탐방_44
유학센터 방문_50 • 이럴 수가_52
多 어울림 한마당_56 • 힐링 유학 캠프_61
첫 열매_64 • 봉선초등학교 자매결연식_65

친구가 생겼어요!

광주에서 첫 유학생이 오다_73 • 옴천면과 서울 보라매동_76

차례 • 11

경기도 분당에서 온 아이_78 • 창원에서 온 아이들Ⅰ_81
SBS 시사경제팀 취재_84 • 광주시립미술관과 협약식_86
서울에서 답사온 아이들_88 • 방송국 기자들과 그리고 홍보_92
교장단 연수_96 • 서울에서 진영이가 왔다_98
한국-호주 국제교류_100 • 창원에서 온 아이들Ⅱ(하경, 지훈)_104
농어촌 희망교육 공동체 지원사업 선정_106
유학 온 아이들의 갈등과 적응_108 • 귀농·귀촌 박람회_112
서울에서 온 혜숙_113 • 성남에서 온 명원, 희원_116
산촌 유학 센터 건립을 위하여_118 • 두 번째 다 어울림 한마당_120
호사다마 好事多魔_126 • 변화된 지훈이와 새로 오게 될 친구들_127
장만채 교육감님 면담Ⅰ_130 • 우석대 영어경진대회_132
광주국제영어마을_134

제3장
다시 유학 캠프를 꾸리다

2차 힐링 유학캠프_139
용인에서 다솔이가 왔다 그러나 또 다른 난관이_142
천연 잔디운동장_146 • 옥천면민의 날_148
가족형 산촌 유학이 시작되다_149 • 내가 변했는가_152
반딧불이 저녁교실_154 • 남의 떡이 커 보인다_156
대한민국청소년국악제_159 • 다시 재경옥천향우회_163

유학생 문제로 교사와 대화_165
첫눈과 함께 산촌 유학을 성찰하며_167
교감 선생님이 오셨다_171 • 산촌 유학 홍보를 위하여_174
친환경 교실 준공식과 자동차 사고_176
보성 용정중학교 견학_179 • 무대 포_181
경동이, 승국이와의 산책_183
산촌유학협동조합, 삼성스마트스쿨_186
연우가 변했다_189 • 이낙연 도지사님_191
세계일보 취재_193 • 광주에서 유학 온 아이들_194
다시 귀농 귀촌 박람회를 가다_196
모내기 체험_202 • 하경이와 유학생 어머니_204
이낙연 도지사님 면담_208 • 맥우단지 축사 체험_210
그림으로 커 가는 아이들_212 • 군 의회와 소통_215
대한민국 행복학교박람회_217 • 교사의 전문성_221
허탈감과 기쁨_224 • 장만채 교육감님 면담Ⅱ_226
가슴이 철렁_229 • 농촌 유학 활성화 간담회_231

교육의 열매들

100대 교육과정 우수학교 비전 설정_237 • 체험학습을 장흥에서_240
작은 학교 살리기 컨설팅_242 • TV속의 우리 학교_245

100대 교육과정 선정 실사와 보완_249 • 다시 재경옴천향우회_255
드디어 전국 100대 교육과정 우수학교 선정_256
반복되는 서울 출장_259 • 산촌 유학의 보람_260
조선일보에 소개된 옴천초등학교_263
드디어 유학센터 공사 시작_265
선진유학센터를 찾아서_268 • 지혜로운 아이들_272
3개교 연합 운동회_275 • 끊임없는 컨설팅, 그리고 그림 상담_278
황당한 상담, 살다 보면_287 • 첫 발령지의 추억_289
또 박람회 공들이기_292 • 방송 매체의 위력_294
영호남 교류_296 • 꿈에 그리던 유학센터 준공식_299
후유증_302 • 화려한 인천_305
마지막 2학기_307

제5장
농촌 유학의 미래를 꿈꾸며

학교와 유학센터의 미래_313
마지막 업무들_315
내 사랑 옴천 안녕!_318

제6장
담양교육지원청과 봉산초등학교

담양교육지원청 교육지원과장_327
서울 중랑구와 협약식_336
도농 교류 농촌 유학, 첫 시작! 중랑구 아이들이 담양으로_339
도농 교류 농촌 유학, 첫 시작! 담양 아이들이 서울로!_341
담양교육지원청, 보고 싶은 친구들 만나러 가요_343
담양 봉산초등학교_344
이이남 작가의 꿈과 끼를 이어받아_347

에필로그_350

제1장

두드림의
시작

유년의 기억
(교사로 부르심)

　설레는 마음으로 아이들과 만난 지 엊그제 같은데 세월이 참 빠르다. 교단에 선 지 40년이 지났다. 이제 곧 이 정든 교정도 떠나야 한다. 물 흘러가듯 오고 가는 모든 삶의 현상들을 받아들여야만 하는 게 인생의 숙명인가? 창가에 앉아 아이들이 뛰노는 운동장을 하염없이 바라본다. 시간의 속절없음을 실감하며 지난날을 회상해 보았다.
　나는 전라북도 부안군에서 3남 1녀 중 고명이면서 셋째인 딸아이로 태어났다. 바다와 산이 나란히 맞아주는 곳, 눈만 뜨면 밤하늘의 별이 쏟아지는 곳이 내 고향이었다. 누구든지 와서 쉬고 싶은 선유도와 변산반도 국립공원이 있는 곳, 그러나 무엇보다도 자연을 사랑하고 사람에 관한 예의와 도리가 몸에 스며들도록 계곡과 산정과 호수가 넉넉히 품어주는 곳이 바로 내 고향 부안이었다. 나는 고명딸이라 오빠들보다 부모님의 관심과 사랑을 듬뿍 받으며 자랐다.
　그러나 유년 시절에 예기치 않은, 부친의 사업실패로 어려움을 겪게 되었다. 교육에 온 정성을 다 쏟으셨던 부모님께서는 한탄하셨다.
　"아이고, 이를 어쩌나? 우리는 괜찮은데, 저 착한 우리 아이들을 어떡해?"

"아빠, 우리 일은 걱정하지 마세요. 그럴수록 더 열심히 공부할게요."

그때부터 나는 할 일을 찾아 스스로 해결하는 억척스러운 아이가 됐다. 초등학교 입학 때는 가장 먼저 학교로 달려가 입학원서를 제출하고 제1번으로 학교에 들어간 기억이 났다. 공부도 열심히 하고, 당시에는 흔치 않았던 책도 많이 읽었다.

다른 아이들과 경쟁을 나름대로 즐겼고 학력경시대회, 자유교양 대회, 그림 그리기 대회 등 여러 대회에 도전하며 다양한 경험을 했다. 그래서 그런지 나는 항상 당당하고 자신감이 많은 아이였다. 지금 생각해보면 그 시절의 경험과 어려운 환경이 지금의 나를 강하게 만드는데 밑거름이 되었다.

한 번 계획한 일은 무슨 일이 있어도 반드시 성취해 내는 편이었다. 맡은 일에는 최선을 다하고 꼭 책임을 졌다. 비록 말은 어눌해도 상대방을 진실하게 대하며, 최대한 이해하고 배려해주려고 노력했다. 가치관이나 생각이 대체로 개방적이고 자유로운 편이었다. 또 가까운 사람에게는 싫은 소리를 잘하지 못했다.

그래도 활발한 성격이라서 초등학교 시절부터 대학까지 두루 여러 친구를 사귀었다. 중학 시절에는 학교까지 십 리나 걸어 다녔다. 그러는 중에 틈틈이 영어 단어도 외웠고, 실기 능력이 떨어지는 체육 교과 같은 경우에는 익숙해질 때까지 밤늦도록 연습해 독종이라는 말을 들었다.

"애들아, 쟤는 공부만 열심히 하는 게 아니라 운동도 정말 열심히 하잖아. 대체 비결이 뭘까? 팔방미인이 따로 없네. 진짜."

"몰랐어? 쟤는 공부 끝나고 밤늦게까지 실기 연습도 한다잖아. 완전 독종이야."

고교 시절에는 실장, 학도호국단 간부 등을 맡으며 지도력을 배웠다. 또 학교대표로 화랑교육원 수련회를 참가했고, 근로장학생으로 구내 매점 관리를 하면서 사회경험도 쌓았다.

내가 교사의 길을 가게 된 결정적인 계기가 있다. 그것은 고등학교 2학년 때, 초등학교 1학년 당시의 담임 선생님을 찾아간 것이었다.

"선생님은 그 모습 그대로이실까? 오늘따라 무척 뵙고 싶다. 안 되겠어. 찾아 봬야지."

고등학교 2학년 어느 봄날이었다. 초등학교 1학년 때 담임 선생님이 무척이나 생각났다. 나는 그분을 찾아가기로 했다. 왜 내가 그랬는지 실은 나도 잘 모른다. 운명이었다고나 할까? 그때 선생님께서 근무하셨던 학교는 익산시에서 꽤 떨어진 작은 시골 학교였다. 나는 버스에서 내려 주변을 두리번거리며 학교까지 천천히 걸어갔다. 그런데 학교 입구에 도달한 순간 나는 그만 그 자리에 얼어붙었다.

"세상에! 이런 풍경이 다 있을까!"

푸르른 플라타너스로 둘러싸인 숲속의 시골 학교가 너무나도 아름답고 황홀하게 다가왔다. 학교 모습이 마치 정지된 한 컷의 강렬한 이미지처럼 내 눈에 들어왔다. 나는 뭔가 힘겨운 삶에 지쳐있었던 걸까? 아니면 지상에서 천상으로 가는 특별한 풍경을 보게 된 걸까?

"이렇게 아름다운 학교도 있었다니?"

학교가 얼마나 고요하고 아름답고 평화로워 보였으면 그랬을까. 나는 그만 그 고즈넉한 품에 안겨 기나긴 시간 동안 앉아 있었다.

"정말 동화같이 아름다운 학교가 세상에 존재하는구나. 내가 본 어떤 명화에서도 이런 풍경은 없었어."

그날은 학교라는 공간 안에서 어떤 계시와 숙명 같은 것을 받은 날이었다. 그리고 바로 그 현장에서 나는, 오래전부터 꿈꿔왔던 독일문학도의 꿈을, 한 치의 미련도 없이 버렸다. 그리고 곧바로 그 자리에서 교사가 되겠다는 꿈을 갈망했다. 나는 그렇게 영화의 한 장면처럼 시골 학교를 내 품에 안은 것이었다. 그리고 평생 교육자의 길로 들어서게 됐다. 그날 조그만 시골 학교에 근무하시는 선생님의 모습은 또 어찌나 고상하고 아름다웠던지, 그 장면은 오래된 흑백사진처럼 내 가슴에 남아 있다.

"선생님, 안녕하세요. 저 금순이에요."

"아이고, 우리 금순이구나. 이 시골까지. 아니, 이게 다 웬일이냐."

나는 선생님을 만나 기나긴 이야기를 나누었다. 이 장면은 결코 잊을 수 없는 내 인생의 필름 한 커트가 됐다. 그리고 드디어 나는 고교 졸업 후, 늘 염원했던 광주교육대학에 진학했다. 대학에서는 미술반 작품 활동을 하면서 교사로서의 전공 소양을 쌓았다. 또 동아리 활동을 통해 농산어촌과 특수학교 봉사 활동을 했다. 지금 생각해보면 농산어촌에 관한 관심과 사랑은 그때부터 싹텄던 것 같다.

섬마을 선생님과 미술

교육대학을 졸업했을 때 첫 발령지가 고흥 거금도였다. 광주에서 고흥교육지원청까지 가는 데 3시간이나 걸렸다. 나는 교육청에서 임명장을 받아들고, 2시간 동안 버스와 배를 타고 학교에 도착했다. 지금은 그곳에 다리가 놓여서 자동차를 몰고 쉽게 갈 수 있는 곳이지만, 그 당시에는 멀고 먼 길이었다. 그래서 가끔 눈물을 흘리며 출근길을 재촉하는 때도 있었다. 정말이지 섬마을 선생님으로 시작할 줄은 상상조차 하지 못했다.
"겨울이 너무 추워. 사방이 트여서 그런지 바람도 너무 많이 불고."

처음에는 변덕이 심한 날씨에 적응이 안 돼 어려움을 겪기도 했다. 하지만 내 곁에는 항상 천진난만한 아이들이 있어 주었다. 오직 아이들을 사랑하는 마음과 열정으로 섬마을 교사생활을 했다. 지금 생각해보면 그 시간이 나의 농산어촌 유학사업의 첫걸음이 아니었나 생각한다.

고흥 금산중앙초에서 3년간은 기초·기본 교육과 특기 신장 지도에 주력하며 섬 아이들에게 꿈을 심어주었다. 당시 섬 아이들은 너무도 천진난만해 인사하는 법도 말하는 법도 서툴렀다. 아침에 등교하는 아이가 이렇게 인사말을 건네는 날도 있었다.

"선생님, 안녕히 계십니까?"

그러면 나는 웃음이 마구 쏟아졌다.

"선생님 어디 간가? 내 머리띠 어딨는지 모른가?"

마치 어르신이 아랫사람에게 하대하는 것처럼 그렇게 말하는 아이도 있었다. 그런 말을 건네받는 나는 당황하기도 했고 재미있기도 했다. 어느 날부터인가 이름 석 자도 쓸 줄 모르는 순진무구한 아이들이 사랑스럽게 다가왔다. 교사인 나도 어린 아이가 되어버린 것 같았다. 나는 어떻게든지 아이들에게 자신이 사는 이곳이 얼마나 아름다운 곳인지 알게 하고 싶었다. 그래서 자주 그림을 그리게 했다.

그림은 나의 전공이기도 하지만, 아이들과 내가 소통하는 창이었다. 아이들은 도화지에 그림을 그리면서 자기 주변에 무엇이 있는가를 자세히 관찰하기 시작했다. 그냥 주어졌다고 생각했던 자연이 얼마나 소중한 선물임을 조금씩 알기 시작했다. 그러면서 나는 아이들에게 꿈을 그리게 했다. 꿈이 없는 아이들에게 자신의 꿈을 그려보도록 했다. 돌이켜 보면, 나의 첫 발령지인 거금도는 나중에 산촌 유학을 시작하게 하는 정신적인 기반이 되었다.

나는 섬마을 교사를 마치고, 화순군으로 발령을 받았다. 화순에서는 도곡초, 사평초에서 근무했다. 그 당시 나는 아이들의 머리카락을 직접 잘라주는 '사랑의 이발소'를 운영했다. 당시 농촌에는 머리를 손질하지 않은 아이들이 태반이었다. 그 아이들의 머리를 손질해주면서 지혜와 키가 무럭무럭 자라나길 바랐다.

화순 사평초에서는 광주교육대학교 총장으로부터 지도 교사상을 여러 차례 수상했는데 이 시기, 5~6학년을 지도하면서, 일기를 통해 사랑의 대화를 나누는 소중한 경험을 했다. 특별히 일기는 아이들의 일상이 고스란히 드러나기 때문에, 아이들의 삶을 파악하는 데 크게 도움이 됐다. 사춘기 아이들에게 일기 지도만큼 효과적인 교육은 없었다. 어느 날 반장 아이가 이런 일기를 썼다.

"선생님, 대체 '사랑'이 뭔가요?"

일기장에 아이들이 말 못 할 고민을 직접 토로하기도 했다. 나는 사랑에 관해 장문의 답장을 썼다. 당시 일기장에 답장을 2쪽 이상이나 써주며 사춘기의 고민을 해결해준 것이다. 수년간 실천했던 일기를 통한 사랑의 대화는 인성 지도뿐만 아니라 여러 가지 면에서 매우 귀중한 교육적 통로가 되었다. 그러면 아이들은 나를 대하는 눈빛이 달라졌다. 어떤 때는 일기 내용을 반영해 아이들 자리 배치를 내 나름대로 기획하기도 했다. 가령 좋아하는 아이들을 옆자리에 붙이는 식이었다. 그러면 아이들은 왜 그렇게 우리 마음을 잘 알아주느냐며 더 친근하게 다가왔다. 나는 이게 아이들과 소통하는 건강한 교육이라고 생각했다.

담양 고서초에 근무할 때는 특별히 정보화 시범학교에 힘을 쏟았다. 이때 정보화 시범학교를 하면서 배운 정보기술은 훗날 호주와 화상 수업을 전개할 때 하나의 밑그림이 됐다. 이밖에도 전남대학교 교육대학원에서 미술교육을 공부하며, 「초등미술교육의 통합적 교수·학습 방법연구」에 관한 논문을 썼다.

이 논문은 미술교육을 교과목 전체에 통섭적으로 적용하는 교수·학습방법이다. 나는 이 논문을 쓰면서 초등교육 현장에 필요한 미술교육이론을 체계적으로 공부할 수 있었다.

그림은 아이들의 의식과 무의식 속에 잠재되어 있던 것들이 감각적으로 표현된 것이다. 그래서 학생들의 그림을 보면, 일상의 경험이 그대로 표현되기도 하고, 아니면 내면의 아픔과 상처들이 추상되어 표현되기도 한다.

초등학교 미술 시간에 그린 그림 속에는 아이들의 삶의 표상이 그대로 나타나 있다. 그래서 교사가 아이들의 그림을 잘 읽어내는 것이 매우 중요하다. 내가 아이들을 교육하는 가장 큰 자산 중의 하나는 미술이었다. 나는 미술 심리상담을 따로 공부하면서, 아이들의 생각과 삶을 쉽게 이해하게 되었다.

또한, 남부대학교에서 배웠던 전문상담교사 교육은 미술과 상담이 어떻게 접목되어야 하는가를 전체적으로 배울 좋은 기회가 되었다. 이 같은 나의 미술교육은 나중에 옴천초에서 산촌 유학을 하는데, 많은 도움이 되었다.

즉 도시의 아이들이 농촌에서 어떻게 적응해 가고 있는가를 파악할 수 있는 자료가 된 것이다.

보성
율어초등학교

　보성 율어 초등학교에서의 경험은 나를 전혀 다른 교육현장의 길로 들어서게 했다. 나는 2009년도에 율어초 교감으로 발령을 받았다. 하지만 안타깝게도 당시 전라남도의 농촌학교는 학생 수 감소로 서서히 어려움을 겪는 시기로 접어들고 있었다. 교감으로 부임하자마자, 학생 4명이 첫날부터 갑자기 전학을 가는 사태가 벌어졌다. 나는 가자마자 복식학급위기에 빠진 절망스러운 학교를 보게 되었다. 그것은 승진의 기쁨을 채 만끽하기도 전이었다. 나는 흙빛으로 바뀐 채 한탄하시던 교장 선생님의 얼굴을 지금도 잊을 수가 없다.

　"하늘도 무심하시지."

　그날 교장 선생님은 멍한 표정으로 하늘을 응시하고 있었다. 온몸에 힘이 빠진 상태였다. 교장 선생님은 날마다 근심이 깊어갔다. 생각건대, 아마 대한민국 농산어촌 교육의 미래를 그려보고 있었을 것이다. 나 역시도 풀이 죽은 채, 출퇴근을 반복하고 있었다. 답답한 날의 연속이었다.

　"어떻게 학교를 살리지? 앞으로 시골 학교의 존폐는 학생 수가 최대 관건이 되겠구나."

　나는 고민에 빠지지 않을 수 없었다. 하지만 마냥 그대로 주

저앉을 수만은 없는 노릇이었다. 그때부터 학교를 살릴 수 있는 구체적인 방법들을 고민하기 시작했다. 그러던 어느 날이었다.

"생각해보니 농촌학교가 약점만 있는 게 아니었어. 강점도 많잖아."

나는 학교를 일으키는 방향을 전혀 다른 각도에서 생각하기 시작했다. 보성 율어초는 농촌이면서 동시에 바다와 가까이 있어서 학생들에게 교육 환경이 매우 좋은 편이었다. 그런데도 이곳의 학부모들은 자식들을 도시로 보내야만 좋은 대학에 들어간다는 고정관념에 사로잡혀 있었다. 그래서 모두가 자신의 아이들을 도시로 내보내고 있었다. 여전히 옛 생각에 사로잡혀 있었다. 그 당시에는 나는 '농산어촌 유학'에 관한 체계적인 지식이 전혀 없을 때였다.

나는 고심을 거듭한 끝에 다른 지역의 학부모를 설득해보기로 마음을 먹었다. 즉 도시에 가서 학생들을 모집하기보다는 교사 시절 인연을 맺었던 다문화가정 학부모들을 면담하기로 한 것이다. 당시 율어초는 학생들을 위한 다양한 프로그램을 운영하고 있었다. 그것을 토대로 다른 지역 학부모들을 설득하는 것이었다. 나는 서둘러 장흥 부용산 밑에 살고 있던 다문화가정 학부모와 대화를 시도했다.

그분들은 내 이야기에 공감하고, 가족이 율어지역으로 이사

오게 되었다. 그 결과 율어초는 6학급을 유지하는 데 성공했다. 당시 우리 학교가 갖고 있던 강점들을 최대한 활용한 것이었다. 당시 율어초는 상수원 보호지역에 있는 학교로 수자원공사가 학교에 보조금을 지원해주었다. 그래서 학생들이 '방과후학교 활동비', '급식비' 등 다양한 교육프로그램을 무료로 받을 수 있게 되었다. 나는 학교가 갖는 강점을 최대한 홍보하여 학생들을 모았다. 다행히 당시 율어초는 복식 학급의 위기를 넘기고 6학급을 유지할 수 있게 되었다.

나는 그 일로 보성군수님께 유공 표창까지 받았다. 나의 산촌 유학사업은 율어초 교감 때가 시발점이 되었다. 물론 그때는 어떤 교육의 가치나 철학보다는 내 학교를 살리겠다는 생각뿐이었다. 그 당시 율어초는 이웃 면의 문덕초와 함께 소규모 학교 간 협동교육 연구학교를 운영하게 되었다. 즉 작은 학교끼리 서로 협력하여 교육과정을 편성하고, 재구성하여 운영하였다. 그때의 교육위기가 곧 기회로 역전하는 발판을 놔준 셈이었다. 나는 그때 소규모 학교 간 협동교육을 통해 각 지역과 여건에 맞는 학교 교육 과정을 특성화하는 방법을 배우게 됐다. 또 그렇게 특화한 교육을 녹여내 교육의 질을 향상하는 방안을 구체적으로 고민하기 시작했다.

나는 그동안 아동교육을 위해서라면 항상 적극적인 태도로 때와 장소를 가리지 않고 배우고 익히고 가르치려고 했다. 아이들의 무한한 가능성에 부응하기 위해 '먼저 교사가 변하고 아동을 변하게 해야 한다.'라는 생각은 여태껏 변함이 없다. 그동안 교육현장에서 숱한 시행착오를 겪으며 터득한 것이었기 때문이다. 변화하는 시대의 흐름을 신속히 감지하여 능동적으로 대처하고, 동시에 학생의 변화를 읽어내고 인내해야 진정한 교사로 거듭난다. 그런 의미에서 그동안 현장에서 느끼고 배운 교육의 제일철학은 바로 '줄탁동시(啐啄同時)'라고 말할 수 있다.

병아리는 부화 시기가 되어 껍데기를 깨려고 여린 부리로 온 힘을 다해 쪼아댄다. 그때 어미 닭이 껍질을 쪼아줌으로써 병아리의 부화를 돕는다. 훌륭한 교사는 아이들이 자의식의 껍질을 깨고 나오도록 돕는 자이다. 그러기 위해서는 교사는 학생들의 상황을 잘 알아야 한다. 곧 교사의 혁신과 변화가 중요하다. 학생의 노력과 교사의 헌신이 있어야 교육은 바람직한 방향으로 나갈 수 있다. 나는 줄탁동시의 교육철학을 현장 교육에 접목하는 데 최선을 다했다.

이제부터 이야기하려고 하는 강진군 옴천초의 4년 여정도 바로 그 줄탁동시의 고백들이다. 돌아보면 강진군 옴천의 4년은 언제나 내 인생의 하이라이트였다. 이 책 내용의 대부분은 바로 지금부터 시작하는 옴천초등학교 이야기다.

강진군 옴천초등학교 교장

회색빛 콘크리트문화 속에 살고 있던 도시의 아이들이 드디어 산골 마을로 유학을 왔다. 그곳은 전라남도 강진군 옴천면에 있는 '옴천초등학교'이다. 그러면 강진군 옴천은 어떤 곳인가? 옴천은 예로부터 깨끗한 자연환경을 자랑하는 지역이다. '옴천'이라는 지명에도 청정자연이 담겨있다. 옴내로 불리는 옴천이라는 지명은 지역의 들녘을 적시며, 흐르는 맑은 시냇물을 가리킨다. 우리나라에 옴(唵)자가 들어간 지명은 옴천이 유일하다. 원래 이 옴(唵)은 범어 'AUM'의 음역자로서 히브리어의 '아멘'과 같은 불교의 언어이다. 지역의 이름처럼 이곳 시내에는 1급수에서만 자라는 토하가 많이 생산되고 있다.

그러나 여느 농촌처럼 이곳은 초고령화 지역으로 인구수가 매년 줄어가는 곳이다. 그러니 당연히 학생 수도 감소되어 폐교의 위기를 맞는 곳이었다.

전라남도교육청에서는 폐교 위기에 처한 이 작은 학교를 살리기 위해 창의적인 교육철학과 비전을 지닌 교장을 공모했다. 그래서 나는 2013년 3월에 강진 옴천초 교장으로 공모하여 부임하게 되었다. 드디어 내가 이상적으로 생각했던 교육의 가치와 이념을 구현할 수 있는 현장을 교직 생활 31년 만에 만난 것이다.

  그러나 막상 학교를 보니 교육의 현실은 만만치 않았다. 생각했던 것보다 훨씬 교육현장은 심각한 상황이었다. 옴천초 전교생이 17명이었는데, 그나마 6학년을 제외하면 아이들은 딱 9명밖에 없었다. 1학년은 2명, 2학년 3명, 3학년과 4학년은 각각 1명씩, 그리고 5학년은 2명이었다.

  내가 더 놀란 것은 반갑게 인사를 하는 첫 대면 날이었다. 첫 인사를 하기 위해 앞으로 나서자 아이들이 모두 고개를 푹 숙이고 있는 게 아닌가? 몸도 마음도 움츠러져 있었다. 말하자면 아이들은 기가 죽어있었다. 누가 이곳에 우리를 가르치러 오셨나? 하고 궁금해야 하는데 전혀 그렇지 않았다.

  '아아, 이를 어쩌나. 아예, 아이들 영혼이 죽어버렸구나.'라는 생각이 순간 들었다. 그러나 그것은 착각이었다. 영혼이 죽었다가 보다는 아이들에게 친구가 없었다.

  친구가 없어서 아이들은 외로웠던 것이었다. 나는 애들에게 빨리 친구들을 만들어줘야 애들이 살아나겠다는 생각을 했다. 물론 내게는 오기 전부터 구상하고 있었던 계획은 있었다.

  그런데 학교 환경이 만만치 않았다. 이지러진 철 담장, 배수로가 막힌 운동장과 잡초들, 흡사 귀신이 나올 것 같은 화장실, 반쪽짜리 교실들을 보고 있자니 넋이 나갈 지경이었다.

  특히 보건실, 방송실, 서버실, 과학실 등 특별교실은 모두 다목적실(?)로 쓰이고 있었다. 이것들을 어떻게 단장하고 새롭게 꾸밀까 구상했다. 사실 나는 이 정도일 줄은 전혀 예상하지 못했다.

교장 부임 이틀째 되는 날, 한 다문화 가정 학부모가 날 보고 정중히 인사를 했다. 그런데 손가락 하나가 붕대로 친친 감겨 있었다. 곧 울 듯한 표정이었다.

"아니, 손가락이 왜 그래요? 어디 아프세요?"

"......."

이내 울먹이더니 말을 길게 못 잇는다.

"깨물었어요. 애들 아빠가…."

순간 내 눈에도 눈물이 맺혔다. 자식이 4명이란다. 끝이 없는 농사일과 시도 때도 없이 터지는 많은 일들. 얼마나 고향으로 돌아가고 싶었을까? 이때 나는 다문화가정 어머니들을 위한 프로그램을 준비해야겠다고 생각했다.

도전해야 할 목표가 하나 더 생긴 셈이었다. 그렇게 해서 이른바 저녁 교실 구상이 생겼다. 야간학교 이름은 뭐라고 하면 좋을까? '반딧불이 교실'이라고 하면 어떨까? 생각했고, 마침내 옴천초 '반딧불이 교실'이 탄생한 것이다. '반딧불이 교실'은 옴천초 산촌 유학의 특징이 되었다.

첫 가정방문

처음으로 가정방문을 할 때, 나는 담임교사와 함께 아이들의 가정들을 방문했다. 교장으로서 학교 구성원의 실태를 총체적으로 파악하기 위해서였다. 대략 10가정 정도를 함께 돌았다. 그중 소를 키우는 집이 세 곳, 닭을 키우는 집이 한 곳이었고, 나머지는 그냥 평범하게 농사를 지으며 사는 가정들이었다. 또 한국 가정은 3곳, 나머지 일곱 군데는 베트남, 일본, 중국, 필리핀 등 다문화가정들이었다.

이 아이들은 거의 방치되고 있었다. 도시의 아이들처럼 방과 후 부족한 학업을 보충하고 특기를 기른다고 학원엘 다닐 환경이 전혀 아니었다. 캄캄한 굴속 같은 방에서 아이들은 TV를 보거나 컴퓨터 게임에 빠져있었다. 이 아이들을 위해서 학교가 해줄 수 있는 것이 무엇일까? 고민하기 시작했다.

부임하자마자 모였던 강진 지역 교장단 환영회에서 나는 이런 말을 했다.

"제가 옴천초에 온 것은 다 하늘의 뜻입니다. 이 학교를 꼭 살려보겠습니다. 많이 도와주십시오."

그렇다. 나는 내 맘대로 여길 온 것이 아니었다. 신의 뜻이었다. 가르치는 사람으로서의 사명을 제대로 감당해보라고 그분이 날, 이 험지로 보내신 것이었다. 그러니 어찌 긴장하지 않을 수 있겠는가?

遊學 혹은 留學

나는 이미 이곳에 오기 전부터 머릿속에 도시에서 이곳 시골 옴천초로 유학(遊學) 오는 아이들을 매일 상상하고 있었다. 그것은 매우 구체적인 나만의 그림들이었다. 그러나 내 앞에 놓인 그 길이 그렇게 험난할 줄은 정말 꿈에도 상상하지 못했다.

《표준국어대사전》에 보면 '유학'이라는 비슷한 단어 둘이 있는데 사람들은 대부분 그 뜻을 혼란스러워한다. 아니 그 뜻을 정확하게 구별하지 못한다고 해야 맞는 말이다. 내가 꿈꾸는 도시 아이들의 산촌 유학은 유학(留學)이 아닌, 유학(遊學)이었다. 앞엣것은 외국에 나갔다가 오래 머물며 공부하는 것이고, 뒤엣것은 자기가 자란 고향이 아닌 다른 타향에서 공부한다는 뜻이었다.

산촌 유학을 준비하면서 나는 가장 먼저 학교 교육 과정을 옴천의 산촌에 맞게 특성화하는 것을 주요 과제로 삼았다. 이곳에 와 보니 무엇보다 청정의 자연, 즉 병풍처럼 둘러싸인 산과 숲, 들판, 맑은 물이 흐르는 실개천이 다른 지역과 차별화된 물적 자원으로 돋보였다. 나는 이 지역에 걸맞게 유학 교육과정 프로그램으로 '들판 길 걷기', '토하 잡기', '자연 속에서 함께 즐기는 多 어울림 한마당', '산촌 유학캠프', '매실청 담그기', '감 따기' 등 산촌체험 학습을 할 수 있도록 교육과정을 재구성해 보았다.

그다음 목표는 지원을 받을 수 있는 경제적 인프라를 구성하는 것이었다. 그러기 위해 면사무소, 농협, 우체국, 보건소 등 여러 기관을 방문하여 적극적으로 유학의 취지를 알렸다. 그러나 무엇보다도 아이들이 오면 유학생들을 돌볼 농가가 필요했다.

지역주민들의 협조가 절대적으로 필요했다. 그 때문에 인사도 드릴 겸해서 아이들이 지낼 숙소를 알아보기 위해 떡과 막걸리를 준비하고 마을 어르신들을 찾아뵀다. 그때가 2013년 3월 19일, 그러니까 부임한 지 약 보름 정도 지났을 때였다. 나는 행정실장과 함께 처음으로 노인 복지관 문을 두드렸다.

"어르신들 안녕하십니까? 반갑습니다. 이번에 옴천초에 새로 부임한 교장입니다."

"오매, 이쁜 교장 선생님, 그냥 와도 되는디, 떡이랑 막걸리꺼정 가지고 왔네."

두 손 가득 준비한 떡과 막걸리를 펼치니 어르신들의 입이

벌어졌다. 나의 꿈을 향한 구체적인 발걸음이 드디어 시작됐다. 부임 인사차 들른다는 것도 있었지만 그곳엘 방문한 진짜 이유는 따로 있었다. 나는 옴천초를 살리기 위한 계획들을 나누기 위해서였다.

일본이나 우리나라 여타 다른 지역의 농산어촌 유학은 아이들이 거주할 유학센터가 있는 게 특징이다. 도시에서 시골로 아이들이 전학을 오는 것까진 좋은데, 부모들의 생계는 대부분 그대로 도시에서 유지되는 경우가 많기 때문이었다. 아이들의 유학을 자연스럽게 유도하기 위한 첫 단추는 거주할 공간을 반드시 확보하는 것이었다. 그 해답은 지역 어르신들의 관심과 수용에 있었다. 바로 그분들이 아이들을 키우면 된다. 외롭고 우울한 시골 노인들과 사랑 결핍증에 걸린 아이들의 환상적인 결합, 그야말로 꿩 먹고 알 먹기였다.

나는 두 번째 프로젝트를 실행에 옮기기로 했다. 먼저 강진군보건소를 방문했다. 그런데 우연의 일치인가? 보통 인연이 아니었다.

"아니 소장님, 세상에 소장님께서 옴천면장님이셨다고요?"

군보건소장님은 2009년부터 2010년까지 옴천면장으로 재직한 분이었다. 그분은 누구보다 더 옴천면과 초등학교 사정을 잘 아는 분이었다. 그런 분을 만나게 되었다. 보건소장님은 당장 담당 직원을 불러 내가 부탁한 프로그램 운영 검토를 지시하셨다. 정말 대단한 분이셨다. 목적과 실행 가능성을 똑똑히 이해하고 곧바로 실천하는 그런 분이셨다. 그 프로그램의 이름은 바로 '아토피 예방 교실'이었다. 이곳 강진군은 자타가 인정하는 청정지역이므로 그에 걸맞은 프로그램을 기획해야 도시 아이들이 내려오게 돼 있다. 도시에서 시골을 찾는 큰 목적 가운데 하나가 아이들의 아토피 치료 문제 아닌가? 그 후 군보건소와 학교는 아토피 예방 교실을 성공적으로 운영하였다.

나는 부임한 첫날 옴천면장을 만나서 나의 계획을 말하고 협조를 구했다. 그리고 강진군수님 면담을 요청했다. 일차적으로 산촌 유학의 취지를 알리는 데 주력하였다. 수시로 마을 이장님들과도 대화를 했다. 또한, 수자원공사와 주변 종교시설을 왕래하면서 도움을 요청했다.

젊은 교사의 부임

"교장 선생님, 면목 없습니다."

신규교사 둘이 오자마자 학교를 떠났다. 갓 발령받은 패기 많던 선생님들이었는 데, 한 분은 가정사정으로 의원면직, 또 한 분은 군 입대로 학교를 떠났다. 하지만 이대로 학교 살리기 프로젝트를 포기할 수는 없었다. 고민 끝에 교육청에 군 복무를 마친 신규교사를 보내주시길 간곡히 부탁드렸다. 그런 나의 소망대로 예비역 신규교사가 왔다. 어찌나 행복하던지 임용장을 수여 받는 교육청까지 신임 교사들과 동행했다.

교육지원과장님은 교장 선생님께서 직접 청까지 동석해 신규교사를 두 차례나 축하해주는 자리는 '진짜 처음'이라고 너스레를 떨었다. 어쨌든 나는 천군만마를 얻은 기분이었다. 지난 3월 말에 신규로 오신 박 선생님과 최 선생님 두 분께 교육과정 재구성 방법을 설명하면서 그날 밤 10시가 넘도록 열심히 이야기했던 기억이 엊그제 같다. 우리 젊은 피들, 이후로도 밤늦게까지 수고하는 일이 다반사였으니까. 그들의 도움이 아니었으면, 옴천초의 산촌 유학은 결실을 거둘 수 없었다. 신은 노력하는 자들에게 돕는 자를 만나게 하셨다. 옴천초 산촌 유학에 빼놓을 수 없는 분이 있다. 맥우단지 장을재 사장님이다.

맥우단지 장을재 사장님

나는 교직원들과 옴천면 문화마당 행사로 체육관에 갔다. 그곳에서는 큰 잔치가 열렸다.

장을재 사장님이 자신의 농장에서 사육한 황소 두 마리를 잡아서 마을 주민들을 초대한 것이었다. 그분은 강진군민 1500명 정도의 참석을 예상하고 잔치를 준비한 것이다. 큰아들 결혼식 피로연으로 축의금을 받지 않고 지역민 전체를 초대하는 자리였다.

그분의 농장에서 키운 소들은 맥주 효모를 먹여서 육질이 매우 부드럽고 맛이 있었다. 서울 갤러리아 백화점에 육우 독점 납품권도 따내셨다니 보통사람은 아닌 것 같았다. 그분에 대한 지역민들의 칭찬이 자자했다. 게다가 군민들에게 늘 베푸는 일을 많이 하신다고 했다. 이 자리에 서기까지 참으로 우여곡절이 많았을 것이다. 이때 인연이 되어 나도 이분께 많은 도움을 받았다.

특별히 산촌 유학캠프를 하면서 부탁하면 무엇이든지 들어주는 고마운 분이 되었다. 이 글을 쓰는 동안에도 그 시간이 생각나 새록새록 고마움이 묻어나왔다.

강진원 군수님과
첫 만남

그렇게도 바랐던, 강진군의 강진원 군수님과 미팅이 며칠 뒤에 잡혔다. 벼르고 별렀던 터라 그간 준비한 유학 자료를 빈틈없이 준비해갔다. 나는 그날 미리 준비해 둔 '작은 학교 살리기 프로젝트'를 들고 갔다. 미팅을 기다리는 몇 분이 흡사 몇 시간 같았다. 군수실로 들어가는 순간만큼은 가슴이 조마조마했다. 조 팀장과 담당자도 동석했다. 그런데 이것저것 자료를 주의 깊게 살펴보던 군수님께서는 조금 걱정스러운 질문을 먼저 하셨다.

"교장 선생님, '유학사업' 생각은 정말 좋은 아이디어인데…. 시골 어르신들 처지에서는 자신들의 아이도 버거울 텐데 남의 자녀들을 잘 키울 수 있을까요?"

"아, 네, 군수님, 그 부분은 조금도 걱정하지 마십시오."

"아닌 게 아니라 그게 정말 염려가 됩니다. 가뜩이나 시골살이가 고달픈 분들인데…."

"사실, 어르신들은 자녀도 멀리 객지에 나가 있고 연세도 많이 드셔서 진짜 외로운 분들입니다. 오히려 반대로 생각하면 좋을 것 같습니다."

"네? 오히려 반대라고요?"

"네, 어르신들끼리만 살면 막상 외로운데, 아이들이 오면 집안 여기저기도 북적거리고 살 만한 집 같이 느껴질 것 같습니다. 제가 반드시 그렇게 만들어 보겠습니다."

"…허 참, 대단하시네요. 열정이 넘치십니다. 좋습니다. 교장 선생님은 왠지 잘하실 것 같습니다."

"감사합니다."

"그럼 이 유학사업은 곧 실행에 옮기시고, 자세하고도 구체적인 내용은 다시 짜서 보내 주십시오. 저희 군에서 적극적으로 지원해드리겠습니다."

"군수님, 말씀에 진짜 힘이 납니다. 정말 열심히 하겠습니다."

나와 군수님의 대화는 이렇게 끝났다. 나는 하마터면 '야호' 하고 소리를 지를 뻔했다. 그리고 '이제 진짜 시작이구나' 하고 마음속으로 돼 냈다. 가슴이 다시 쿵쾅거리기 시작했다. 그날 군수실을 나오면서 나는 앞으로 펼쳐질 청사진에 소름이 돋았다. 그건 오로지 꿈꾸는 자만이 안다. 그렇게도 그렸던 산촌 유학의 꿈이 내게 한 발짝 다가왔으니까 말이다.

나는 그 꿈을 단 한시도 잊어본 적이 없었다. 이곳 옴천초에 지원하던 그 날부터 그랬다. 죽어가는 산촌 학교를 살리고, 지역을 살리고, 그럼으로써 내가 교육자로 살아가는 것에 긍지를 느끼는 그런 꿈이었다.

그런데 지금 구체적으로 그 꿈이 내 앞에 펼쳐지고 있었다.

그래, '꿈은 반드시 이루어진다고 했다.'

군수님 면담을 마치고 나는 도교육청에 갔다. 그런데 교육청 미래인재과의 김 장학관이 놀라운 소식을 전해주었다. 학교에 '화상 솔루션 시스템'만 갖추면 도서 지역, 과학관, 심지어 호주 등과 화상 수업이 가능하다는 것이었다. 이거야말로 옴천초에 꼭 필요한 시스템이었다. 그대로 가만있으면 안 될 노릇이었다. 더불어 잘만 하면 PC까지 지원해주겠다는 약속도 했다. 이 일이 제대로 성사되면 산촌의 한계를 넘어서 글로벌 교육이 가능하게 된다. 나는 반드시 이 일을 성사시키고야 말리라 다짐했다.

국립광주박물관 탐방

세계에서 100위권 안에 든다는 국립광주박물관에서 주최하는 그림 그리기 대회에 아이들을 데리고 참석했다. 그런데 박물관장님이 놀라운 말씀을 하셨다.

"2012년 한 해만 무려 65만 명 정도가 우리 광주박물관을 방문했습니다."

"네에? 정말입니까? 세계 100위 안에 들었다는 것도 놀라운데 어떻게 그렇게 많이 참석할 수가 있죠? 관장님 대단하십니다."

그 비결이 과연 무엇일까? 몹시 궁금했다. 나는 지체하지 않고 질문을 했다.

"관장님, 혹시 특별히 비결이라도 있나요?"

"아, 네. 그거요? 저는 박물관 홍보를 많이 했습니다. 교장 선생님도 학교를 살리고 싶다고 하셨는데 저로서는 홍보를 적극적으로 추천합니다."

아, 그렇구나! 바로 홍보였어. 나는 그동안 바쁘다는 핑계로 홍보의 중요성을 깜빡 잊고 있었다. 이제 새로운 홍보 전략을 다시 짜야겠구나. 그날 그렇게 새로운 전술과 전략을 깨닫고 부푼 마음으로 아이들을 데리고 다시 강진으로 돌아왔다.

그런데 그보다 더 기쁜 소식이 강진에서 나를 기다리고 있었다. 지친 몸을 이끌고 밤늦게까지 가가호호 아이들 가정을 방문했는데, 그에 대한 선물이었을까? 베트남 다문화가정 어머니께서 정윤이 자매를 내년에 우리 학교에 보내겠다는 것이었다. 나는 진짜 '감사합니다.' 하고 소리를 질렀다. 드디어 산촌유학이 예정대로 흘러가기 시작한 것이다.

그날 밤에도 '학부모 학교참여 지원사업 컨설팅 의견서'를 쓰고 여느 때처럼 공문서를 작성하느라 또 밤 12시를 훌쩍 넘겨 버렸다. 그런데도 나는 조금도 피곤하지 않았다. 관사에 들어와 일기를 쓰고 잠을 청했는데도 도무지 잠이 오질 않았다. 생각해보면 잠이 올 리 없었다. 꿈이 실현돼가고 있는 걸 내 눈으로 직접 목도하고 있는데 잠이 올 리 없었다.

목포교육지원청과 무안교육지원청 두 군데서 '학부모 지원 사업 컨설팅'을 했다. 도시의 자녀들을 옴천초로 유학 보내 줄 것을 홍보하면서 컨설팅을 했다. 그사이에 군 의회에서도 '산촌 유학 조례'까지 추진해주신다는 약속을 해주었다. 또 날을 잡아, 전라북도 유학센터를 같이 방문하기로 약속도 했다. 나는 서둘러 재경향우회 회장님께도 전화를 드렸다.

"회장님, 고향의 회장님 모교가 폐교될 위기에 처했습니다. 발 벗고 도와주십시오."

향우회 회장단 두 분이 학교 살리기에 적극적으로 동참하겠다고 흔쾌히 약속했다. 이 계획을 꺼내면, 사실 모든 분이 두 눈을 동그랗게 뜨고 의아해하곤 했다. 교육장님조차도 사업을 어디서부터 시작해야 할까 하고 어려워하는 눈치였다. 어떻게 진행할 건지 매우 구체적으로 물어 오실 정도였으니까. 여하튼 나는 틈만 나면 산촌 유학 일을 주변인에게 알렸고 일이 세부적으로 진척되도록 모든 촉각을 곤두세웠다. 전통이 있는 시골의 한 작은 학교가 살아나느냐 사라지느냐의 갈림길에 서 있었기 때문이었다.

어느 날 나와 같은 또래인 학부모가 무슨 고민이 있었던지 교장실로 찾아오셨다. 그런데 과거를 고백하는 그분의 입에서 도저히 믿기지 못할 이야기들이 쏟아졌다. 귀 기울여 들어보니 TV 다큐 '인간극장'에서나 봄 직한 불행한 인생을 살아왔다.

어릴 적에 너무 가난해서 일찍 감치 다른 집에 위탁됐다고 했다. 그 시기는 이루 말로 형용할 수 없는 고통의 나날들이었다. 오죽했으면 여러 번 그곳에서 탈출하려고 했을까. 독립할 시기가 될 때까지도 남의 집에서 이루 다 말할 수 없는 삶을 살았다.

그의 인생이 너무나 지난해서 나는 끝까지 다 들을 수 없을 정도였다. 이야기하는 동안 그 학부모는 연신 눈시울을 훔쳤다. 듣고 있던 나도 울었다. 그나마 지금은 그럭저럭 모든 고난을 이겨내고 잘 사신다고 했다. 그렇게 기구한 운명이 다 있을까? 그런데 그런 분이 아직 한이 맺힌 게 딱 하나가 있다고 했다. 자신이 바로 배우지 못했다는 설움이었다.

"지금도 어디 가서 못 배웠다는 소리도 못 하고…. 또 그런 태도 못 냅니다."

"그게 어찌 어머니 탓입니까? 다 원치 않았던 어린 시절의 불우한 환경 때문이었지요. 지금이라도 늦지 않았어요."

"네? 그게 무슨 말씀이신지?"

내 머리에 불현듯 기발한 생각이 떠올랐다.

"갑자기 아이디어 하나가 떠올라서요."

"우리는 보통 가장 늦었다고 할 때가 가장 이르다고 그러잖아요. 그래서…. 말인데요."

그 어머니가 호기심 어린 표정으로 두 눈을 동그랗게 떴다.

"내년에 꼭 우리 학교에 입학하셔서 못 배운 한을 좀 푸셨으면 좋겠습니다."

"네? 정말이오? 그게 가능합니까? 이 나이에요?"

"그럼요, 안 되는 게 어디 있습니까?"

어머니께서는 생각해보지도 못한 비현실적인 실천사항이 아닌가 하고 생각한 듯했다.

"그나저나 내가 학교에 다닌다고 하면 우리 집 아이들이 창피해할 텐데."

"아이고, 공부에 나이가 어디 있고 왕도가 어디 있습니까? 오직 열정 하나만 있으면 됩니다. 아이들이 더 환영할 수도 있어요."

"아, 네. 그러면 교장 선생님, 이제 앞으로 어떻게 하면 되나요?"

"네, 저도 우선 행정적인 절차부터 알아볼 테니 어머니께서는 마음의 준비를 단단히 하십시오. 시작이 절반이라고 하지 않았습니까. 뭐든 도전정신이 중요합니다. 아무튼, 제가 모든 걸 도와드리겠습니다."

"교장 선생님, 감사합니다. 감사합니다."

어머니는 좋아서 어쩔 줄을 몰랐다. 그리고 감사하다는 말을 몇 번씩이나 하며 집으로 돌아갔다. 생각지도 않은 일이었다. 어머니께 그간 못 배웠던 한을 어떻게 해서든 풀어드리고 싶었다. 그뿐만 아니라 우리 옴천초는 학교로서 배움의 순기능 역할까지 할 수 있는 기가 막힌 상황이 조성됐으니 이보다 더 좋은 기회가 또 어디 있겠는가?

나중에 어머니는 KBS 1TV의 다큐 프로그램 '필통'에 주인공으로 등장하게 되었다. 강진신문 김 부장이 우리 학교를 방문했다. 지난번 국립광주박물관 문화재 실기 입상에 관한 기사 취재차 방문한 거였다.

"교장 선생님, 강진 옴천에서 이렇게 경사스러운 일은 처음입니다."

"제가 전공이 미술교육이라서 미술 실기 교육은 교사로 임용되고 난 후부터 늘 해 왔던 일입니다. 제게 노하우가 있어요."

"대단하십니다. 이번 일로 이 지역에서 학교 인지도가 매우 올라갈 겁니다."

그거야말로 내가 바라던 일이었다. 이 모든 게 미리 정해졌던 것처럼 하나하나 잘 진행되고 있었다. 너무나 기뻤다. 며칠 뒤 청소년 과학경진대회 '과학 상상 그림 그리기 대회'에 우리 아이들이 참가했다. 그런데 오후쯤 대회에 참가했던 학생한테 전화가 왔었다. 과학 상상 그림 대회의 주제가 '옥수수+친환경'이었다고 했다. 우리가 늘 예상하고 연습했던 작품 내용 그대로여서 놀랐다. 결국, 우리 아이들은 그 대회에서 동상을 받았다. 환경이 열악한 시골 학교로서는 큰 쾌거가 아닐 수 없었다.

유학센터 방문

우리는 유학센터를 벤치마킹하기 위해서 다른 지역을 방문했다. 나는 군의원과 엄지 마을 부녀회장 부부, 김현 행정실장님과 함께 정읍 수곡초와 고모샘네 유학센터, 임실 대리초와 그곳 유학센터를 방문했다. 신기한 것은 대리초와 수곡초도 모두 폐교 위기 당시 학생 수가 17명이었다는 사실이었다. 우리 학교와 폐교 당시 상황이 거의 똑같았다.

"세상에, 지금 우리 학교 아이들도 모두 17명인데…. 별일도 다 있네."

그런데 지금은 두 학교 모두 유학 유치에 성공해 각각 94명, 96명의 어엿한 학교가 돼 있었다. 우리는 이보다 훨씬 더 분위기나 여건이 좋은 셈이었다. 우연의 일치치고는 정말 좋은 징후라고 생각했다. 특히 대리초 같은 경우는 평교사 몇 명이 전주시에서 학생 30여 명을 모집해온 보기 드문 사례였다. 나로서는 도저히 믿기지 않는 일이었다.

"우와 정말입니까?"

드디어 애타게 기다렸던 '화상 솔루션' 설치 확정공문이 왔다. 이 시스템만 잘 이용하면 산촌 유학 일이 잘 풀릴 터였다. 생각만 해도 기분이 좋았다.

병영초에서 열린 직원 연수를 끝내고 학교로 돌아오는 길이었다. 우리 학교 유치원생인 준현이 형제가 운동장에서 놀고 있었다. 온통 흙탕물투성이였다. 그런데 정작 돌봐야 할 선생님은 어딜 가고 없었다. 나는 그날 밤늦게까지 선생님과 면담을 했다.

"선생님, 아이들 돌보느라 무척 힘드시지요?"

"……. 아닙니다. 낮에는 그만 용무 때문에 준현이를 제대로 캐어하지 못했습니다. 죄송합니다, 교장 선생님."

"선생님, 제 말은 그게 아닙니다. 열심히 하고 계신 줄 다 알아요. 준현이 엄마 가출한 지 꽤 됐지요?"

"네, 그렇게 알고 있습니다."

"애들, 엄마가 무척 그리울 거예요. 얼마나 외롭고 보고 싶겠습니까?"

"그러니까요. 애들을 보면 정말 짠합니다."

"그래요, 그 불쌍한 아이들, 더욱이 안전문제까지 발생하면 안 되니 앞으로 선생님께서 더욱더 신경 써주시길 바랄게요."

"……."

이곳 시골에는 다문화가정이 적지 않았다. 가정이 화목하면 좋은데 문화적 차이가 있는 데다가 경제문제까지 겹쳐 이혼한 가정이 많았다. 이 아이들을 제대로 돌보지 않으면 안 되었다. 도시 아이들과 비교하면 학습 환경도 그리 넉넉지 않았다. '어떻게 해야 이 아이들과 부모들을 학교가 열심히 돌볼 수 있을까?'가 숙제였다. 그러나 나는 이분들을 위한 계획을 이미 다 수립해 놓은 상태였다. 그것은 바로 '반딧불이 교실' 개설이었다.

이럴 수가

　화단의 루드베키아 꽃이 참 예뻤다. 그런데 마음은 절대로 즐겁지가 않았다. 교직원들과 인사를 나누는데, 속마음이 편치를 않았다. 내가 스스로 생각해도 표정이 밝질 않다고 생각했다. 며칠 전에 일어난 사건 때문이었다. 학교 놀이터 조성 문제로 공사담당자가 아침 일찍 도착했다. 생각보다 이른 시각이었다. 업무계획을 짜기 위해 나는 선생님 한 분과 함께 공사담당자와 이야기를 나누고 있었다.
　"아무래도 교장 선생님, 저 수국 때문에 공사에 지장이 많겠는데요."

"그러고 보니까, 그러네요. 저 수국을 일단은 어딘가로 옮겨야겠군요."

"혹시 선생님, 죄송하지만 저 수국 좀 다른 데로 옮겨주실 수 있겠습니까?"

"뭐라고요, 제가요? 아니 제가 일만 하는 사람입니까? 저는 그런 건 못해요"

하고 선생님이 소리를 버럭 지르고 가버렸다. 나는 순간 가슴이 철렁했다. 아무리 그렇다고 이렇게 매몰차게 대하실 수가 있을까. 너무나 당황스러워 말이 나오질 않았다. 점심때쯤 유학센터 건립문제로 엄지 마을 회장님이 오셨다. 그런데 나는 그때까지도 면박을 당한 일로 풀이 죽어있었다. 그 일을 계기로 처음보다 자신감도 많이 떨어졌다.

강진아트홀로 학부모 교육 연수를 다녀오자마자 혹시나 하고 나는 다시 운동장 공사현장으로 가보았다. 그런데 현장에는 행정실장님 혼자서 땀을 뻘뻘 흘리고 있었다. 아침에 왔었던 공사담당자는 아예 보이지도 않았다.

"아, 교장 선생님, 수국은 선생님들과 우리 아이들이 같이 옮겨 심었습니다."

이마의 땀을 닦으며 김현 실장님이 인사말을 건네는 순간, 나는 천사의 미소가 따로 없다고 생각했다. 그런데 조금 뒤에 갑자기 또 다른 일이 벌어졌다. 남정이 아버지에게 생각지도 않은 항의 전화가 온 것이다. 엎친 데 덮친 격이라고나 할까? 아침에 학교 통학버스가 정차 시간을 어겼다는 것이었다. 학교 버스가 시간도 안 지키고 아이들이 차에 오르기 전에 이미 통과해 버렸다고 했다.

정말 이럴 수가 있을까? 어떻게 담당자가 확인 전화도 하지 않고 아이들 탑승 지점을 통과해 버린단 말인가? 나는 관사로 돌아오는 내내 발걸음이 무거웠다. 다 내가 부족하니 그러리라 생각했다. 나는 그 일로 마음을 다잡는 데 며칠이 걸렸다.

그러나 이 사건을 계기로 나는 조금 더 천천히 걸어가야겠다고 생각했다. 이분들도 그런 반응을 하는 데는 나름대로 다 이유가 있을 것이었다. 아무튼, 내가 더 겸손하게 주위 분들을 섬기며 천천히 진행하기로 했다. 하늘은 스스로 돕는 자를 돕는다고 했다. 고백하건대 후일 그 갈등을 나하고 겪었던 분은 사이좋은 동반자가 됐다.

며칠 후 장학사님이 1학년, 3학년 자녀들을 우리 학교에 유학 보내고 싶다고 했다. 그 말을 듣고 있던 나는 자리에서 벌떡 일어났다. 게다가 병영성 사장님도 아들과 3학년 조카를 내년에 우리 학교에 보낸다고 했다.

"세상에! 어떻게 이런 일이. 이제 몇 가지만 잘 해결되면 내년에 5학급을 만드는 데 아무런 문제가 없겠구나…. 그리고 교감 선생님까지 발령받아 오시면 된다. 아, 우리 학교 살릴 수 있겠구나."

갑자기 자신감이 생겼다. 그랬다. 돌아보면 일이라는 게 끊임없는 부침(浮沈)의 연속이었다. 기죽을 필요도 없었다. 어려운 일이 닥치더라도 절대로 좌절하지 말자고 다시 한번 스스로 다짐했다.

농촌 유학 전문가인 박 선생님과 통화를 했다.

"서울에서 여기까지 먼 거리지만, 저희 옴천면 엄지 마을을 한 번 와보셔야겠습니다."

"네, 교장 선생님, 잘 알겠습니다. 7월 8일쯤이 좋겠습니다."

"아, 네 감사합니다. 정말 감사합니다."

박 선생님은 7월 초에 직접 학교에 와서 컨설팅하시기로 날짜까지 잡았다. 더군다나 이 일은 지자체에서 적극적으로 움직이지 않으면 안 되었다. 그래서 면사무소, 군청, 수자원공사, 영산강유역환경청에 공문을 보내고 도움을 요청하기로 했다. 그러면서 일전에 광주국립박물관장님이 조언하셨던 홍보도 열심히 병행했다. 나는 학교 홍보프로그램과 산촌 유학 관련 스토리를 '데일리모닝' 신문사에 보내드렸다. 강진 '우리신문' 이 국장도 적극적으로 우리 학교를 홍보하고 있었다.

多
어울림 한마당

"아, 새벽 세 시구나. 아침이 되려면 아직 멀었네."

2013년 7월 17일, 오늘은 우리 학교가 자연 속에서 함께 하는 '多 어울림 한마당' 행사 날이었다. 여기서 '多(다)'는 다양성이다. 즉 가정, 학교, 지역, 나라 등이 함께 교류하며 소통하는 장을 말한다. 우리 지역에는 다문화가정들이 많다. 그래서 다른 나라의 문화에 관한 이해와 소통이 중요하다. 그래서 나는 '多 어울림 한마당'을 통해서 지역주민, 다 문화 가정, 전교생이 함께 힐링하며 나누는 신나는 축제를 열었다.

'多 어울림 한마당'은 옴천초의 자랑거리가 되었다. 그래서 방송국에서 촬영하고자 했다. 그래서였는지 나는 새벽 3시부터 일찌감치 눈이 떠졌다.

"아이들이 방송 매체 앞에서 긴장하거나 실수하면 안 되는데."

목포 VJ, KBS2 전국 시대 방송 등이 신경이 쓰였다. 그래서 일이 제대로 손에 잡히질 않았다. 광주 MBC도 촬영감독을 이곳에 보내기로 했다. 생각지도 않게 진짜 판이 커진 모양새였다. 하지만 나는 진짜 기회가 왔다고 생각했다. '多 어울림 한마당'을 통해서 옴천초를 전국에 알리고, 산촌 유학의 새 장을 열고 싶었다. 어떻게 하면 효과적으로 학교를 홍보할까? 생각했다. 그날 그간 산촌 유학을 간접적으로 지원하고 있던 수자원 공사 직원 여덟 명과 MBC 촬영감독 일행이 제일 먼저 도착했다.

9시가 되자마자 우리는 우선 오전 행사 일정에 따라 전체가 녹찻잎 따기를 하러 차밭으로 갔다. 다음 순서로 모두 장을재 사장님의 맥우단지로 가서 쇠꼴 먹이기 체험을 했다. 그다음 엄지 마을의 푸른 초원으로 가서 여러 전통놀이를 시연했다. 전통놀이는 도시아이들은 말할 것도 없고 시골 아이들조차도 점점 생소하게 여기는 놀이였다. '비석 치기', '굴렁쇠 돌리기', '제기차기', '딱지치기', '그네타기', '아카시아 잎으로 천연파마 놀이하기' 등을 했는데 아이들이 그렇게 재밌어 할 수가 없었다.

촬영하는 기자들도 쉴 틈 없는 진행과 아이들의 즐거워하는 표정에 놀라는 눈치였다. 오후에는 아이들과 냇가로 우르르 몰려갔다. 쪽대로 고기와 다슬기 잡기, 물놀이, 아궁이에 불 지펴 옥수수 삶기, 감자 굽기 등을 하며, 우리는 시골아이들이 제대로 노는 법을 마음껏 보여주었다.

"애들아! 이게 진짜로 노는 거란다."

우리는 우리대로 아이들은 아이들대로 매사에 최선을 다했고 기뻐했다. 때때로 중간중간 내 인터뷰도 진행되었다.

"네, 원래는 하루 안에 체험하기 힘든 전통놀이 축전입니다.

그런데 우리 애들이 즐겁게 일정을 소화하네요. 그동안 열심히 뛰어놀며 학교생활을 해놔서 자연스러운가 봐요. 저도 깜짝 놀랐어요."

음식 만들기 시간에는 다문화가정 엄마들의 음식문화를 체험했다. '중국 만두', '일본 타코야키', '베트남 월남쌈', '필리핀 룸피아', '우리나라 인절미', '파전 지지기' 등이 쉴 사이 없이 진행됐다. 그런데 음식체험 시간이 한창일 때, 군수님이 여러 직원과 함께 현장에 나타났다. 갑자기 나는 긴장하기 시작했다. 군수님께 지원을 받아내는 일이 필요했기 때문이다. 이 일이야말로 산촌 유학 유치의 최대 관건이 되는 일이었다.

그동안 이 지역을 발로 뛰며 열심히 만났던 모든 분이 한꺼번에 나타났다. 그밖에도 비서실장, 총무과장, 친환경농업 과장, 면장, 농협 조합장, 군의원, 기자들, 마을 이장들, 옴천면 기관단체장들, 마을 주민 등 올 사람은 거의 다 왔다. 교육장님은 한편에서 조용히 기대하는 모양이었다. '多 어울림 한마당'은 완전히 옴천초를 전국에 알리는 축제의 장이었다.

드디어 군수님의 축사 시간이었다. 나는 가슴이 콩닥콩닥 뛰었다. 진짜로 숨이 넘어갈 뻔했다는 표현이 이런 거였나. 군수님이 조용히 마이크를 잡았다. 군수님의 지원하겠다는 한마디가 듣고 싶었다.

"예, 우리군에서는 …. 옴천초 산촌 유학 건과 관련해 적극

지원할 것입니다. 오늘 아주 훌륭합니다. 지금 이 자리에 있는 모든 사람 앞에서 약속하는 바입니다. 옴천초의 앞날에 건투를 빕니다."

곧이어 환호성과 함께 박수가 터져 나왔다. 나는 그 순간 내 손을 살짝 꼬집어보기도 했다. 꿈인가 했는데 꿈이 아니었다. 이날이 오기를 부임 초부터 얼마나 기다렸던가 우리는 드디어 해냈다. 대한민국 만세! 아니 옴천초 만만세였다. 우리 옴천초가 공식적으로 재도약을 보장받는 순간이었다.

군수님의 편지가 생각나서 기록해 본다.

내가 강진군수로 있을 때다. 새로 오신 옴천초등학교 교장 선생님께서 면담을 요청해 오셨다는 보고를 처음 들었을 때까지는 여느 기관 단체의 대표들처럼 부임 인사차 오시는 것이고 크고 작은 도움이 필요하기 때문이라 생각했다. 그러나 지자체에서 학교를 지원하는 데에는 한계가 있는 것이 현실이었고 특히 산촌 오지마을 폐교 위기의 학교에 적지 않은 지원을 한다는 것도 부담이 되기는 했다. 그러나 일단은 대화를 나눠봐야겠다는 마음으로 얼마 뒤 일정을 잡아 군수실에 모셔 대화를 나누게 되었다. 그분은 첫인상부터 달랐다. 동그랗고 큰 눈빛은 반짝이고 있었고 정제된 언어에는 강한 의지와 신뢰감이 묻어났다. 목표와 비전이 명확했고 그것을 이루기 위한 방법들도 구체적이었다. 무엇보다 강한 열정이 느껴졌다. 도와주지 않고서는 도저히 견딜 수 없을 만큼....

나중에 알고 보니 그분의 이 열정적 행보는 군수인 나에게만 향했던 것은 아니었다. 교육청은 기본이고 되도록 많은 지역의 기관단체 장들을 만나 자신의 목표와 비전을 적극 설명하고 필요한 도움을 요청했다고 한다.

산촌유학이라는 도시 학생 유치 사업을 추진할 때는 서울 등 도시 지역을 수차례 왕래했다. 특히 학교를 살리면 침체된 지역이 다시 살아날 수 있다는 희망과 비전을 옴천면민들에게 기회가 있을 때마다 설명했다. 결국 나중에는 지역민들도 나서서 학교와 지역을 살리는데 군에서 적극 지원을 해달라고 군수실을 찾아오기도 했다.

나와 군 관계자들은 그분의 이러한 열정과 노력에 크게 감동을 받았고 도울 방법을 찾았으며 산촌유학센터 설치, 산책로 조성, 천연잔디구장 등 가능한 지원을 해주기에 이르렀다.

임금순 교장 선생님과 지역민들의 뜨거운 열정은 결국 큰 결실을 맺었고 학교와 지역에 다시 생기가 돌기 시작했고 폐교의 위기를 살린 전국적 모범사례가 되면서 방송, 신문 등에서는 이 학교의 이야기가 끊임없이 소개되었다.

한 사람의 열정이 파동을 일으켜 지역민을 울리고 다시 지역민과 하나의 파도가 되어 지자체를 움직여 학교와 지역, 그리고 지자체까지 삼위일체가 되면서 만들어냈던 이 놀라운 기적을 나는 잊지 못한다. 그리고 그 중심에 서 계셨던 임금순 교장 선생님은 더욱 오래도록 기억될 것 같다.

그 뒤부터 군수님의 지시에 따라 옴천초 산촌 유학 지원 일정이 공정대로 움직이기 시작했다. 그리고 군의회가 산촌 유학을 지원하는 조례도 만들었다. 전국에서 처음으로 지자체가 지원조례를 만든 셈이다. (강진군 지원조례 참조)

이 모든 일에 감사할 뿐이었다. 교직원들과 마을 주민들, 교육지원청, 지자체 모두가 연합하여 새로운 교육 공동체를 형성한 것이다. 맥우단지 장 사장님께 응원문자가 왔다.

"열정과 창의, 도전정신으로 교육과 지역 사회 발전에 헌신적인 교장 선생님의 봉사와 희생정신에 깊은 감사를 드린다. 오늘도 건강하시길 빈다. 모든 분께 사랑받는 하루 보내시길 기원한다."

역시 문자 하나, 문장 하나하나가 주변 사람의 기를 세워주는 분이라는 소문다웠다. 다시 한번 고마움이 가슴 깊이 배어나왔다.

힐링 유학캠프

우리는 2013년 8월 20일부터 1박 2일간 '힐링 유학캠프'를 열기로 했다. '힐링 유학캠프'는 미리 산촌의 아름다운 자연과 마을문화를 체험하는 것이다. 입시지옥과 콘크리트 문화에 지쳐있는 도시의 아이들을 치유하는 쉼과 회복의 캠프이다. 이 캠프는 산촌 유학의 프로그램을 미리 경험하는 안내서이기도 하다. 그래서 가급적 많은 도시의 학생들이 참여하도록 노력했다. 일단 광주와 목포시에 근무하는 여러 교장 선생님들께 일일이 전화를 하고 캠프 개최에 관한 메일을 넣어드렸다.

드디어 '힐링 유학캠프'가 열렸다. 당일 아침 봉선초 김형석 교장 선생님께서 학생 8명, 학부모 4명과 함께 제일 먼저 도착을 하셨다. 어찌나 반가웠는지 눈물이 다 나올 뻔했다. 그만큼 나는 유학생 유치에 심리적으로 압박을 받고 있었다. 김 선생님은 아들과 딸을 데리고 캠프에 참석하고 있었다. 김 장학사님도 아들 2명을 우리 캠프에 데리고 왔다.

처음 열린 힐링 유학캠프에는 모두 합쳐 35명이 참석했다. 나는 이 정도면 대성공이라 생각했다. 맥우단지 회장님도 참가자들을 격려하느라 청자 목걸이를 가지고 오셨다. 첫날은 아이들이 수영장 물놀이, 냇가에서 다슬기 잡기 등을 했다.

다음날 우리는 7시까지 잠을 푹 잔 후, 새소리, 물소리, 바람소리를 들으며 눈을 떴다. 아이들의 표정은 밝았고 미소가 가득했다. 상쾌한 아침 공기와 아름다운 자연환경이 아이들의 마음을 치유한 것이다. 자동차 소리는 없고 오직 새 소리와 바람소리만 있는 이곳에서 아이들이 자연과 하나가 된 것이다. 아이들에게 옴천의 자연은 생명이고, 회복 그 자체였다.

아이들은 그동안 항상 손에 들고 다니던 스마트폰을 던져두고, 자연 속에서 함께 놀며 소리쳤다. 나는 도시 아이들에게 왜 산촌 유학이 필요한가를 다시금 깨닫게 되었다. '힐링 유학캠프'는 우리나라의 교육이 어떤 방향으로 나가야 하는가를 목격하는 자리였다. 흙을 만지며 노는 아이들은 노동이 무엇인가를 알고, 흙과 더불어 사는 것이 무엇인가를 몸으로 체험했다.

오늘은 아이들이 박 선생님이 제작한 나무판으로 '송사리 복불복' 게임을 했다. 이 게임은 행동지시 별로 칸막이가 설치된 판의 중앙에 송사리를 놓아주는 것이다. 그러면 송사리가 헤엄쳐 들어가는 곳의 지시대로 엉덩이에 이름 쓰기, 코끼리코 10바퀴 돌기 등을 하였다. 모두들 어찌나 재미있어 하는지 웃음바다가 되었다.

이어서 수확하여 말려놓은 '참깨 털기 실습'을 했다. 도시아이들은 참깨가 우수수 떨어지는 것을 보며 매우 신기해했다. 또 인절미 떡메를 치고 만들기도 했는데, 고소한 콩고물을 얼굴에 묻히며 그렇게 좋아할 수가 없었다. 캠프 끝 마당에 우리는 모두 옴천초로 이동을 했다. 나는 캠프 퇴소식을 하면서 아이들에게 수료증과 청자 목걸이를 목에 걸어주었다. 아이들과 학부모 모두가 대만족이었다. 내년에 이곳에서 다시 보자고 했다. 그리고 마지막 프로그램으로 학교 홍보 영상을 돌렸다. 참가자들은 영상을 감상하는 내내 무척 흥미로워했다.

"됐다, 이 정도면 반드시 무슨 수확이 있겠지."

나는 캠프를 마무리한 후, 저녁 늦게 호남교육신문 부장님께 1박 2일의 캠프 내용을 전부 보냈다.

첫 열매

"엄마, 나 옴천초로 전학 갈래."

"뭔 소리여, 여기서 거기까지 무슨 수로 가. 엄마는 바빠서 따로 데려다줄 수 없다."

"옴천초 같이 재미있는 학교가 어디 있어. 엄마, 나 반드시 거기로 전학을 갈 거야."

놀라운 일이 생겼다. 병영초의 준원이가 우리 학교에 전학을 오겠다고 엄마를 졸랐다. 준원이는 본래 안산에서 병영으로 이사를 와 있었다. 아무튼 준원이는 엄마랑 병영에서 옴천까지 택시를 타고 왔다. 아이가 스스로 우리 학교에 오고 싶다는 건 놀라운 일이었다. 이것은 아마도 준원이네 식당에 자주 놀러가 옴천초를 홍보하며 공을 들인 것이 준원이의 마음을 움직였나보다.

군청에서 전화벨이 울려 왔다. 시설 안전과에서 전화를 한 거였다. 통학로 세 군데를 확보하기 위해 공사를 부탁했던 일 때문이었다. 군수님은 역시 약속한 일을 반드시 실천하는 확실한 분이었다. 또 친환경농업과 과장님과 팀장님도 우리 학교를 방문해 유학과 관련한 구체적인 계획을 주문하고 여타 질문을 많이 하셨다. 그리고 스포츠 담당자까지 운동장 잔디 조성을 위해 직접 우리 학교를 방문했다. 벌써부터 우리 학교 유학을 위한 일정들이 정신없이 돌아갈 태세였다. 나는 '반드시 좋은 일만 있게 해주세요.' 라고 간곡히 기도를 드렸다.

그런데 도교육청의 장학사님한테 전화가 왔다. 우리 학교에 화상 솔루션 시스템 구축을 지원한다는 낭보였다. 난리가 났다. 겹경사도 터질 징조였다. 또 우리 학교가 ICT 활용 교육 시범학교를 운영하면 더 많은 지원을 받을 수 있다고 귀띔해주었기 때문이었다. 이제 우리 학교가 많이 유명해져서 모든 분이 우리를 돕기 위해 주목하고 있다는 생각도 해보았다. 진짜 꿈이란 꿈을 꾸는 자의 몫이 아니겠는가?

봉선초등학교 자매결연식

"임 교장 선생님, 나 옴천사 주지요."

옴천사 주지 스님께서 '봉선초'와 맺을 '자매결연식'에 참석하시겠다고 연락을 해왔다. 게다가 장학금을 주겠다는 말씀까지 했다. 얼마나 감사했는지 몰랐다. 나는 이곳에 오자마자 맨 먼저 이곳의 여러 기관을 순회했다. 그러다가 만난 분이었다. 주지 스님께서는 교장으로서는 인사차 들른 사람이 내가 처음이라고 했다.

　나중에 옴천사 가는 숲길은 심리치료를 위해 아이들과 동행하는 훌륭한 산책로가 됐다. 또한 그곳에는 아궁이 가마솥, 항아리, 장독대 등 아이들이 체험하기에 좋은 시설들이 있었다. 옴천사 주지 스님은 나중에 졸업생 장학금을 정기적으로 주겠다는 약속까지 잘 지켜주셨다.

　군수님도 자매결연식에 참석하신다는 연락이 왔다. 광주 봉선초와 자매결연식은 산촌 유학의 초석이 되는 중요한 행사였다. 군수님도 앞으로 옴천초가 어떻게 성장할까? 궁금해하셨다. 대부분 도시학교가 농촌학교와 자매결연식을 하면, 공동 교류 프로그램을 함으로써 도시 학생들이 농촌으로 유학하는 사례가 많아진다. 그래서 옴천에서는 도시학교와 자매결연식이 많은 관심을 갖게 된 것이다. 드디어 자매결연식 날이 되었다.

　그런데 광주 봉선초 교장 선생님께서 갑자기 급한 일이 생겨서 참석하지 못한다는 연락이 왔다. 마음 한구석에 실망감이 찾아왔지만, 교감 선생님이 대신 참석하기로 했다. 행사를 준비하면서 학교를 다시 돌아보았다. 학교와 주변 환경들이 많은 분의 도우심으로 매우 좋아졌다. 어제 마무리한 다목적실을 돌아보니 페인트칠을 해놓은 교실이 더욱 돋보였다. 그동안 열심히 잡초를 뽑았던 운동장도 오늘따라 유난히 깔끔해 보였다.

"교장 선생님, 여기 마이크 가져왔습니다."

11시경 교육 발전팀장이 마이크를 가지고 오셨다. 햇살 아래 맑게 퍼지는 밝은 얼굴을 보며 인상이 참 좋은 분이라고 생각했다. 행정실장님과 행사 진행 시나리오를 최종적으로 점검했다. 늦은 점심을 먹고 슬슬 긴장을 풀기 시작했다. 이날을 얼마나 기다려 왔던가? 1시쯤 이장단장님께서 토하젓 2통을 선물로 가져오셨다. 그리고 지역발전협의회에서는 화분을 보내 주셨다.

2시쯤 봉선초 교감 선생님, 교무와 연구실장, 운영위원장, 학부모회장, 어린이회 임원 4명이 함께 도착했다. 곧이어 교육청 과장님, 옴천사 주지 스님 등이 도착했다. 주민들도 거의 70여 분 정도가 참석했다. 사람들이 북적거리니 잔치 분위기가 났다. 이윽고 내 차례가 되자 앞에 나가서 차분히 환영사를 낭독했다. 이어서 군수님이 옴천초와 봉선초의 교육 교류를 축하하면서, 우리 옴천초가 산촌 유학의 메카가 되길 기원하셨다.

나는 봉선초와 협정서에 서명을 했다. 참석자들에게 기념품을 전달하고, 옴천사 주지 스님은 장학금을 전달했다. 사진 기자들이 많이 왔다. 우리는 모두 자세를 잡고 기념사진을 찍었다. 행사는 사람들의 축복 속에서 아무 탈 없이 끝났다. 기쁜 소식이 들려왔다. 학교 운동장에 잔디를 깔아준다는 소식이었다.

옴천초에 잔디가 깔리면 아이들이 정말 좋아할 것이었다. 머릿속으로 그림만 그려보아도 잔디 깔린 학교는 정말 근사해 보였다. 식후 행사로 우리 아이들이 연주하는 사물놀이를 감상했다. 나는 일어서서 춤이라도 추고 싶은 심정이었다. 저녁에는 맥우단지 장을재 사장님과 교직원들이 함께 축하파티를 열었다. 언제나 우리 학교를 든든히 후원하시는 분과 함께 하니 더욱 기뻤다.

우리 학교가 그간 추진해왔던 산촌 유학을 강진일보는 2013. 10. 08. 기사에 다음과 같이 보도하였다.

【강진일보】 옴천초등학교 '힐링 교육 정책 눈길'

강진군 청정지역 1번지로 알려진 옴천면에 소재한 옴천초등학교가 올해 힐링 교육정책을 펼치고 있는 가운데, 지난달 30일 광주광역시에

서 1학년, 3학년생과 경기도에서 유치원생 2명이 전학을 와 눈길을 끌고 있다. 옴천초등학교는 관내 14개 초등학교 중 가장 작은 학교로 학생수가 19명, 유치원생은 12명으로 총 31명이다. 옴천초등학교 학생수가 지난 2010년에는 21명이었는데 차츰 줄어들자 옴천면민과 학교 관계자들이 친환경 청정지역이라는 이점을 살려 힐링교육으로 시골학교를 살리자고 힘을 모았다.

옴천초등학교의 새로운 교육방침은 기존 교육과정에 농촌체험 교육, 힐링유학캠프, 도시학교와 자매결연을 통한 교류, 예술교육 등을 더했다. 특히 힐링유학캠프는 청정 산촌 유학체험을 희망한 도시권 1~6학년 초등학생들과 옴천초등학교 재학생들이 함께 비석치기, 제기차기, 그네타기 등 전통놀이와 엄지마을 영산천에서 다슬기와 작은 물고기를 잡는 체험으로 큰 호응을 얻고 있다. 주민들 또한 도시 유학생들을 위해 엄지마을을 기숙사로 제공해 학교 살리기에 나서고 있다.

지난 8월 힐링유학캠프에 참여한 광주 봉선초등학교는 프로그램 매력에 푹 빠져 옴천초등학교와 지난 9월 12일 자매결연을 맺고, 산촌·도시 간 학교 교류를 통해 학생, 학부모 교류는 물론 교육·예술문화 현장학습을 공유하자고 협약했다.

임금순 옴천초 교장은 "순수한 자연과 함께 지역자원을 활용한 교육을 통해 도시권의 학생들을 유치하여 학교와 지역을 동시에 살리는 계기가 되길 바란다"며 "아이들이 건강하고 따뜻한 감성을 지닌 꿈나무로 자랄 수 있도록 뒷받침하겠다"고 포부를 밝혔다.

제2장

친구가 생겼어요!

광주에서 첫 유학생이 오다

'산촌 유학생이 왔다.' 나는 이 문장을 쓰면서 이 표현이 마치 소설 제목 같다고 생각했다. 2013년 9월 30일, 내게는 평생 잊을 수 없는 날이 됐다. 3월 4일 교장으로 첫 부임을 해서, 211일 만에 그렇게도 꿈에 그리던 첫 산촌 유학생이 우리 옴천초에 온 것이다. 광주에서 두 명의 학생들이 유학을 왔다.

맨 먼저 아이들 주소를 부랴부랴 우리 옴천면으로 옮겼다. 그런데 면사무소의 직원분이 서로 자기 실적으로 올려달라며, 너스레를 떠는 모습이 매우 정겨웠다. 순간 머리를 스치며 얼마 전에 있었던 아픈 일들이 생각났다. 만감이 교차했다. 그러나 내 입가에 미소가 떠나질 않는 것은 어쩔 수 없었다. 이제부터가 진짜 산촌 유학이 시작되었다.

"정말, 눈 깜짝할 사이에 10월이 됐네."

10월의 옴천 들판은 참으로 아름다웠다. 옴천 들판을 걸으면, '10월의 어느 멋진 날에'라는 노래가 저절로 흥얼거리게 한다. 흐드러지게 핀 코스모스가 황금 들녘과 조화를 이뤄 그렇게 아름다워 보일 수가 없었다. 오후에는 수자원공사 권과장님과 교육지원청 담당자, 군청 윤팀장님 이렇게 넷이 모여, '친환경 교실 증축' 관계 이야기를 종결지었다.

그날 수자원공사와 군청에서 지원하기로 최종 합의를 이뤄냈다. 수자원공사는 이후, 계속해서 취재팀을 보내 우리 학교와 엄지 마을을 모니터링 하는 등 산촌 유학에 애정을 듬뿍 쏟아 주었다. 나는 마음이 들뜬 나머지 퇴근하자마자, 유학생들이 머무는 엄지 마을에 들렀다. 장차 유학생들의 근사한 숙소가 될 것이라는 기쁜 상상을 하면서 가보니 아이들 방은 깨끗하게 잘 만들어져 있었다.

"와, 교장 선생님이 오셨다. 안녕하세요."

아이들도 비교적 적응을 잘하고 있는지 인사하는 표정이 참 즐거워 보였다. 어울림 한마당 행사와 유학생 유치 후, 호남교육신문 9월 30일 기사에 우리 학교 이야기가 크게 실렸다. 김 부장님께 감사 전화를 했다. 오전에 짬을 내 북 3면(병영, 작천, 옴천면) 게이트볼 대회 장소를 방문했다. 대회 격려차 오신 군수님과 면담을 하기 위해서였다. '숲 체험' 계단 보완 건에 대해 말씀을 드렸더니 오후 2시쯤, 산업팀장님이 손수 직원과 함께 숲 체험로를 돌아보았다. 위험 구간 사진도 일일이 찍었다.

그런데 다음 날 아침부터 난리가 났다. 광주교대 이 선배님이 전화를 주셨다.

"임 교장, 진심으로 축하해. 광주 일보에 옴천초 기사가 났어. 그동안 열심히 해온 보람이 있어."

정말이었다. 드디어 지역 중앙지에도 우리 학교 기사가 실렸다. 오전에 CBS 방송국의 작가에게 전화인터뷰 요청이 왔다. 곧이어 오후 5시 20분쯤에는 시사매거진에서 다시 전화인터뷰를 요청했다. 그리고 여기저기서 전화가 연이어 오고 몸이 갑자기 붕 뜨는 듯한 느낌이 들었다. 곧이어 영암 교육장님과 고흥 교육장님께서도 축하 전화를 주셨다. 특히 옴천초의 '사물놀이', '힐링 교육' 관련 기사가 여러 신문에 뜬 게 돋보이더라고 알려주었다.

"세상에! 데일리모닝과 연합신문 등 다른 인터넷 신문에도 기사가 올랐어."

아는 지인들과 관심 있는 분들의 축하 문자와 전화벨 소리가 온종일 내 귓가에서 울렸다. '아, 바로 이렇게 칭찬받는 즐거움이 열심히 달려온 사람의 보람인 게구나.' 그래 뭔가 조금은 알 것 같기도 했다. 그러나 진짜 바라는 건, 부디 수많은 사람이 이 기사들을 보고 듣되, 정말 많은 아이가 우리 학교로 유학 왔으면 좋겠다.

박 선생님이 몸이 아프다고 아침 일찍 전화했다. 오전에 박 선생님을 병원에 보내고 5학년 보결 수업을 진행했다. 1, 2교시는 잘 지나갔는데 3, 4교시 미술 시간에 사용할 찰흙이 없었다. 한참 동안 찰흙을 찾다가 옆 반의 정 선생님과 이런저런 이야기를 하면서 도중에 나도 모르게 눈시울이 붉어졌다. 그간 앞만 보고 달려와서 많이 지쳤나 보다. 내게도 이렇게 마음이 여린 구석이 있었다니!

　오후에는 도 장학 협의회에 참석한 후, 곧바로 광주로 학교 홍보를 떠났다. 풍암초, 신암초, 운지초, 금당초 교장 선생님과 교감 선생님들을 만나 우리 학교를 소개하는 등 홍보를 열심히 했다. 그런데 모두 광주교대 선후배님들이어서인지 산촌 유학에 관해 관심도 많았고 적극적으로 도와주시겠다고 한다. 그저 몸 둘 바를 모르겠다.

옴천면과 서울 보라매동

　새벽부터 정신이 없었다. 거의 자는 둥 마는 둥 하다가 일어났다. 옴천면과 자매결연을 한 서울 관악구의 보라매동까지 가려면 새벽 4시 이전에 출발해야 하기 때문이었다. 옴천면 주민 중 일부는 뜬눈으로 밤을 새울 분도 계시다고 들었다. 새벽 2시 30분에 일어나 상경 채비를 하고 면사무소(면 행정복지센터)로 갔다.

　모두들 판매할 농산물과 짐을 싣느라 정신이 없었다. 드디어 3시 40분이 되자 우리는 서울로 출발했다. 9시경에 보라매동 주민자치센터에 도착해야 하기 때문이었다.

향우회 회원들은 이미 와 있었다. 우리는 따로 홍보물을 챙겨 준비한 선물을 가지고 10시쯤 서울 당곡초로 갔다.

최 교장 선생님께서 우리 옴천초 일행을 반갑게 맞아주셨다.

"임 교장 선생님, 소문을 들어서 옴천초 이야기는 이미 알고 있었습니다. 자료도 좀 읽어봤고요. 기대가 많이 되는 학교입니다. 적극적으로 홍보를 하겠습니다."

교장 선생님은 매우 긍정적인 반응을 보이셨다. 열린 마인드의 소유자라 그럴 거라고 생각했다. 최 교장 선생님은 일부러 동사무소까지 와서 옴천 농산물까지 사가셨다. 잊지 못할 분이었다. 직거래장터에서 만난 한 학부모는 11명의 가족을 이끌고 옴천에 와서 살고 싶다고 말했다. 정말이라면 반가운 소식이 아닐 수 없었다. 오후 4시쯤 되어 모두 서둘러 직거래장을 정리하고 다시 강진으로 출발했다. 중간에 광주 광산구의 갈빗집에서 저녁을 먹고 옴천에 오니 저녁 10시가 넘었다. 오늘 짬을 내 강진 옴천 서울향우회 모임에 가서 학교 살리기 취지도 설명하고 학교 홍보 전단 200장을 전해 드린 것은 아주 잘한 일이었다.

특히 총무과장님은 향우회원 한 분의 귀향문제를 적극적으로 돕겠다는 약속도 해주었다. '사라져가는 어떤 것을 지켜내려고 몸부림치는 우리의 모든 행위, 이것이 바로 협연이고 앙상블이 아닐까?

며칠 뒤, 다시 새벽 버스를 타고 서울로 올라갔다. 그리고 일정을 마친 후 홍보물을 가지고 2시쯤 강남 삼릉초를 방문했다. 친구 김 교감 선생님이 반갑게 맞이해 주었다. 나는 교장 선생님을 만나 우리 학교 홍보를 했다. 그리고 난 뒤 잠실 아파트에 사는 고1 때 스승님을 찾아뵀다. 반갑게 맞이해 주시는 선생님을 오랜만에 뵈니 벌써 70세를 넘으셨다. 참으로 세월이 무상했다.

경기도 분당에서 온 아이

다시 또 깜짝 놀랄 일이 생겼다. 강진읍의 어떤 할아버지께서 학교를 방문하신 거였다. 이곳에 손자를 유학을 보내겠다는 것이었다. 주인공은 경기도 성남시 분당초 5학년 남학생, 전형적인 도시 학생이었다. 그의 이름은 현승이었다. 나는 이전처럼 '현승'이라는 이름을 수차례 되뇌었다. 그 아이를 상상하면서 얼마나 기뻤는지 모른다. 그 기쁨은 사랑하는 가족조차도 동일하게 느껴보지 못할 오로지 맞닥뜨린 자만의 만족감이었다. 나의 기대와 소망에 부응하듯이 얼마 후에 현승이 어머니에게 전화가 왔다.

아이의 유학문제 그동안 고민을 많이 했다고 한다. 할아버지의 이야기를 듣고 아이를 유학을 보내려고 하니 정작 걱정이 앞섰다고 했다. 아빠와 할아버지의 열정이 너무 심할 정도로 앞선다고 했다. 가족끼리 같이 조율하며 나아가야 하는데 내부적인 갈등이 나름대로 깊었던 모양이었다. 나는 현승이 엄마에게 확신을 주기 위해서 옴천 지역이 지닌 특성과 마을 그리고 학교 프로그램에 대해 자세히 설명했다. 어느 정도 안심을 하신 것 같았다.

현승이 엄마하고 통화를 끝내고 나도 걱정이 앞섰다. 아이 유학이 어찌 쉬운 일이랴? '현승이의 유학이 성사가 안 되면 어쩌지' 하는 고민에 잠을 제대로 자지 못했다. 그러나 마음을 되잡고 할 수 있는 한 최선을 다했으니 하는 자기만족을 했다.

며칠 후 드디어 아이를 보낸다는 전화가 왔다. 그간 나는 애를 태우는 시간을 보냈다. 아이를 기다리는 시간이 얼마나 길었는지 몰랐다. 현승이는 오늘 오후 2시경에 도착한다고 했다. 나는 산모퉁이가 보이는 데까지 나가 서 있었다. 마침내 멀리서 현승이네가 타고 온 차량이 소실점 하나로 다가왔다. 현승이, 어머니, 할아버지께서 천천히 차에서 내렸다. 드디어 서울 옴천향우회에 가서 홍보한 효과가 빛을 발하는 역사적인 순간이었다.

"현승이 할아버지, 현승이 어머니, 안녕하세요. 교장 임금순

입니다. 와, 네가 현승이구나. 반갑다!"

나는 너무 반가워 소리를 지르고 현승이를 두 팔로 꼭 껴안았다. 그리고 서둘러 현승이 식구들을 이장님 댁으로 모시고 갔다.

숙소 이곳저곳을 둘러보던 현승이 어머니는 생각보다 매우 맘에 든다고 말했다. 드디어 우리는 약정서를 쓰고 사인을 했다. 그제야 나는 안도의 한숨을 내쉬었다.

나는 현승이네를 배웅하고 홀가분한 맘으로 집에 돌아왔다. 한데 너무 심혈을 기울였던 탓인지 열기가 쉬이 가라앉지 못하고 머리가 지끈지끈 아파왔다.

'아, 이게 산고와 비슷하구나.'

그랬다. 일이 다 끝났지만 모든 게 다 마무리되는 것은 아니었다. 한편 그렇게 두렵지는 않았다. 그리고 어렵게 성사시킨 일이었기에 가슴이 뿌듯했다.

3월 입학식 날이 되었다. 모두가 반가웠다. 나는 이제 더는 기울어져 가는 학교의 교장 선생님이 아니었다. 무려 신입생이 다섯 명이나 되었다. 동네 늦깎이 어르신 학생 4분, 현승이까지 합해 재학생 10명이 더 늘었다. 그리고 드디어 옴천초는 학생이 20명이나 되었다. 참으로 기뻤다.

지역발전협의회에서 입학생들에게 10만 원짜리 통장을 만들어 선물로 수여했다. 후일 늦깎이 학생 입학문제는 광양교육지원청에서 벤치마킹까지 해가는 놀라운 일이 생겼다. 참으로 감개무량한 입학식이었다.

창원에서 온 아이들 I

2014년 3월, 경남 창원에서 어머니와 아들이 우리 학교를 방문했다. 유학 때문에 버스를 3번씩이나 갈아타고 왔다고 했다. 6시간 동안이나 버스를 타고 왔다니 정말 대단한 분들이라고 생각했다. 나는 조심스레 어떻게 우리 학교를 알고 오셨냐고 여쭈었다.

"인터넷으로 검색해보고 찾아왔어요."

"이렇게 먼 곳까지 찾아오시다니 정말 대단하십니다. 이곳에 유학을 보내고 싶은 특별한 이유라도 있었는지요?"

"네, 지금 동철이가 사춘기인데 어찌나 힘들어하는지 도저히 못 해보겠어요. 이렇게 좋은 학교에 다니면 아이 마음이 많이 순화될 것 같아서요."

나는 얘기를 나누고 있는 동안에 동철이를 살짝 쳐다보았다. 가만히 보니 잠시라도 그대로 있지 못하고 손을 놀리는 등 이리저리 몸을 뒤척이고 있었다. 정서가 아주 불안해 보였다. 나는 일어서서 떨리는 마음으로 동철이가 거주할 이장님 댁에 대해 안내를 해드렸다.

이장님 댁은 학교에서 약 1km 정도 떨어진 곳에 있었다. 오래된 흙집이었는데 마루가 있는 전통가옥이었다. 소, 개, 닭, 고양이도 키우고, 텃밭도 있었다. 동철이 어머니는 인상 좋으신 이장님과 사모님을 보고 마음이 놓였는지 아이를 잘 부탁한다고 했다. 그러고 나서 동철이 어머니는 다음 주에 유학 준비를 해서 다시 오겠다며 아이를 데리고 떠났다.

나는 동철이를 기다리는 1주일이 마치 천 년처럼 길게 느껴졌다. 나는 날마다 '동철'이라는 이름을 입에 올리며 중얼거렸다. 드디어 토요일, 두근거리는 마음으로 남편과 함께 아이를 맞이하러 옴천으로 내려갔다.

"동철이가 정말로 이곳에 올까……? 아이고! 그런데 저게 누구야, 와! 세상에, 도, 동철아!"

기적처럼 동철이가 나타났다. 정말 믿기지 않았다. 동철이는 부모님, 누나와 함께 왔다. 다시 보니까 동철이는 지난주보다 훨씬 안정되고 괜찮아 보였다. 나는 그날 뜬눈으로 밤을 새웠다. 그동안 5학년 학생은 수현이 혼자였다. 그런데 그 아이에게 처음으로 진짜 동급생이 생긴 것이었다.

다음날 드디어 동철이가 영화의 주인공처럼 학교에 등장했다. 새로운 유학생이 오니 아침부터 학교 전체가 들썩이고 난리가 났다. 다른 반 아이들도 여기저기 동철이 반을 기웃거리고 궁금해했다. 그도 그럴 것이 5학년 수현이는 무려 5년 동안이나 친구 한 명 없이 외로이 교실을 지켜왔기 때문이었다. 나도 수현이 친구 한 명을 간절히 바랐기에 동철이가 온 것이 너무나 기쁘고 설렜다.

아무튼 이날은 특별한 날이라서 전교생의 일기 제목을 '수현이에게 친구가 생긴 날'이라고 정했다. 그러고는 다음 날 수현이의 일기를 일부러 살펴보았다.

"나에게도 드디어 친구가 생겼다. 이게 5년 만이다……."

수현이의 일기는 이렇게 시작되고 있었다. 불현듯 가슴이 뭉클해졌다. 꿈에 그렸던 일이 정말로 실현된 것이었다. 진짜로 수현이의 일기는 나중에 '데일리모닝' 신문에 매우 흥미롭게 실렸다. 동철이가 유학을 온 뒤 2주 정도밖에 안 지났는데, 동철이 부모님이 다른 학부모 두 분과 함께 주말에 우리 학교를 방문했다.

"아니, 우리 동철이 그 사이에 왜 저렇게 키가 많이 컸대요. 이 녀석 징그럽네."

입꼬리를 삼키듯 올리며 웃는 동철이 아버지 입가에 미소가 가득했다. 동철이 아버지가 던진 블랙 유머는 유학 생활을 잘한다는 증거라서 나 역시 기분은 매우 좋았다.

동철이는 예민한 성격으로, 그림에 재능이 많았다. 동철이는 그림을 그릴 때는 집중력이 남달랐다. 나는 그의 예민한 성격을 예술적 감수성으로 승화시키면 좋은 재목이 될것으로 여겼다. 그래서 관심을 갖고 미술지도를 했다. 동철이는 2년 동안 옴천에 머물면서 매년 사생대회에서 큰 상들을 받았다. 옴천에서의 유학 생활은 동철이의 미적 감수성을 함양시키는 데 많은 도움이 되었다고 생각한다.

SBS 시사경제팀 취재

드디어 'SBS 시사경제팀'의 김 PD가 우리 학교에 취재하러 왔다. 점심을 먹은 후, 촬영 팀은 인라인스케이트 타기, 텃밭 무 뽑기, 숲 체험, 수업 장면, 그리고 반딧불이 중국어 교실의 학습장면 등을 찍었다. 그런데 또 무슨 경사일까?
다시 5시 30분쯤에 KBS 고향극장 양 작가한테서 전화로 취재 요청이 들어왔다.
"아, 세상에! 폐교 상황에 처한 학교 하나가 이렇게 살아나는구나."
나는 마치 시름시름 앓던 중중환자가 다시 살아나는 것 같은 기적을 몸소 체험하는 중이었다. 방송 매체에서 이렇게 뒷심으로 밀어주는 것, 그것은 다 죽어가던 양계장의 폐계, 곧 늙은 암탉이 훨훨 날 수 있게 날개를 달아주는 격이나 마찬가지였다.

촬영 때문에 아침 7시쯤에 미리 출근했다. 이윽고 촬영 팀은 아이들이 책을 읽는 모습과 그림 그리는 장면 등을 취재했다. 그리고 우리는 촬영 팀 앞에서 9시쯤 호주와 화상 수업을 연결했다. 호주의 한 대학생이 PPT 자료를 미리 준비해온 자료와 내용을 아이들에게 친절하게 설명해 주는 방식이었다. 우리 애들도 질문했고, 영어 회화가 유창한 정 선생님이 프로그램 전체와 아이들의 안내를 이끌었다. 후일 이게 인연이 되어 나는 광화문에 있는 호주대사관까지 방문하게 되었다.

정말 이색적인 수업이 진행되고 있었다. 곧이어 학예발표회를 열었다. 면민들과 귀빈들로 자리가 꽤 찼다. 그런데 우리 아이들 생각보다 참 잘했다. 점심 무렵 '브레멘의 음악대 & 찾아가는 가족 콘서트' 스텝들이 도착했다. 몇 가지 프로그램을 마치고 우리는 4시부터 리허설을 했다. 시간이 워낙 빠듯해 5시쯤에는 모두 김밥으로 저녁 식사를 때웠다. 이윽고 6시 반부터 음악회가 시작됐다. 이장님들은 벌써 소주에 안주, 과자 등을 준비하셨다.

"오, 이런 세상에, 음악회에 와서 술을 드신다?"

나는 정말 재미있는 시골 문화라고 생각했다. 이리저리 뛰는 동안에 나도 모르게 이장님들처럼 흥이 났다. 나도 이제 옴천 사람이 다 됐다. 오늘 콘서트 중에서는 학부모의 마임 공연이 으뜸이었다.

"그렇지, 저 학부모는 내가 맨 처음에 부임해 왔을 때, 남편한테 손가락까지 물리고 얼마나 힘들었던 분이었던가."

그런데 지금 생각해보니 그 괴로움은 한낱 추억에 불과했다. 이런 것이 인생 아닐까? 희로애락, 그 속에서도 늘 희망을 잃지 않고 살다 보면 언젠가 다 극복하리라. 그런 어려움도 결코 질기지만은 않다는 것이었다.

예동 합창단의 앙상블(첼로, 플롯, 피아노)이 곁들어졌다. 아이들의 뮤지컬 또한 수준 높은 공연이었다. 산촌에서 이 정도의 무대가 꾸며질 거라고는 아무도 상상 못했을 것이다. 오늘 우리를 열심히 촬영한 방송이 매우 중요한 역할을 해줄 것 같았다. '더 많은 학부모와 아이들이 우리 학교로 모여들기 시작하겠지.'

광주 시립미술관과 협약식

나는 산촌 학교의 아이들에게 문화 예술적 감수성을 함양하는데 중심을 두었다. 시골에는 딱히 관람할만한 미술관들이 없었다. 그래서 우리 학교와 광주시립미술관으로 자매결연을 추진하고자 했다. 드디어 오늘은 협약식을 위해서 광주시립미술관에 가는 날이다.

"교장 선생님은 언제 봐도 열정이 넘치시네요."

임 학예연구사님도 역시 언제나 열정이 넘치시는 분이었다. 여전히 더 많은 목표를 향해 도전 중이었다. 협약식은 잘 마무리됐다. 우리는 관장님. 학예연구사님, 연구관님 등과 함께 점심을 먹으며 앞으로의 일정 등을 논의했다. 이 협약식을 통해 우리 학교는 정기적으로 시립미술관에 큰 전시회가 있을 때, 직접 가지 못하더라도 화상으로 미술 작품들을 설명과 더불어 감상하게 되었다. 산촌에 있는 아이들에게 예술 교육은 상상력과 창의성을 갖는데 지대한 도움을 갖게 했다.

우리는 거기를 떠나 광주 봉선초로 자리를 옮겼다. 교장, 교감, 5학년 부장 교사와 더불어 이른바 도농 교류 협의를 논의하기 위해서였다. 그 자리에서 나는 특별히 수업협력을 부탁했다. 시골 아이들도 학습 능력이 도시 아이들에게 뒤처지는 것은 나로서는 용납할 수 없는 일이었다. 수업협력 부분도 마무리가 잘 됐다. 이야기가 끝나고 시간이 조금 남자, 나는 다시 광주 유안초 교장 선생님을 만나러 갔다. 그리고 옴천초 홍보를 한 번 더 부탁드렸다. 장 교장 선생님은 아무 걱정하지 말라며 오히려 우리를 격려했다.

며칠 뒤, 다시 시간을 내서 광주에 있는 제석초를 방문했다. 교장 선생님과 후배 선생님 한 분이 환대를 해주었다. 함께 점심도 먹고 격려를 해주는 자리였다. 전국적으로 몇 차례 방송을 타니 모두들 더 열심히 하라며 지지해주었다. 방송의 효과가 무섭긴 무서웠다.

갑자기 우리 학교는 유명한 곳이 돼버렸다. 모두 휘파람을 불며 일을 했다. 홍보 효과라는 것이 얼마나 위력이 있는지 새삼 놀라울 뿐이었다. 나는 틈을 내 도 교육청 홍보 담당실에 들러 임 과장과 이야기를 나누었다. 그리고 중앙지에 홍보도 요청했다. 광주 불로초를 방문해 교장 선생님께 우리 학교를 홍보했다. 그날은 일정 때문에 다시 화순 하니움 스포츠센터 학부모 지원사업 발표회장으로 향했다.

서울에서 답사 온 아이들

서울로 공문을 보내고 직접 홍보를 갔던 것들이 효과를 발휘하기 시작했다. 며칠 후 낯선 목소리의 전화가 한 통 걸려왔다. 진영이라는 아이의 어머니였다. 또 한 편의 드라마가 써질 판이었다. 진영이 어머니가 직접 서울에서 이곳 옴천까지 주말에 방문하겠다는 기쁜 소식을 전화기 너머로 알려왔다. 진영이 어머니는 지난번에 서울의 친구 학교를 방문하여 보냈던 홍보지를 보고 연락을 해 온 것이다. 이것이 바로 홍보 효과인가 생각하니 가슴이 두근거리고 기뻤다.

또 한 명의 서울 어머니가 전화를 걸어 왔다. 그 어머니는 동사무소에 근무하고 있었다. 우리가 보낸 홍보공문을 어머니가 본 것이었다. 혜숙이 어머니는 산촌 유학에 관한 홍보공문을 자세히 보고 전화를 했다. 주말에 아이를 데리고 옴천을 방문한다는 것이었다. 옴천을 방문만 해도 감사한 일이었다.

서울에서 여기까지 오시다니 정말 끝에서 끝까지 오신 것이었다. 얼마나 기뻤는지 모른다. 드디어 서울에서 혜숙이네 가족이 사전 답사를 왔다.

"혜숙아, 혜미야 정말 반갑다."

나는 두 팔로 내 딸을 안는 것처럼 꼭 감싸 안아주었다. 나는 옴천초가 제공하는 다양한 교육 프로그램들을 소개했다. 혜숙이 어머니는 궁금한 점들을 꼼꼼히 물어보았다. 그리고 아이들의 숙소가 있는 엄지 마을로 향했다. 혜숙이네는 엄지 마을의 분위기를 매우 좋아했다. 그 사이 4시 30분쯤에 민영이 어머니가 도착했다는 연락이 다시 왔다. 나는 혜숙이네를 부탁하고 득달같이 터미널로 달려갔다. 무려 6시간 동안이나 버스를 타고 서울에서 여기까지 찾아온 어머니의 열정에 몇 번이고 감사 인사를 올렸다. 그분들을 맞이하면서 아이들을 부모님의 사랑 이상으로 키워야겠다고 마음속으로 몇 번이나 다짐했는지 모른다.

우리는 이장님 댁으로 갔다. 숙소와 환경을 보더니 다들 만족해했다. 혜숙이네 가족과 민영이 어머니는 체험도 할 겸 이곳 엄지 마을에서 1박을 하기로 했다. 그리고 혜숙이 어머니는 아이를 데리고 다음 주 토요일에 꼭 다시 오겠노라고 약속을 했다.

저녁에 다시 돌아간 혜숙이, 민영이 어머니와 통화를 했다. 두 분 모두 토요일에 다시 오겠다고 약속하셨다. 그 먼 거리에서 이곳까지 직접 왕래한다면 정말 보통 일이 아닐텐데 혜숙이 어머니는 다시 꼭 오겠다고 했다. 그런 부모가 있으니 자녀들이 적극적으로 유학을 올 수 있겠지. 그분들의 신뢰를 저버리지 않겠다고 다시 한번 다짐했다.

드디어 토요일이 됐다. 그리고 정말 우리 혜숙이가 서울에서 왔다. 나는 최 선생님과 함께 혜숙이네를 기쁜 마음으로 맞이했다. 그리고 내친김에 그 자리에서 군수님께 전화했다. 내친김에 홈스테이 가정 리모델링 비용 지원을 부탁드렸다.

군수님께서는 또 학생이 왔냐고 큰일을 해냈다고 칭찬을 하셨다.

강진 신문 김 부장님이 이런 상황들을 듣고 취재요청을 해왔다. 나는 취재 자리에 이장단장, 진료소장, 의용소방대장, 새마을 부녀회장, 그리고 이장 사모님 등을 모셨다. 그 자리에서 나는 유학생들에게 더욱더 신경을 써달라고 거듭 부탁을 드렸다.

유학에 관한 자료들을 재정비한 후 광주시내 학교 교장 선생님, 강진 향우회 본부장님, 사무총장님 등 몇몇 분에게 유학생 모집 공고문을 보냈다. 학교가 파할 무렵, 또 한 통의 전화를 받았다. 멀리 담양교육지원청의 오 장학사님, 박 교육장님이었다. 노인 입학생에 대해 몇 가지를 문의하고 싶다고 했다. 그리고 며칠 뒤에 어른 입학생의 법적 조치에 관한 문제에 관하여 긍정적인 답변이 도착했다.

"의무교육을 받을 국민이기 때문에 입학해야 한다, 그러나 하지 않아도 된다. 곧, 의무 취학 적령기를 넘겼으니 입학을 해도 되고 안 할 수도 있다."

이 둘 가운데 여타의 부가조항이 언급되지는 않았으니, 오직 학교장의 재량에 달려있다는 답변이었다. 정말 마음에 드는 굿 뉴스였다.

서울 강진 향우회 본부장께서 메일을 보내주었다고 연락이 왔다. 지난번에 보내드린 유학생 모집 홍보 동영상을 멋지게 수정해서 다시 보내주신 거였다. 이 홍보물은 서울의 강진 향우회 분들에게 일일이 보내주겠다고 했다. 옴천 향우회장님께서는 책을 보내셨고 향우회 사무총장님께서는 수고한다고 격려 전화를 했다. 이렇게 많은 분의 관심과 사랑을 받다니 나는 정말 행복한 사람이 아닐 수 없었다. 이런 일을 겪을 때마다 나는 종종 눈물이 났다. 이렇게 좋은 분들이 관심을 보이고 도우시니 우리 학교가 살아나지 않으면 되레 그것이 이상한 일이었으니까.

방송국과 기자들 그리고 홍보

KBS 1TV의 박 기자가 취재하러 옴천까지 왔다. 이젠 취재 요청에 응하는 일이 자연스러운 일이 돼 버렸다. 박 기자는 특히 산촌 유학에 관심이 많다고 했다. 지금까지 우리 옴천이 해낸 일을 잠잠이 다 듣더니 다시 한번 이 일의 중요성을 공감했다.

"교장 선생님, 정말 그 열정이 대단하십니다. 이건 비단 옴천만의 문제가 아닙니다. 우리나라 농산어촌이 사는 길입니다. 다시 취재단을 꾸려 곧 오겠습니다."

박 기자는 취재팀을 재정비해서 조만간에 다시 오겠노라고 했다. 정말 신바람이 났다. 나는 이번 기회에도 홍보가 많이 되기를 기도했다. 농산어촌에 유학 바람이 불어 도시 과밀화도 해소되고 아이들의 정서와 가치도 되살아났으면 좋겠다. 모든 사람이 더불어 사는 신명나는 날이 오기를 손꼽아 기다렸다. 그런데 그것이 지금 눈앞에서 거짓말처럼 하나둘씩 실현되고 있었다.

KBS1 라디오 '남도투데이'의 아나운서 한 분과 최 작가가 동행 취재하러 왔다. 입학식 관련 인터뷰를 하기 위해서였다. 그날 군청의 총무과장, 교육 발전팀장 등이 취재 중인 우리 학교를 방문했다가 그 장면을 보고 다소 놀라는 눈치였다. 그리고 다른 때와 달리 유학가정들을 꼼꼼히 둘러보았다. 동철이의 주소를 옮기는 걸 직접 두 눈으로 목격하기도 했다. 면장님도 새삼 관심을 두기 시작했다. 강진과 옴천의 인구가 그분들 눈앞에서 실제로 늘어나고 있었기 때문이었다. 교육청의 김 장학사, 차 사무관도 우리 학교를 방문했다. 산촌 유학의 현황을 파악하기 위해서였다. 놀라운 변화가 일어나고 있었다.

영남초 교장 선생님한테 전화가 왔다. KBC 광주방송국에서도 TV 취재를 나왔다. 게다가 소식을 접한 강진군 사회 단체장들은 책상, 가방, 학용품 세트 입학선물을 기증했다. 기타 10여 분이 학교에 직접 방문해 선물을 또 기증하고 갔다. 그리고 동아일보 기자에게 전화가 왔다. 지난번에 다녀갔던 KBS 1TV의 취재요청이 다시 들어왔다.

면사무소와 유학센터 계획을 재차 깊이 있게 검토하기로 했다. 학교 내에 원룸형 기숙사를 세우는 방법도 대안으로 논의를 했다. 면장님도 함께 참여했다. 그사이에 짬을 내 서울시의 학교(누리과정 연수 교장 선생님들) 여러 곳에 유학 관련 공문을 전송했다. 오후에는 전남 초등 여교장연수회에 참여했다. 우리 학교의 '행복한 산촌 학교의 옴지락 꼼지락 이야기'를 우수 사례로 발표했다.

온다고 했던 KBS 1TV 취재팀이 도착했다. '필통'이라는 프로그램이었는데 이른 시각인 오전 7시부터 오후까지 취재를 쉬지 않고 계속했다. 가만 보니 정말 놀라운 일정이었다. 눈코 뜰 새 없이 바빴다고 해야 하나. 취재팀까지 한꺼번에 오니 넋이 나갈 지경이었다. 아무튼 이런 주요 매체의 홍보까지 뒷받침해주면 이제 학생들이 들이닥치는 것은 시간문제라고 생각했다.

이장님 댁에서 유학하고 있는 진영이가 잘 적응하고 있는지 살펴보고 다시 학교로 돌아와 그림을 지도하며 촬영에 임했다. 결국 그날의 일체 취재장면은 4월 9일 7시 30분 '필통'에 방영됐다. 다리가 엄청 아프고 피곤했다. 이틀 동안 서서 돌아다녔기 때문이었다. 피곤이 밀물처럼 밀려왔다.

TV조선 강 기자한테 전화가 왔다. 우리 학교로 취재를 하러 오겠다는 반가운 소식이었다. 다만, 방송 내용은 산촌 유학을 수현이의 일기를 중심으로 촬영하겠다는 내용이었다. 그런들 어떠랴. 후일 실제로 '수현이에게 친구가 생겼어요'라는 제목으로 나왔다. 지난번에 왔던 동철이의 유학을 친구 수현이의 입장에서 재구성한 것이었다.

며칠 뒤에 다시 '필통' KBS1 전국 TV에 우리 학교가 방영됐다. 그런데 다시 보아도 또 새로웠다. 지인인 교장 선생님, 경찰서장께서 TV를 시청하다가 반가운 얼굴이 TV 화면에 나왔다고 카톡으로 연락을 해 왔다. 농민신문에도 우리 학교 기사가 실렸다. 나는 스타가 된 기분이었다.

군청 월례회에 참석해 특강을 했다. '내가 변해야 강진군이 변한다.'라는 주제로 강의를 했다. 마침 약속이 잡혔던 EBS 취재팀이 와서 오늘 하루를 동행하며 취재를 했다. 나는 8시경부터 학교에 나가 EBS 취재에 동행했다. EBS PD와 함께 8시 20분경 군청에 도착했는데 군청 안으로 들어가는 모습부터 제1차 촬영을 시작했다.

아침 9시부터 대회의실에서 특강을 했다. 강의를 마친 후, 군수실에서 유학센터 건립을 협의했다. 군수님께서 산촌유학센터 신축 계획서를 영산강유역환경청에 추가로 올리라고 하셨다. 나는 곧바로 주 국장님과 통화를 했다. 내년에 설계비만이라도 반영해 달라고 했더니 좋은 생각이라고, 긍정적으로 검토하겠다고 대답이 왔다.

학교로 돌아와 우리는 다시 촬영에 임했다. 아이들의 그림 진단과 상담 이야기, 유학생 이야기, 움직이는 사람 그리기 지도 장면 등을 촬영했다. 그리고 운동장에서 토하잡기, 아이들과 옴천사 길을 동행하는 장면 등을 촬영했다. 마지막으로 전교생이 모여 손을 흔들며 '산촌 유학은 옴천초등학교로 오세요.'를 외치며 제2차 촬영을 마쳤다. 그리고 이어서 EBS 기자와 인터뷰로 제3차 촬영을 갈음했다. 나는 정말 이런 것이야말로 하늘이 주신 기회라고 생각했다. 이 방송을 보고 전국의 많은 학생이 이곳에 유학을 오길 기대했다.

지금 내게 기적 같은, 꿈같은 일이 일어나고 있었다. 참으로 기쁘고 감사했다. 나는 신께 '10명만 더 채워주십시오.'라고 기도했다.

교장단 연수

'초등학교 교장단 연수회'에 참석했다. 전남대 김 교수님, 교원대 임 교수님의 강의가 매우 인상 깊었다. 점심때는 서울에서 오신 교장 선생님들의 기숙사 방을 일일이 찾아다니며 산촌 유학을 홍보했다. 밤에도 아랑곳하지 않고 남자 교장 선생님들의 방을 하나하나 찾아다니며 학교를 홍보했다.

'제53회 전국 초등 여교장 연수회'에 참가했을 때도 마찬가지였다. 특히 서울시 교장단 175명에게 주목했다. 학교 홍보를 할 좋은 기회였기 때문이다. 지난번 누리과정 연수 때 교원대에서 홍보 목적으로 만났던 서울 장월초 오 교장 선생님을 다시 뵀는데 무척 반가웠다. 여전히 카리스마 있고 멋져 보였다. 언젠가는 꼭 장월초를 방문하고 싶었다.

강릉시 이 교육장님을 만나 정말 깜짝 놀랐다. 과거에 폐교를 살린 어느 교장 선생님의 기사를 스크랩한 적이 있었는데 바로 그분이었다. 이 교육장은 전혀 생각지 않았던 곳에 자기 팬이 있는 줄 몰랐다며 진짜 반가워하셨다. 지금 고백하건대 그분은 교사 때부터 나의 롤 모델이었다.

이제는 홍보도 자연스레 몸에 뱄다. 모두 좋은 반응들을 해 주셨다. 열심히 뛰어다녔더니 오히려 온몸의 기운이 되살아나고 내 마음도 상쾌해진다는 걸 홍보를 할 때마다 느꼈다. 학급 편성 문제로 교육장님께 전화를 했다. 봄비가 내리고 아직은 추운 날이 계속되는가 보았다.

며칠을 더 봄비가 촉촉이 내렸다. '전라남도 초등학교 교장단' 연수에 참석하는 날도 비가 왔다. 점심을 먹고 다시 학교로 돌아왔다.

서울에서
진영이가 왔다.

진영이 어머니는 홍보공문을 보고 전화로 계속 상담을 했다. 말로는 오신다고 했지만 내심 올까 하는 의심도 했다. 그런데 2014년 4월 1일, 진영이는 어머니와 함께 서울에서 갑자기 왔다. 진영이 어머니는 교사 출신으로 교장 선생님을 전적으로 신뢰하고 왔다고 한다. 그래서 사전 답사도 없이 아이와 함께 온 것이었다. 우리는 너무도 당황했다. 미리 알았으면 사전에 유학 농가를 확보해 두었을 텐데 그런 준비를 하지 못한 것이었다. 바로 이 문제 때문에 유학센터 건립이 시급하다고 생각했다.

그런데 이런 딱한 사연을 들은 이장 사모님이 맡아주겠다고 나섰다. 그곳은 학교에서 조금 떨어진 오곡이라는 마을이었다. 진영이가 드디어 한 동네의 한 식구가 된 것이다. 나는 곧바로 진영이 어머니께 진영이의 숙박 가정에 대해 안내를 드렸다. 우리를 믿고 보낸만큼 더욱 관심과 사랑으로 돌보고자 했다.

그런데 우리의 기대와 달리 엉뚱한 일들이 터졌다. 열흘쯤 지난 주말에, 농가에서 쉬고 있던 진영이가 갑자기 이상한 행동을 한다는 연락이 왔다. 물건을 집어 던지고 괴성을 지른 것이었다. 모두가 놀라서 당황을 했다. 처음에는 아이가 갑작스러운 환경변화에 적응하지 못한 것으로 여겼다. 그러나 몇 일 후에 또다시 물건을 던지고 머리를 벽에 부딪히는 자학적인 행동까지 하게 되었다. 나는 진영이의 마음 상태가 매우 불안정함을 알게 되었다. 즉시 서울에 있는 진영이 어머니와 통화를 했다.

진영이의 상황을 말씀드렸더니, 어머니께서 진영이의 상처를 말해주었다. 우리의 불찰이었다. 그때만 해도 아이들이 유학을 오게만 해야겠다는 생각으로 '심층 면접'을 하지 않았다. 온다고 하면 무조건 감사하다고 하면서 아이들을 받아들였다. 진영이는 우리가 감당하기에는 너무 큰 상처들이 있었다. 진영이는 서울에서 왕따를 심각하게 당했으며, 학교 폭력에도 시달리고 있었다. 그래서 부모가 이곳으로 보낸 것이었다. 그러나 이것이 오히려 진영이에게 더 큰 상처가 되었다. 진영이는 엄마가 자신을 시골에 버려두고 갔다는 거절감의 상처도 갖게 되었다.

우리는 진영이가 유학 온 지 12일 만에 다시 서울로 돌려보내야만 했다. 우리에게는 진영이의 경험이 산촌 유학에 관한 성찰의 기회가 되었다. 그 이후부터 우리는 새로운 유학생이 오기 전에 학부모 면접과 학생 심층 면접을 통해서 학생의 신상을 자세히 살피게 되었다. 특별히 나는 그림을 통해서 아이의 심리상태를 살피고, 그에 대한 대처 방안을 간구했다.

나는 진영이를 떠나보내면서 내내 마음이 아팠다. 그리고 산촌 유학에 관한 나의 열정을 냉정하게 돌아보게 되었다. 즉 학생의 숫자만 늘리려고 했던 나의 어리석음을 깨닫게 되었다.

우연의 일치일까? 진영이를 보낸 그날, 4월 11일 군수님의 지시로 '옴천초 지원 종합대책위원회'가 발족 되었다. 보건진료소장님이 오셔서 아이들을 살피고, 머물 집들을 함께 살펴보았다. 나는 진료소장님과 함께 아이들이 편안하게 숙박할 수 있는 가정들을 살펴보았다. 아이들에게 가장 중요한 것은 정서적 환경이었다. 군에서 담당 직원들이 나와서 산촌 유학에 힘을 보탰다.

한국-호주 국제교류

우리 학교는 2013년부터 호주와 국제교류 수업을 전개했다. 도교육청의 지원으로 화상수업 시스템을 갖추고 매월 1회, 호주와 화상수업을 하게 된 것이다. 그래서 나는 호주대사관에서 워크숍이 있을 때면 꼭 참석했다. 호주대사관은 광화문 교보빌딩 19층에 있었다. 나는 워크숍에 참석하기 위해 아침 일찍

KTX를 타고 올라갔다. 워크숍이 시작되자 호주대사님이 섬나라 호주를 소개했다. 이어서 한국과 호주의 교류에 힘쓰는 호주의 UNE대학교 오명숙 교수님이 인사말을 했다. 화면으로만 봤던 교수님을 실제로 보니 더욱 반가웠다. 국제교류를 위해 한국과 호주를 오가며 노력하시는 교수님의 열정이 느껴져 존경스러웠다.

이어서 교수님께서 직접 워크숍을 진행했다. 먼저 여러 학교의 화상수업 사례 발표가 있었다. 화상수업은 주로 여건이 좋은 도시학교에서 많이 하고 있었다. 가장 인상적이었던 것은 어떤 선생님은 한복을 호주에 보내 호주학생들이 한복을 입고 수업하는 장면이었다. 매우 유창한 영어로 수업을 전개하는 선생님이 대단해 보였다. 참 좋은 발상이었다. 나도 그렇게 하고 싶은 생각에 궁금한 점을 물어 보았다.

"수업 반은 어떻게 편성했는가?"
"한복 구입은 예산이 많이 필요한데 어떻게 했는가?"
"영어로 수업하려면 힘든 점이 많은데 어떻게 전개하는가?"
수업 대상학생은 미리 희망서를 받아 간단한 테스트를 거쳐 반을 편성했다고 했다. 한복 구입은 매우 저렴한 가격으로 협찬을 받았으며, 영어수업은 상주하는 원어민교사와 함께 수업안을 작성하고, 전개하니 별 어려움이 없다고 했다. 여건이 좋은 도시학교여서 별 문제가 없었다. 반면에 우리학교는 5학년을 지정하여 담임교사 혼자서 수업안을 작성하고, 수업전개까지 하고 있었다. 얼마나 힘들었을까. 그래도 묵묵히 실천하는 박 선생님이 고마웠다.

사례발표가 끝난 후 나는 오 교수님과 우리학교의 수업계획을 협의했다. 매월 둘째 주에 화상 수업을 하기로 했다. 교수님은 시드니 오페라단에서 협연 할 한국 공연팀을 모집한다고 했다. 나는 그 순간 우리 아이들에게 시드니 오페라단과 사물놀이 협연 기회가 주어지길 바랐다. 그저 우리 옴천초가 대외에 알려지는 계기가 되기를 소원할 뿐이었다.

얼마 후 전라남도교육청에서 '한국-호주 화상수업 세미나'가 열렸다. 먼저 미래인재과에 들러 과장님께 유학센터 공사현황, 선진유학센터 견학 등을 이야기해 드렸다. 그리고 홍보실에 들러 우리학교 홍보영상 파일도 보내주길 부탁했다.

세미나 장소인 회의실에 가니 호주에서 오신 오 교수님이날 기억하고 반갑게 인사를 건네셨다. 세미나가 시작되자 먼저 교육국장님께서 인사말씀을 하셨다. 놀랍게도 작은 학교 살리기와 산촌 유학 사업에 관해 말씀을 하셨다. 나는 기분이 좋아지면서 올해도 화상수업을 좀 더 열심히 해야겠다는 생각이 들었다. 확실히 무슨 일이든지 직접 현장을 뛰어야 확실한 동기부여가 되는 것은 확실하다.

이번에는 서울에서 '한국-호주 국제 교류 워크숍'을 열었다.

나는 아침 일찍 서둘러 출발하여 용산역에서 1호선을 타고 호주대사관으로 갔다. 시간이 일러 종각역에서 내린 다음 광화문 광장을 돌다가 마침 열리고 있던 인쇄박람회를 구경했다. 박람회장에는 옛날부터 현대까지의 매우 다양한 인쇄물과 기구들이 전시되어 있었다. 전시물 중에는 80년대 내가 교육현장에서 사용했던 철판과 철필, 등사기도 있었다. 그 때는 철필로 글을 쓴 다음 까만 등사기에 놓고 까만 잉크를 롤러에 묻혀 밀면 신기하게도 글씨만 그대로 인쇄되어 나왔다. 옛날 일을 생각하니 감회가 새로웠다.

23층 호주대사관으로 올라와 보니 많은 사람들이 와 있었다. 이윽고 행사가 시작되자 먼저 호주 대사의 인사말이 있었다. 생각보다는 한국어가 유창하지는 않았다. UNE 대학의 오교수님도 강의 한 꼭지를 맡으셨다. 워크숍이 진행되면서 사례발표를 했는데 예년에 비해 점점 더 수업 수준이 높아졌음을 실감했다. 특히 교육청끼리 교류하며 화상수업을 실천하는 대구시교육청의 노력이 돋보였다. 대구시교육청에서는 교사를 선발하여 직접 호주의 학교로 파견을 보냈다고 했다. 장학생으로 간 교사는 직접 현지에서 호주아이들과 수업을 전개하고, 우리아이들과도 화상수업을 전개했다. 매우 우수한 사례였다. 호주에 파견된 교사는 국제적인 감각을 익힌 전문가로 성장했을 것 같았다.

워크숍을 마친 후에는 부산시 죽성초 민선기 교장선생님을 만났다. 이분은 몇 년 전부터 화상수업을 전개해 오신 전문가셨기에 꼭 만나고 싶었다. 교장선생님께서는 우리학교와 지역 간 수업 교류를 하고 싶다고 하셨다. 나도 바랐던 일이기에 적극 추진해 보자고 했다. 또한 도교육청과 호주의 국제교류를 추진하느라 힘썼던 김경미 장학관과도 이야기를 참 많이 나누었다. 언제 만나도 친절하고 긍정에너지를 뿜어내는 좋기 만한 고향 분이었다.

창원에서 온 아이들 Ⅱ (하경, 지훈)

창원에서 동철이가 오고 나서 얼마 후, 창원에서 두 번째 아이들이 왔다. 지난번 4월 5일 식목일에 하경이와 지훈이 어머니가 미리 유학 온 동철이 어머니와 함께 방문했다. 동철이가 어떻게 유학을 하고 있는가를 보고서, 안심을 하고 4월 말경에 아이들을 보낸다고 했다.

아이들이 오는 날 아침부터 비가 짓궂게 내렸다. 그러나 오늘은 하경이와 지훈이 도착하는 날이라 기뻤다. 오후 1시쯤 하경이와 지훈이가 도착했다. 하경이는 5학년 여학생이어서 강진군청 팀장 댁으로 안내를 했다. 집도 새로 지은 양옥이라 매우 깨끗하고 편해 보였다. 지훈이는 성전의 복식지원 강사의 집으로 갔다. 그 댁에는 4학년 아들이 한 명이 있어, 친구가 되어 함께 잘 지낼 수 있을 것 같았기 때문이다. 그 집도 새로 지은 양옥집으로 뒤에는 월출산, 앞에는 들판이 펼쳐져 있어 풍광이 아늑했다. 부모님들의 반응을 보아하니 매우 흡족해했다. 나는 곧바로 강진군수님, 여수 교육장님과 통화를 했다. 여수 교육장님은 얼마 전까지 강진 교육장으로 계시면서, 우리학교의 산촌 유학이 잘되도록 많은 지원을 해 주셨다. 그래서 산촌 유학의 결실을 거둘 때마다 그 기쁨을 함께 나누고자 연락을 드렸다. 나는 서울의 혜숙의 어머니에게도 하경이의 유학 소식을 담은 사진을 카톡으로 보내드렸다. 그 순간 나의 기쁨을 축하하듯이, 하늘에 무지개가 떴다.

"와, 무지개다. 정말 예쁘네."

하경이와 지훈이가 도착한 후에 하늘에는 아름다운 무지개가 세워졌다. 옴천의 산촌 유학이 결실을 거두게 됨을 신이 기뻐하신 것 같았다. 하늘에서 땅으로 펼쳐진 무지개는 산촌 유학의 미래를 보는 것 같았다. 우리는 학생들을 인솔하고 김영랑을 기념하는 '영랑 백일장 그리기 대회'에 참가했다. 특히 주영이와 동철이의 그림이 월등했다.

일과가 끝나고 유학 온 하경이, 지훈이의 보험 증권을 작성했다. 그리고 면사무소에 가서 아이들의 주소 전입을 부탁했다. 면장님 이야기를 들으니 그간 고민해왔던 저녁밥이 해결될 듯했다.

농어촌 희망교육 공동체 지원 사업 선정

얼마 전에 응모한 '농어촌 희망교육 공동체 지원사업' 면접날이 되었다. 나는 제출한 자료들을 다시 읽으면서 예상 질문들을 체크해 보았다. 오전에 학교에서 출발해서 오후 1시 30분쯤 전북대학교에 도착했다. 나는 본부별관 라운지에서 뜻밖에 증도초 교장 선생님을 만났다.

"교장 선생님, 웬일입니까?"

"아니, 교장 선생님도 지원 사업차 오신 거예요?"

우리 학교와 같이 농어촌 희망교육 사업에 신청한 것이었다. 두 학교가 함께 선정되길 기도했다. 30분 정도 대기실에 있다가, 마침내 우리 학교의 차례가 되어 면접장에 들어갔다. 세 분의 면접관들이 맞은편 책상에 앉아서 질문을 하였다. 두 분은 산촌 유학에 대해 어느 정도 알고 있어서 질문이 부드러웠다. 그런데 중간에 계신 면접관은 다소 당황스러운 질문들을 했다. 농어촌희망재단에서 하는 일이나 목표까지 구체적으로 물어보았다. 그분은 산촌 유학에 다소 회의적인 생각을 하신 것 같았다. 그래서 나는 더욱 자신 있게 산촌 유학의 중요성과 나의 경험을 말했다. 면접관들이 나의 교육적 신념에 좋은 점수를 주실 것 같다는 생각을 했다. 비록 한 분이 회의적일지라도 두 분 면접관이 긍정적으로 반응한 것 같아서 다소 마음이 놓이기도 했다.

나의 바람을 신께서 들으셨는지, 며칠 후 선정되었다는 소식이 들려왔다.

"어머나! 세상에, 우리 학교가 농어촌 희망공동체 사업에 선정되었다니."

전국에서 20개 학교가 선정됐는데 그중에 우리 학교가 포함된 것이다. 희망공동체 사업으로 산촌 유학은 큰 힘을 갖게 되었다. '반딧불이 저녁교실'과 각종 특별 프로그램을 운영하는 데 도움이 되었다. 간절히 원하면 이루어진다더니 얼마나 기쁘던지 어린아이처럼 펄쩍펄쩍 뛰었다. 연이어 예술동아리, 학부모 학교 지원사업까지 선정되었고 석식비까지 지원해주겠다는 낭보가 날아들었다. 우와! 이럴 수가 있을까. 정말 이래도 되는 걸까. 그러나 이것은 이제 시작에 불과했다.

나중에 나는 '농어촌 희망교육 공동체 사업' 컨설팅 참석차 공주대학교에 갔다. 나는 그곳에서 전북대학교에서 면접관이었던 한 분을 만났다.

그분은 공주대학교 평생교육원장님이셨다. 그분은 면접 때 나에게 대단히 호의적이셨다. 그분이 나에게 다음과 같이 말씀하셨다.

"공교육이 붕괴하는 현실 속에서, 임 교장 선생님의 기획이 돋보였어요. 공교육기관에서 최초로 산촌 유학 추진을 하고 계신다는 건 다른 농산어촌 학교에도 본보기가 될 것으로 판단했습니다. 그 점이 좋아 점수를 후하게 드렸습니다."

너무도 좋게 평가해 주셔서 감사하다는 인사를 했다. 그동안 공부하고 발로 띠었던 노력의 결과물이라고 생각한다. 그러나 여전히 산촌 유학의 길은 멀고 험했다.

유학 온 아이들의 갈등과 적응

나는 유학 온 아이들의 손을 잡고 학교에서 옴천사까지 가끔 걸으면서 대화를 나눈다. 학교에서 옴천사까지의 길은 자연 속에서 아이들과 내가 하나가 되는 시간이다. 유학 생활의 어려움을 자연스럽게 듣고, 그 문제들을 스스로 해결해 갈 수 있는 지혜를 배우는 시간이다. 하루는 창원에서 유학 온 하경이의 손을 잡고 옴천사까지 산책하며 이야기를 했다. 어찌나 자기 이야기를 많이 하던지 깜짝 놀랐다.

하경이와 함께 옴천사 길을 산책한 이유는 하경이의 그림에서 어두운 면들을 발견했기 때문이다. 그의 그림에는 외롭고 슬픈 자신의 내면이 표출되고 있었다. 그래서 하경이의 마음 상태를 알아보고 위로해주기 위해 손을 잡고 길을 걸었다.

나는 그날 저녁에는 하경이 어머니와 기나긴 통화를 해야했다. 다음날 나는 하경이의 얼굴이 밝아졌음을 보았다. 그날 아침에 하경이는 나에게 편지를 보냈다. 도시학교에서는 한 번도 가까이 가본적이 없는 교장 선생님이 친구처럼 느껴졌다는 것이었다. 그의 어두웠던 내면이 자연과 사랑 속에서 서서히 지워지기 시작했다.

하경이는 흙과 숲, 노동, 자연 등이 살아 숨 쉬는 산촌의 생태계 속에서 평안함을 얻어가는 것 같았다. 하경이는 산촌 유학에 성공적으로 정착한 학생이 되었다. 그의 가족들은 다음해에 옴천면으로 이사를 왔고, 지금도 옴천에 살고 있다. 산촌 유학을 통해서 소멸되어 가는 산촌이 살고 지역경제에 조금이라도 보탬이 되는 케이스가 되었다.

아스팔트 아이들이 다 자란 후 늙어서야 깨닫는 것을, 이곳 산촌 아이들은 자연환경 앞에서 인간의 수고와 자연의 숭고함과 공생을, 직접 눈으로 보고 손으로 만지면서 일찌감치 터득

한다는 것이었다. 그것은 우리가 과거로 회귀하지 않고는 체득할 수 없는 고귀한 유산이었다. 나는 그런 교육의 확고함을 믿어 의심치 않았다. 그것은 나의 교육 이념이기도 했다.

다음날은 지훈이와 상담을 했다. 지훈이가 우리 학교 복식 강사의 집에 거주하고 있었는데, 적응하는데 어려움을 겪고 있었다. 그 집에 또래 친구가 있었으나, 친하게 지내지 못했다. 서로 다투기도 했고, 화가 나면 의자를 부수기도 했다. 때론 방에 신발을 신고 들어오는 등 이상 행동을 한 것이다. 지훈이의 이상행동은 관심과 사랑을 받고 싶은 몸짓이었다. 친구는 엄마와 살면서 사랑을 받고 있는데, 자신은 홀로 버려졌다는 표시였다. 그래서 우리는 아이를 더욱 사랑과 관심으로 돌볼 수 있는 이장님 댁으로 옮겼다. 다행히 지훈이는 그곳에서 잘 적응하게 되었다.

그런데 지훈이에게 또 다른 문제가 터졌다. 지훈이가 장난을 치다가 이빨이 부러진 것이다. 나는 바짝 긴장했다. 이런 사건 사고 하나가 그간 수고한 산촌 유학을 물거품으로 만들 수 있다는 두려움이 찾아왔다. 지훈이의 부러진 이를 손에 들고 강진의 치과병원을 찾았다. 그런데 강진 치과에서는 부러진 이를 붙이지 못한다는 것이다.

"아, 큰일이다. 이를 어쩌나."

어떻게 해야 할지 당황하고 있을 때, 마침 류 장학사가 귀띔을 해주었다. 아직 안 늦었으니 조선대 치과병원으로 급히 이송하라는 것이었다. '아, 아직 안 늦었구나.' 우리는 차를 불러 부리나케 조선대 치과병원으로 달렸다.

도착하자마자 대기하고 있던 담당의사인 교수님이 지훈이를 의자에 앉혔다. 그리고 이를 감쪽같이 붙여주었다. 아, 역시 큰 병원은 뭔가 달랐다. 그만하길 천만다행이었다. 나는 가슴을 쓸어내렸다.

그러는 와중에도 우리 학교 잔디 운동장 사업이 확정됐다는 기쁜 소식을 들었다. 하룻밤 사이에 천국과 지옥문을 왔다 갔다 한 것 같았다. 곧바로 도청 이승옥 국장님께 감사 전화를 드렸다. 하지만 아이들의 거주 문제는 더 늦출 수 없어 일부러 교육청에 들렀다. 그리고 교육장님을 만나 학교 사택 신축의 필요성에 대해 말씀드렸다.

다시 군청 친환경농업과에 들러 과장님과 약정서의 방학 부분 내용을 수정 보완했다. 유학생지원금 이야기도 부탁했다. 오는 길에 농촌기술센터에 들러 귀농·귀촌 박람회 때 운영할 부스 이야기를 마무리하고 집으로 돌아왔다.

귀농·귀촌 박람회

서울에서 열리는 귀농귀촌박람회에 참가하기 위해 10시 반쯤 김현 행정실장님과 함께 KTX 열차를 탔다. 학여울역 근처 무역전시관(SETEC) 제3전시장에 전남도교육청 부스가 있었다. 우리는 자리를 잡고 자료를 준비했다. 박람회장에 오는 사람들 모두가 곧바로 귀농·귀촌을 하는 것은 아니었으나 긴장을 하며 한 분 한 분 손님들을 맞이했다.

부교육감님, 곡성 교육장님, 이 교장 선생님 등이 오셔서 격려를 해주셨다. 도교육청 곽종월 정책기획관님, 장학관님과 동행해 저녁을 함께 들었다. 식사하며 그동안 죽 진행해왔던 학교 살리기 과정을 하나하나 말씀드리니 매우 좋은 반응을 보이셨다. 모두들 우리 학교에 대해 너무나 잘 알고 계셨고 매우 호의적이라는 인상을 받았다. 그 사이 황전초 직원, 교육청의 세 분, 행정실장님 등이 내려가고 최 선생님이 교대 차 서울로 올라왔다.

박람회장에서 농촌 유학 토크쇼에 참석하는 자리가 내게 주어졌다. 기획관님, 장학관님, 교육장님이 객석에 앉아 손뼉을 많이 쳐주셨다. 그런데 기분은 좋았으나 몸은 어지러워 쓰러질 것 같았다. 눈도 조금씩 흐려진다는 느낌이 왔다. 앞으로 스트레스를 좀 줄여야겠다. 어쨌거나 우리 학교를 전국에 알리는 또 다른 기회여서 의미 있고 흐뭇한 시간이었다.

박람회장에 성남시의 학부모께서 유학 상담을 매우 진지하게 해 왔다. 5, 6학년 남매였는데 이 아이들이 결실을 보았으면 좋겠다. 오후에는 옴천 향우회회장님, 본부장님, 사무총장님, 여성회장님 등 여러 사람이 오셔서 격려를 해주셨다.

어제 상담을 했던 성남의 그 학부모님이 다시 부스를 방문했다. 이야기를 들어보니 꼭 유학을 보내줄 것 같았다. 나는 이 아이들이 오기를 고대하고 또 고대하며 기도를 했다. 이어서 방문한 농업 기술센터 귀농 상담자에게도 우리 학교를 홍보했다. 박람회 일정을 마치고 4시 30분경 광주로 출발을 했다. 광주에 도착하니 저녁 10시쯤 되었다. 학교 상황을 재점검하고 보도 자료를 작성했다. 자료를 박 장학관에게 보내고 나니 벌써 새벽 1시 30분이 넘었다. 피곤하지만 보람이 있어 기분은 매우 좋았다.

서울에서 온 혜숙

'학부모와 지역 간담회'을 위해서 생명 과학고로 갔다. 교육감님께서 참석한다고 했다. 우리 학교에 기회를 주는 절호의 기회였다. 박 장학관님이 이미 가지고 계신 우리 학교 문서를 내게 다시 보여주었다. 이것을 교육감님이 모두 읽어보셨다고 했다. 간담회를 시작하면서 교육감님이 하신 첫 마디가 곧바로 내 가슴을 울렸다.

"뭐니 뭐니 해도 교장은 행정가로서 안목이 있어야 합니다. 아무것도 하지 않고 인사나 시설만 청탁하는 교장 선생님은 뭔가 문제가 있습니다. 강진의 옴천초를 예로 들어보겠습니다."

이야기가 다 끝난 후 교육감님이 내게 먼저 악수를 청했다. 그리고는 한참 나를 바라보시더니 도교육청에 꼭 들르라 했다. 간담회장을 마무리하면서 박 장학관과 함께 다시 한번 인사를 드렸더니 옴천초 아이들이 혜택을 많이 본다며 청에 꼭 들르라고 재차 말씀하셨다.

"됐다. 드디어 우리 학교를 알아보셨구나. 나 역시 교육감님께 청원할 게 많다."

며칠 뒤에는 나주 과학교육원으로 갔다. 여성 행정교육연구회 연수 때문이었다. 그런데 김 국장님이 강의하면서 우리 옴천초 칭찬을 많이 하셨다. 듣자 하니 연수 때도 늘 칭찬 사례로 우리 옴천초를 이야기한다고 했다. 정말 기분이 좋았다.

귀농·귀촌 박람회에서 남매와 함께 온 학부모로부터 전화가 왔다. 금요일 옴천으로 오겠다고 했다. 이렇게 기쁠 수가 있을까? 감사했다. 또 지난번에 학교를 방문 했던 혜숙이 어머니가 전화를 했다. 혜숙이를 진짜 이곳으로 데리고 오겠다고 했다. 기적이 일어나고 있었다. 신바람이 났다. 나는 '이 아이들 4명 모두 오게 해주시고, 적응 잘할 수 있게 해주세요!'라고 기도했다. 그리고 '아멘!'이라고 답했다.

  2014년 7월 3일 목요일 1시 40분경, 우리는 혜숙이네를 맞이하러 강진 터미널로 달려갔다. 모녀는 흡사 천사가 방문하는 것처럼 이곳 옴천에 도착했다. 나는 교육지원청으로 출장을 가야 했기에 이 기사님께 특별히 혜숙이를 부탁했다. 나는 교육지원청에서 문제은행 CD를 받자마자, 학교로 달려갔다. 그리고 곧바로 혜숙이 엄마와 약정서를 쓰고 면사무소에 가서 전입신고를 마쳤다. 일을 일사천리로 진행했다. 군수님께 곧바로 보고 전화를 드리니 매우 좋아하셨다. 교육장님은 더 좋아하는 눈치였다. 그리고 내일 학교에 아이들을 맞이하러 직접 오시겠다고 했다. 그리고 도교육청에도 같이 가자고 하셨다. 역시 화끈한 분이었다.

  더욱이 내일은 귀농·귀촌 박람회에서 상담했던 부모님들이 명원이와 희원이를 데리고 온다는 날이었다. 명원이는 6학년 남학생이었고, 희원은 5학년 여학생이었다. 그래서 비슷한 또래가 있는 6학년 학부모님의 가정으로 가게 되었다. 모든 일이 순조롭게 되어가고 있었다.

산촌 유학이 제대로 정착되기 위해서는 무엇보다 '유학센터 건립'이 필요했다. 그래서 행정실장과 함께 유학센터 건립문제로 면사무소에 협의하러 갔다. 면사무소에서는 유학비가 너무 싸다며 엉뚱한 이야기를 했다.

"유학비가 너무 싸게 책정돼서 큰일입니다. 앞으로 이런 식으로 운영하면 여러 문제가 발생할 겁니다."

'아니 이렇게 황당한 말씀을 하시다니. 지금까지 함께 열심히 논의하고 협력하고 달려온 것은 대체 무슨 일들이었지? 장밋빛 탄탄대로였던가. 아니지 않았던가. 지금 그것을 걱정할 때가 아닐텐데. 우리 입장을 몰라도 너무도 모른다.' 물론 이런 일은 늘 일어날 수 있다고 예상은 했으나 우리 현실을 잘 모르는 너무나 서운한 발언이었다. 기분이 몹시 상했으나 그분을 이해해보려고 노력을 했다. 모든 것을 완벽하게 준비하고 출발할 수는 없었다.

성남에서 온 명원, 희원

2014년 7월 4일, 오후 2시경에 성남시에서 명원이와 희원이가 부모님과 함께 왔다. 명원이와 희원이의 부모님은 맞벌이 부부로 자녀를 돌볼 수 있는 시간적 여유가 없었다. 그렇다고 가정적으로 문제가 있는 것은 아니었으며 매우 행복한 가정이었다. 아이들은 구김살 없이 자랐으며 밝고 활발했다. 개별적인 상담도 했지만, 건강한 아이들로 새로운 환경에 잘 적응할 수 있을 것 같았다. 5학년인 희원이는 영어 경시대회에서 상도 받았고, 영어 연극에 주인공 역할을 하기도 했다.

명원이와 희원이는 농가에서도 잘 지냈다. 명원이 희원이 부모는 농가 부모와 수시로 통화를 하였고, 나중에는 두 가족이 함께 여행하기도 했다. 명원이와 희원이는 산촌 유학에 성공적인 사례라고 할 수 있다. 특별히 아이들의 아빠가 대안학교에 관심이 많아서, 제도권에 있는 우리 학교가 제공하는 여러 교육에 매우 만족하였다.

지금까지 우리 학교에는 5명의 유학생이 왔다. 원래 4학년 1명, 5학년 1명이었다. 그러나 이제는 4, 5학년이 7명으로 늘어났다. 이제 복식학급 문제도 해결하게 된 것이다. 도저히 불가능할 것 같았던 일이 일어났다. 산촌 학교가 산촌 유학을 통해서 학교로서의 자리매김을 하기 시작했다. 나는 말로 표현할 수 없이 기뻤다.

도교육청과 강진교육지원청의 장학사들이 학교를 방문했다. 반쪽짜리 교실 현장을 직접 눈으로 확인하고 복식학급 문제를 완전히 해결하기로 했다. 그리고 군청 환경과 직원, 면사무소

직원 등이 유학센터 건립 때문에 학교를 방문했다. 나는 유학센터가 세워지면 모든 일이 체계적으로 진행될 것으로 기대했다. 그러나 학교 앞에 유학센터를 건립하는 것이 쉽지 않았다. 그 이유는 상수원 보호 구역이라 새로운 건물을 세우지 못한다는 것이었다. 그러나 나는 포기 하지 않고, '유학센터 문제를 어떻게 해결해야 하느냐' 고민했다.

산촌 유학 센터 건립을 위하여

하루는 면사무소에서 상수원 지역발전협의회가 열렸다. '영산강유역환경청'에서 상수원 보호지역 내에 주민복지사업을 지원하는 안건에 관한 것이었다. 이장단 스물두 분이 참석하여 회의를 진행하였다. 나는 이분들께 유학센터 건립 동의를 구하기 위해 미리 30개의 봉투에 관련 서류를 넣어 가지고 갔다. 그런데 회의 전에 상황을 미리 설명했는데도 엉뚱한 이야기가 나오기 시작했다. 마음이 답답했으나 이장 단장님이 방향을 바로 잡아 주셨다. 그리고 지역발전협의회장님도 함께 도와주셔서 옴천 유학센터 건립 쪽으로 의견을 몰아주셨다.

이분들의 도움으로 우리는 영산강유역환경청에 유학센터 건립건을 제안할 수 있게 되었다. 그런데 나는 우리와 유사한 상수원보호구역이 있는 보성군의 사례를 조사하기 위해서, 오후에 보성군청 문화관광 과장님을 만났다. 보성군은 이미 영산강유역환경청의 도움으로 '복래종합복지관'을 건립하였다. 보성군청 직원들은 우리 학교가 추진하는 유학센터 아이디어가 매우 좋다고 말했다.

'복래종합복지관'을 보면, 1층에는 남녀목욕탕, 체력 단련실, 찜질방이 있고, 2층에는 대회의실, 소회의실, 다용도, 주방이 배치되어 있었다. 그리고 3층에는 숙소와 다목적 강의실까지 배치되었다. 우리 학교도 유학센터로 이런 건물이 세워지면 좋겠다고 생각했다. 나는 복지관을 돌아보고 학교로 오는 길에 군수님께 내일 면담을 요청했다.

다음날 나는 영산강유역환경청과 지자체의 지원으로 세워진 '복래종합복지관' 건물에 관한 사진과 자료들을 준비해서 군수님을 만났다. 총무과장, 환경 축산과장, 교육발전 팀장, 환경계장님도 함께 회의에 참석했다. 군수님께서 유학센터 건립 건을 영산강유역환경청에 적극적으로 올려주겠다고 했다. 우리는 유학센터 이름을 '옴냇골행복나눔문화센터'라고 지었다. 군수님은 센터의 이름을 잘 지었다고 칭찬했다. 그리고 유학센터를 빨리 짓도록 해야겠다고 하셨다.

두 번째
多 어울림 한 마당

 2014년 7월 16일, '多 어울림 한마당' 2주년 행사 날이 다가왔다. 세월이 참 빠르다고 생각했다. 작년에 부임하자마자 처음으로 치렀던 '多 어울림 행사'는 지금 생각하면 여러 가지 부족한 점이 많았다. 그래서 2주년 행사에는 부족한 점들을 보완하여 입체적으로 진행하고자 했다.

 그런데 이를 어쩌랴. 기상청에서는 내일 오전에 비가 온다고 예보하고 있었다. 다행히 오후에는 구름으로 표시돼 있었다. 그러나 좋은 날씨를 기대하며 '多 어울림 행사' 안내 전화를 이곳저곳 돌렸다. 일단 기관 단체와 지역 회장님, 이장님들, 기타 여러 사람께 전화를 드렸다. 나는 이런 큰 행사를 할 때마다 두려움보다는 기대감이 컸다. 우리 교직원들이 스스로 움직이며 잘하고 있으니 잘 될 것으로 기대했다.

 나는 행사를 준비하면서도 서울 생릉초, 경기 야탑초 교장 선생님께 우리 학교 홍보 전화를 드렸다. 나는 졸다 깨다를 반복하다가 새벽 5시쯤 일어나게 되었다. 얼른 창문을 열어보니 여전히 비가 내리고 있었다. 일기예보를 들어보니, 오전에는 비가 내리고 오후엔 구름이 끼겠다는 것이었다. 나는 '구름만 끼었으면!'하고 바랐다. 그러나 지금은 비가 아주 많이 내리고 있었다.

　11시쯤에 KBC 방송국 백 차장님과 카메라맨 세 분이 행사를 취재하러 오셨다. 먼저 유치원에서 활동장면을 촬영하고, 우리 학생들의 행사장소인 '엄지 마을'로 갔다. 잔디 운동장에는 놀이 코너가 마련되어 있어 애들이 마음껏 뛰어놀고 있었다.

　먼저 일정대로 '아카시아 파마 놀이'를 진행하면서 촬영을 했다. 이 놀이는 아카시아 잎과 줄기를 따 가지고, 짝을 지어 가위바위보를 하며, 이긴 사람이 잎을 하나씩 따는 것이었다. 그 다음은, 먼저 잎을 모두 따버린 사람이 아카시아 줄기로 상대방의 머리를 말아 천연파마를 해주면 되었다. 내가 어린 시절에 해봤던 놀이라서 함께 해봤더니 아이들, 직원들 모두 즐겁게 참여했다. 서로 마주 보고 웃는 모습이 천진난만해서 보기에 아주 좋았다.

　그 다음에는 잔디 위에서 굴렁쇠 굴리기, 비석치기, 딱지치기, 참깨털기 등을 하였다. 방송국 카메라 기자들은 우리 아이들이 즐겁게 뛰놀고 있는 모습들을 계속해서 촬영했다. 이어서 시냇물에서 쪽대로 물고기, 다슬기 잡기를 체험하고, 각 나라별 음식 만들기를 실시했다.

　우리 학교에는 다문화 가정들이 많았다. 중국, 일본, 베트남, 필리핀, 캄보디아 등이 있었다. 부모와 아이들이 함께 각

나라들의 음식을 만들고, 함께 먹어보는 체험을 했다. 음식을 통해서 각 나라의 문화를 알고 함께 살아가는 공동체를 배운 시간이었다.

나는 '多 어울림 한마당' 축제를 통해서 우리 아이들이 글로벌 문화시민의식을 갖도록 했다. 여러 나라에서 시집 온 어머니와 아이들이 자기 나라의 음식을 만들어 함께 나누어 먹을 때 진정한 어울림이 무엇인가를 깨닫게 되었다. 비록 얄궂은 날씨가 변덕을 부렸지만, 맛있는 음식을 먹는 데는 전혀 불편하지 않았다. 오후 4시 반쯤에 비가 그치기 시작해서 잔디 운동장에 테이블을 설치했다. 5시경에 군수님 일행이 오셔서 행사를 축하해주셨다. 이제 전교생이 하나가 되어 사물놀이를 했으며 다양한 음악 행사도 했다.

올해의 행사는 모든 것이 풍성했다. 음식도 상품도 사람도 우리의 마음도 풍성했다. 무엇보다 우리 아이들이 엄마의 나라가 어떤 나라이며 차별받지 않는 세상이 무엇인가를 축제를 통해서 깨달았다.

우리 학교가 추진하는 산촌 유학도 '多 어울림'이다. 도시와 산촌의 학생들이 서로의 삶을 이해하고 하나가 되는 것이다. 다름이 주는 차이와 차별은 어울림을 통해서 하나가 될 수 있다. 나는 '多 어울림'을 통해서 우리나라의 교육이 건강해지고, 산촌과 도시가 상호 상생할 수 있다고 생각했다.

내년도에 多 어울림 한마당이 더욱 발전된 축제로 산촌 옴천이 세계가 되고, 세계가 옴천이 되는 축제의 장이 되길 기도해 보았다.

다음날 아침 8시, KBC 광주방송 모닝와이드에 우리 학교 행사 소식이 나왔다. 이어서 '굿모닝 초대석'에 강진원 군수님의 인터뷰가 나왔다. 나는 인터뷰 첫마디에 다시 한번 깜짝 놀랐다.

"옴천초 학생이 9명에서 25명으로 늘었습니다. 움직이는 사람에 대한 투자가 인재양성의 최우선입니다."

역시 우리 군수님다웠다. 관내의 모든 상황을 정확하게 알고 계시고, 작은 옴천초까지 세심한 배려를 하시니 더욱 감사할 뿐이다. 그 다음날 저녁 7시 40분 EBS 채널에서도 우리 학교 소식이 또 나왔다. 나도 우리 아이들도 너무 기뻐했고, 내 인터뷰도 생각보다 잘 나왔다. 나는 열심히 촬영해 준 카메라 기자님과 취재 기자님들께 감사드린다.

2014년 8월 1일자 광주일보에도 우리 학교 소식이 크게 나왔다.

**【광주일보】 서울서… 부산서… 도시학생 힐링 유학 웃음
되찾은 폐교 위기 시골 초등학교**

강진 옴천초등학교 홈스테이 연계 학생 유치
50대 늦깎이 학생도 입학 전교생 9명서 25명으로 늘어

(강진군 옴천초등학교 임금순(맨 오른쪽) 교장이 여름캠프 교실에서 그림 그리기를 지도하고 있다. 강진=남철희기자)

폐교 위기에 몰렸던 강진의 한 초등학교가 산촌체험 등 다양한 프로그램을 운영하면서 교정을 아이들의 웃음소리로 가득 채웠다. 강진군은 31일 "옴천초등학교(교장 임금순)가 다양한 감성교육 과정을 운영하고 있으며, 홈스테이 가정과 연계해 도시에 지친 학생들의 힐링 유학을 운영해 호응을 얻고 있다"고 밝혔다.

옴천초교는 지난 2월에 9명이던 학생이 현재는 25명으로 늘어났다. 이는 '감성 현장체험'과 지역민의 적극적인 협력을 통해 대도시 학생유치 및 늦깎이 학생입학으로 이루어낸 성과이다. 올해 서울, 창원, 부산, 성남 등지 도시에서 7명의 학생이 전학을 왔다. 4~6학년생인 이들 학생들의 부모는 대부분 도시에서 맞벌이를 하고 있다. 이 때문에 이들

학생들은 게임에 중독되는 등 혼자 지내는 시간이 많았다. 하지만 옴천초교로 전학을 온 뒤 생활이 달라졌다. 학교 친구들과 들판과 산자락을 뛰어다니기 시작했고, 물고기가 노니는 냇물도 이들의 놀이터가 됐다. 이들 학생들은 인근 가정에서 홈스테이를 하고 있다. 이 학교 학생수 25명 가운데 50%가 다문화가정 학생인 것도 큰 특징이다. 또 올해 입학한 늦깎이 학생도 이 학교의 '인기 스타'다. 올해 엄영숙(여·53)씨 등 3명의 성인 학생들이 입학을 해 어린 학생과 함께 수업을 듣고 있다.

또 대부분 교직원이 1년차 교사들로 '시골 작은 학교 살리기'에 대한 열정도 뜨겁다. 방학기간 여름학교 캠프를 운영되면서 영어체험 프로그램, 칠보공예, 미술수업 등 맞춤형 교육이 이뤄지고 있다.

교사와 외국어에 능통한 학부모의 교육기부를 통해 중국어, 일어, 스페인어 등 저녁교실도 운영되고 있다. 마을 주민과 공생하는 다양한 프로그램도 눈길을 끈다. 옴천초교는 지난 17일 옴천면 엄지마을에서 '자연과 함께 多 어울림 한마당' 행사를 열었다.

이날 행사는 옴천초교 학생들이 갈고 닦은 풍물 솜씨를 학부모와 지역민에게 선보였고 한국, 필리핀, 베트남, 일본, 중국 등 나라별 음식체험도 곁들여졌다. 또 세계 각국의 전통놀이를 체험을 통해 다문화사회를 이해하는 소중한 시간을 가졌다.

강진군도 옴천초교의 의미 있는 노력에 힘을 보태고 있다. 군은 국비 확보를 통해 옴천초교에 '힐링나눔 문화센터'를 건립할 계획이다. 이를 통해 도시권 학생을 적극 유치하고, 옴천초교와 청람중·강진고등학교를 연계해 학생들이 찾아오는 교육 체계를 구축한다는 복안이다.

임 교장은 "전국적으로 홍보한 결과 전국 각지에서 지금까지 50건의 문의가 오고 있다"며 "내년에는 친환경 천연잔디 운동장 조성하게 되면 더욱 쾌적한 환경으로 유학생을 안심하게 맡길 수 있는 교육여건을 만들겠다"고 말했다.

호사다마
好事多魔

그런데 늘 좋은 일만 생기는 것은 아닌 것 같았다. 최 선생님과 자전거를 타고 숙소에 가 봤는데 어른들은 한 분도 안 계시고 아이들만 있었다. 때마침 어르신들이 다소 불편한 표정으로 들어오셨다.

"교장 선생님, 외람되지만 2학기 때는 애들을 안 맡으려고 합니다."

2학기 때는 애들을 안 맡겠다니 아닌 밤중에 날벼락을 맞은 듯했다. 무슨 일이 있었는지는 모르겠다. 의사소통의 부족이라고 생각했다. 외부 일정 때문에 그간 어르신들을 소홀히 했다는 생각을 하며 반성을 많이 했다. 다행히 옴천교회 사모님이 유학생을 맡아 키우겠다는 반가운 소식이 큰 위로가 됐다. 우리 마을 모두모두 잘 되었으면 좋겠다. 저녁에는 숙소로 돌아와 서울과 경기지역의 동문들 학교에 보낼 홍보지를 포장했다. 장월초, 상월초등 1500부를 보낼 준비를 했다.

다음 날 옴천교회 장로님, 목사님 부부, 권사님, 선생님과 함께 장흥에서 식사를 했다. 나는 식사 도중에도 장로님 댁에 아이들을 어떻게 부탁할까를 궁리하고 있었다. 누가 내 속 타는 마음을 알랴. 식사 후, 혹시라도 좋은 소식이 있을까를 기대하면서 다시 아이들이 기숙하고 있는 군청 팀장대을 방문했다. 그런데 팀장님도 아이들 키우는 일이 힘든 모양이었다. 진짜로 8월부터는 하경이, 혜숙이를 못 키우겠다고 했다. 정말 이를 어쩌지, 생각지도 않은 불안감이 엄습했다. 아이들 숙식 문제는 산촌 유학의 처음이자 끝이었다. 그만큼 아이들에게나 학부모에게나 민감한 문제였다. 그래서 반드시 유학센터가 필요한 것이었다.

그런데 감사하게도 많은 분들이 어려움을 감내하면서 아이들을 잘 돌봐주셨다. 이분들의 도움과 사랑으로 아이들이 가족의 일원이 되어가고 있었다. 우리 아이들이 변했다. 아이들이 정말로 어딘가 바뀌고 있었다. 무엇보다 부모님들이 놀랐다. 옴천에 내려와서 아이들을 본 부모들은 예전의 아이가 아니라고 했다. 아, 이렇게 바뀌는구나. 보이지 않게 시나브로, 정말 인내가 필요하구나. 나는 점점 자신감이 생기기 시작했다.

변화된 지훈이와 새로 오게 될 친구들

오늘은 청자박물관에서 야외학습을 하는 날이었다. 우리는 아이들과 병영성에서 점심을 먹고, 청자축제 사생대회에 참여했다. 우리 아이들은 평상시 미술 수업을 통해서 자연대상을 그려내는 솜씨가 유별났다. 물론 미술 교육에 역점을 두고 지도했기 때문이기도 했다. 창원에서 온 지훈이는 본래 '졸라맨'만 그리는 아이였다. 그런데 자연체험 활동을 통해서 관심이 생태환경으로 옮겨갔다. 지훈이의 그림도 졸라맨에서 자연생태로 변화되었다. 우리가 청자축제 사생대회에 참석한 날은 방학하는 날이었다. 그래서 지훈이 어머니가 창원에서 아이를 데리러 왔다. 그러나 지훈이는 그림 그리기에 집중하느라 엄마에게 관심을 두지 않았다. 이런 지훈이의 모습에 어머니가 깜짝 놀랐다. 이전에 산만하고 정신이 없는 지훈이가 더는 아니었다.

지훈이 어머니는 변화된 아이를 보고 나에게 다음과 같이 말했다.

"교장 선생님, 우리 지훈이가 완전히 변했습니다. 다 교장 선생님 덕분입니다. 정말 감사합니다."

나는 학부모님께 감사하다는 이야기를 들은 순간 정말 행복했다. 따뜻한 말 한마디에 그동안 묶은 체증이 다 내려갔다. 이것이 바로 스승의 진정한 즐거움이라고 생각했다. 미술 대회를 마치고 내일 서울에서 유학을 오게 될 연우를 맞이할 준비를 했다.

연우는 지난 여름 산촌 유학을 위한 '힐링 캠프' 때 유학 상담을 했었다. 연우는 정서가 불안정했으며, 수업 집중을 잘하지 못하는 아이였다. 그래서 부모는 대안학교를 보내려고 했던 참이었다. 그러다 우리 학교에서 발송한 산촌 유학생 모집 안내문을 담임교사가 소개해 주었다고 한다. 그 계기로 우리 학교 힐링캠프에 참가하게 되었다. 그때 연우와 부모님은 좋은 경험을 했다고 하면서 꼭 이곳으로 유학을 보내겠다고 했다.

이번에는 그날 지난번에 다녀갔던 다솔이 아빠가 전화를 했다. 다솔이를 이곳으로 유학을 보내겠다는 것이다. 다솔이는 경기도 용인에 살고 있는 5학년 여학생이다. 아빠의 고향이 강진군 성전면이어서 옴천은 생소한 곳이 아니었다. 다솔이 아빠는 8월 초에 학교를 방문하겠다고 약속을 했다. 아무튼 오늘은 나에게 기쁜 날이다. 우리 학교에 서울에서, 경기도 용인에서 또다시 학생들이 오기 때문이다. 산촌 학교 옴천이 이제 전국적인 지명도를 갖게 되었다.

그런데 아이들이 늘어날 때마다 겪게 되는 고민은 숙소 문제였다. 이 고민은 내가 옴천초를 그만두는 2016년도까지 계속되었다. 옴천초 유학센터는 많은 어려움을 겪으면서 2016년 7월에 완공되었다. 그러므로 나의 일기에는 유학센터의 건립에 관한 계속된 어려움들이 기록되어 있다.

서울에서 오는 연우는 이장님 댁에, 용인에서 오는 다솔이는 같은 또래가 있는 학부모님 집으로 숙소를 정했다.

장만채 교육감님 면담 I

교육감님 첫 면담이 있는 날이었다. 지난번 생명 과학고에서 '학부모와 지역 간담회'에서 뵙기로 약속한 이후 드디어 교육감님 면담 신청이 성사됐다. 오전에는 교육감님께 가져갈 산촌 유학, 학교 현황, 향후 계획, 제안서 등의 자료를 준비했다. 그리고 오후에 드디어 도교육청에 갔다.

도착하니 과장님께서 매우 친절하게 안내해주셨다. 먼저 정책기획과에 들렀는데 기획관님께서 친절히 맞이해 주면서 함께 교육감실로 동행했다. 나름대로 긴장하고 있었는데 교육감님께서는 편안하게 질문을 하셨다. 그러나 여러 질문이 한꺼번에 쏟아져 난감하기는 했다.

"나이가 몇인가요? 몇 년 남았는가요? 출신학교는 어딥니까? 교장경력은 몇 년 되었나요? 그리고 무엇을 가장 하고 싶습니까?"

"네, 저는 산촌 유학사업을 열심히 해서 학교를 꼭 살려보고 싶습니다. 그리고 옴천에 유학센터를 짓기 위해서는 영산강유역환경청장의 도움이 반드시 필요합니다."

교육감님은 고개를 연신 끄덕이신다. 그러더니 곧바로 영산강유역환경청과 전화를 연결하여 직접 도와달라고 부탁을 하셨다. 나는 내친김에 부탁을 하나 더 드렸다.

"교육감님, 사실 교실이 조금 부족합니다."

교육감님은 잠시 생각에 잠기시더니 시설과장님을 바로 부르셨다. 그리고 옴천초를 방문해서 살펴보고 도와주라시며 내 어깨까지 다독여 주셨다. 오늘 가까이에서 뵌 교육감님은 말씀이 매우 짧고 간단명료하셨다. 제안서도 꼼꼼히 읽어보셨다. 유학센터 건립문제에도 관심이 많으셨고 열심히 하라 하시니 힘이 솟아났다.

면담 후에도 친절한 기획관님은 체육건강과, 미래인재과까지 동행해주셨다. 그러는 중에도 나는 옴천에서 함께 근무했던 김 실장님과 홍보실에도 들러 장학사님과 홍보실장님, 팀장님을 만나 우리 학교 홍보를 부탁했다.

민원실에 있는 여고동창 친구까지 만나고 오는 동안 함께 해준 곽종월 정책기획관님, 김현 실장님이 정말로 고마웠다. 기분 좋고 행복한 날이었다. 앞으로는 더 잘될 것이었다. 특히 유학센터 건립은 이제 시간문제였다.

며칠 뒤 도교육청 시설과장님, 군 교육청 행정지원과장님, 시설계장님이 함께 오셔서 교사 전체를 돌아보았다. 본격적으로 교실 증축 사안에 대해 점검이 시작되었다. 처음에는 이분들도 다소 회의적으로 이야기를 하셨다. 그러다가 현장에서 교실 증축의 필요성에 대한 간절한 내 이야기에 귀를 기울이게 되었다. 그리고 마침내 교실 2칸 증축에 대한 정식 보고를 하겠다고 했다.

"교장 선생님, 정말 그 열정 대단하시네요. 한편으로 생각해 보면 잘 될 것 같습니다. 저희도 적극적으로 돕겠습니다."

정말 다행이었다.

우석대 영어경진대회

2014년 여름방학 기간의 '영어경진대회' 이야기도 빼놓을 수 없다. '수자원공사'에서는 댐 주변 학교 학생들을 대상으로 영어 캠프와 경진대회를 개최하였다. 이번 여름에는 전주 우석대학교에서 개최하였다. 참석대상이 5~6학년이었다. 나는 최 선생님과 함께 아이들을 격려하기 위해 캠프장에 들렀다. 우리 아이들이 열심히 활동하고 있는 모습을 보니 너무도 기뻤다. 지원하러 나온 수자원공사 직원들도 반갑게 맞이해 주었다. 우리 학교 학생들은 그동안 매년 광주국제영어마을의 글로벌 영어캠프에 참여해서 영어활동 체험에 익숙했었다. 그래서 이곳에서 개최하는 영어 상황극에 어느 학교에 뒤떨어지지 않게 준비되어 있었다. 순서대로 발표회를 했는데, 우리 학교 차례가 되자 내심 걱정도 되었다.

"아니, 저게 우리 아이들 정말 맞아?"

나는 순간 깜짝 놀랐다. 우리 아이들이 하는 영어 상황극이기가 막혔다. 어찌나 잘하던지 나와 최 선생님은 실감이 나지 않았다. 영어 담당 선생님께 감사드렸다. 큰 무대에 전혀 주눅이 들지 않고 자신의 역할을 영어로 표현하는 우리 아이들은 이미 글로벌 문화시민이었다. 아니나 다를까 우리 학교는 최우수상을 수상했다.

"오늘의 최우수상, 심사위원 만장일치로 강진 옴천초등학교가 선정됐습니다."

강진군 옴천면에 있는 작은 학교가 최우수상을 받게 되었으니, 감탄할 뿐이었다. 아이들과 우리는 소리를 질렀다. 나는 상을 받으면서 눈물을 흘렸다. 그간 고생한 교사들과 아이들이 너무도 자랑스러웠다. 그런데 경기도 성남에서 온 희원이가 모범상까지 받았다. 영어 활동 프로그램에 적극적으로 참여하고 모범이 되었기 때문이다. 그리고 우리 학교는 '종합 우수학교상'까지 받았다. 이렇게 우리 학교는 3관왕을 독차지했다.

이런 큰 기쁨을 가슴에 안고 학교에 도착하여 어느새 해가 뉘엿뉘엿 지고 있었다. 아직도 선생님들은 퇴근하지도 않고 있었다. 학교 소식을 알리기 위해서 보도 자료를 작성하고 있었던 것이다.

"우리 선생님들이 이렇게까지 열심히 하시는데 내가 어떻게 게으름을 피운단 말인가."

우리 학교는 교사와 교장 그리고 학생들이 하나가 되어가고 있었다. 산촌 유학은 교장 한 사람의 의지가 아니라, 교사들과 학생 그리고 지역 주민이 하나가 되어야 한다. 우리 옴천초는 대한민국 산촌 유학의 새 장을 열어가고 있음을 발견할 수 있었다.

광주국제 영어마을

나는 2013년도 옴천초 교장으로 부임할 때부터 매년 광주국제영어마을의 '글로벌 문화영어 캠프'에 아이들을 참여시켰다. '글로벌문화영어캠프'는 교실에서 배운 영어를 문화 속에서 다시 체득하는 수업이다. 2박 3일 동안 원어민과 활동하면서 몸으로 영어를 배우는 활동체험이다.

우리 아이들은 그곳에서 공항, 소방서, 경찰서, 은행, 우체국, 요리, 과학 등을 통해서 영어를 직접 활동으로 체험하게 되었다. 그래서 우리 아이들은 영어에 두려움 없이 놀이와 활동으로 체득하게 되었다.

　산골 옴천은 도시처럼 영어학원이 없다. 그래서 학교에서 방과후학교를 통해 영어사용능력을 신장코자 했다. 아울러 화상수업시스템까지 구축하여 호주의 초등학교와 화상영어 수업까지 진행했다. 즉 나는 옴천이 산골이지만 영어적 환경에 아이들이 가급적이면 자주 노출되도록 노력했다.

　나는 아이들을 광주영어마을에 보낸 이튿날 간식을 준비해서 아이들의 체험활동을 살펴보기 위해서 방문했다. 아이들은 원어민들과 하이파이브를 하면서 놀고 있었다.

　모두 알아듣지는 못했지만 "예스(yes)" "예스(yes)"라고 하면서 몸짓으로 반응했다. 나는 그 모습을 보면서 웃음이 나오기도 했지만, '그래, 열심히 몸으로 반응해라!' '감각으로 익혀라'라고 말했다.

　아이들과 같이 오후 6시에 저녁을 먹고 다시 관사로 돌아왔다. 내일 있을 전국 100대 교육과정 협의를 준비하기 위해서였다.

제3장

다시 유학캠프를 꾸리다

2차 힐링 유학캠프

나는 강진군청에 들러 친환경농업과 과장님과 함께 도청으로 갔다. 전남도청에 도착하니, 보건복지국장님이 매우 친절하게 맞이해 주셨다. 거기에서 우리는 농정국장님도 만났다. 그분들은 우리를 매우 반가워하면서 '산촌 유학센터' 지원사업을 적극 협조하겠다고 했다. 나는 모든 일이 순조롭게 진행되고 있음을 감사했다.

오후엔 강진교육지원청에 들러 '전국 100대 교육과정' 컨설팅을 받았다. '전국 100대 교육 과정'은 초·중·고를 총괄해서 전국에서 우수한 교육과정을 운영하고 있는 100개 학교를 뽑는 것이다. 우리 학교의 교육과정이 전국 100대 교육과정에 선정되면, 산촌 유학도 더욱 탄력을 받게 된다. 그래서 나는 교육과정에 대한 전반적인 검토와 우리 학교의 실정에 맞는 교육 프로그램에 관한 계속적인 검토를 하고 있었다. 오늘도 늦은 저녁까지 검토하다가 11시가 돼서야, 내일부터 하게 될 힐링 유학 캠프를 살펴보았다.

아침 일찍 교장실에 앉아서 오후에 진행할 힐링 유학캠프 상황을 점검했다. 작년 1차 유학캠프는 우리 옴천초 학생들과 도시에서 온 학생들이 함께 했다. 1박 2일이라는 짧은 기간을 했지만, 도시 아이들의 반응이 매우 좋았다. 유학캠프가 끝난 후에 아이들이 이곳으로 오고 싶다고 했다. 그러나 부모님들이 선뜻 동의를 하지 못한 경우가 많았다. 그래서 2년 차에 하는 힐링 유학캠프는 도시의 아이들이 가족과 함께 참여해서 미리 산촌을 체험하는 형식으로 계획을 변경했다.

캠프 기간도 1박 2일에서 2박 3일로 연장해서 옴천이 가지고 있는 다양한 생태문화 프로그램을 참여하도록 했다. 서울특별시, 경기도 성남시, 인천광역시 등에서 가족 단위로 총 19명이 참석하였다. 드디어 2시부터 첫날 산촌 유학캠프를 시작했다.

부모와 아이들이 하나가 되어 굴렁쇠를 굴리고 죽방울 놀이를 했다. 작년에 반응이 매우 좋았던 '아카시아 줄기로 파마 놀이'도 했다. 아이들이 부모의 머리에 아카시아 잎을 딴 줄기로 파마를 해주고, 부모들도 아이들에게 천연파마를 해주었다. 서로 깔깔거리며 웃는 모습이 매우 정겨워보였다. 아카시아나무는 옴천 지역에 유별나게 많았다. 우리는 주변의 자연환경을 이용하는 다양한 생태프로그램을 운영하고 있었다. 아카시아 파마 놀이는 그중에 한 프로그램이었다.

오후엔 김 서기관님께서 전화를 주셨다. 조만간 부교육감님께서 학교를 방문할 계획이 있으니 그때 필요한 것이 있으면 지원 요청을 해도 좋겠다고 의견을 주셨다. 나는 저녁 식사 후에 캠프에 참여한 부모님들과 간담회를 하면서 산촌 유학의 장점을 홍보했다.

힐링 유학캠프 2일째. 오전에는 가족이 함께 티셔츠를 만들어 입어보는 활동을 했다. 티셔츠에 자기만의 디자인과 색깔로 꾸미기를 했다. 티셔츠에는 "옴천초로 산촌유학 오세요"가 찍혀져 있어 단체티로 입고 활동하는 모습이 매우 좋았다. 그러던 차에 교육장님과 행정지원과장님이 격려차 방문하셨다. 도교육청 홍보실에서도 촬영을 나왔다. 가족과 함께 '인절미 만들기', '떡메치기', '주먹밥 만들기'를 하면서 즐거운 시간을 보냈다. 점심 후엔 지역의 목공예 작가님이 오셔서 '나무 꽃 액자 만들기'를 했다. 나무 액자 속에 '작은 일도 정성을 다하면 세상을 바꿀 수 있다.'라는 문구를 써넣었다. 이 액자는 나중에 학교 도서실에 걸어두고 매일매일 아이들과 함께 보며 글의 의미를 되새겼다.

오후 늦은 시간부터는 우리아이들의 가족놀이인 외국 전통놀이를 함께 했다. 도시의 가족들은 농촌에 사는 다문화 가정의 놀이를 체험하면서 즐거운 시간을 가졌다. 저녁에는 캠프파이어를 하면서 모닥불 주변에 앉아 동요를 부르고 율동도 하면서 서로의 마음을 표현했다. 뜨거운 불빛 안에서 우리 모두 하나가 되고, 자연 속의 축복을 누리는 시간이었다.

힐링 유학캠프 3일째. 아침 식사 후, 다 함께 캠프장을 정리하고 모두가 학교로 이동했다. 학교의 다목적실에 가서 '옴천 초가 진행하고 있는 교육프로그램, 그리고 마을과 주변 환경을 담은 홍보 동영상을 보여주었다.

도시의 학부모들이 산촌의 지역문화와 옴천이 가진 특색있는 교육 프로그램에 매우 흡족해했다. 나는 마지막 순서로 각 가정마다 '화목상'과 '기쁨상'을 시상했다. 그리고 힐링 유학캠프 수료증을 수여하며, 2박 3일 동안 옴천이 주는 기쁨을 기억하도록 했다. 행사를 모두 마무리 한 후에는 몇몇 부모님들이 산촌 유학을 결정하기도 했다. 내가 간절히 바라던 일이었기에 가족유학캠프를 운영 하길 정말 잘했다.

용인에서 다솔이가 왔다
그러나 또 다른 난관이

드디어 용인에 사는 다솔이가 옴천으로 유학을 왔다.

"우리 다솔이 왔구나! 교장 선생님이 얼마나 기다렸는지 몰라."

나는 다솔이를 와락 안아주었다. 다솔이는 지난번에 잠깐 들렀던 학부모댁에서 생활하게 했다. 너무나 기다렸던 아이였다. 그뿐만 아니라 유학생이 불어나 1학급을 증설한다는 확정공문도 와 있었다. 정말 기뻤지만, 한편으론 '예술꽃씨앗학교'는 통과가 안 됐다고 하니 매우 아쉬웠다. 하지만 다솔이의 유학은 엄청난 위로가 됐고 자신감도 주었다.

여느 때처럼 군수님께 유학생 유치 보고 전화를 드렸다. 나로서는 군수님의 우리 학교 유학 지원이 결코 잘못된 판단이 아니라는 자신감의 발로이기도 했다.

"군수님, 유학생이 왔습니다."

"또 왔습니까? 정말. 파이팅! 파이팅입니다!"

전화를 받자마자 군수님도 내 일처럼 기뻐하셨다. 강진군이 살아나고 이미지도 제고되고 여타의 모든 관심으로부터 신뢰가 더욱 높아지는 계기가 되기 때문이었다. 군수님의 지원과 도움 덕분이라고 말씀드렸더니 정말로 감사하다며 좋아하셨다. 그리고 실지로 군수님의 정확한 혜안이 아니었으면 정말 장담할 수 없는 사업이기도 했다.

그렇지만 좋은 일이 있으면 꼭 반대의 일도 발생했다. 우리는 오래전부터 영산강유역환경청에서 있을 '댐 주변 지원사업 심사 평가'에 대비해 왔다. 그래서 댐 주변에 해당하는 유학센터 부지와 그곳에 건립할 유학센터의 필요성에 대해 프레젠테이션 자료를 작성했고 이미 담당자에게 보낸 적도 있었다. 그런데 웬일인지 관심을 적극적으로 보이거나 더 나아지는 기미가 안 보였다. 오히려 우리가 보낸 공문에다가 '법적으로 불가능함'하고 '행위 불가하다'라는 글을 삽입하여 발송하는 씁쓸한 사태가 발생했다.

"아니, 대체 무슨 까닭이지?"

오히려 우리가 하려는 일을 방해한다는 극단적인 느낌마저 받았다. '아니, 무슨 다른 이유가 있었을까? 반드시 그럴 만한 사정이 있었겠지. 지금까지 군청에서 얼마나 많이 도와 줬는데.' 도무지 현 상황이 가늠되질 않았다. 게다가 담당자는 심사위원회가 열리는 날짜조차 알려주지 않았다. 이럴 수가 있을까?

'아니 도와주지는 못할망정 오히려 방해하고 있는가?'

나로서는 정말 이해할 수 없는 사태였다. 그러나 이대로 포기할 수는 없었다. 그래서 나는 영산강유역환경청에 직접 전화를 했다. 심사위원회가 언제 열리는지 물어보니 한참 시간이 지난 후에야 알려주었다. '아니, 여기 담당자도 같은 생각을 하고 있는가?'라는 말도 안 되는 의심도 생겼다. 우리는 지원사업 평가가 목요일 오후 3시 30분에 개최된다는 소식을 듣고 만반의 태세를 갖추었다. 미리 자료들을 잘 준비하여, 그날 꼭 참석해야겠다고 각오를 다졌다.

영산강유역환경청에서 심사위원회가 열리는 날이었다. 하지만 학교에는 아직도 아무런 연락이 없었다. 우리는 이른 점심을 먹고, 행정실장과 함께 영산강유역환경청으로 서둘러 갔다.

도착해보니 다른 군의 관계자들은 여러 사람이 와서 서로 이야기도 나누며 협력하고 있는 모습이 역력해 보였다. 그런데 우리 군은 달랑 남자 직원만 2명 와 있는 데다 한쪽에 서서 우리를 알은체도 안 했다. 참으로 이상한 일이었다.

드디어 심사위원회가 시작되자, 각 군 관계자들이 차례대로 사업에 관한 설명을 했다. 심사위원은 총 5명, 유역관리국장, 심사위원 3명, 담당자 1명이었다. 우리 군의 차례가 되자 담당자는 놀랍게도 우리가 만들어 준 유학센터에 관한 자료를 건너뛰며, 대충대충 설명하기 시작했다.

나는 현장을 보고도 믿기지 않았다. 누가 봐도 너무나 성의 없는 보고였다. 나는 관계자들의 그런 태도에 화가 나서 직접 앞에 나가 유학센터 건립의 당위성에 관해 설명하기 시작했다. 그러나 심사위원들은

"몇년 전 복지관 건립 시, 초등학생들도 함께 사용할 목적으로 건립한다고 했으므로 사용층이 중복됩니다. 그리고 요청한 단위가 너무 큽니다."

라며 내년에 다시 도전하라고 했다. 아, 나는 그때 이루 말할 수 없는 상실감에 맥이 풀렸다. 담당자는 이미 이런 상황을 알고 있지 않은가? 생각했다. 그래서 소극적으로 대응하고 있지 않은가 생각했다. 그러나 나는 너무 실망이 컸다. 담당자가 조금만 더 신경을 쓰고 함께 노력했더라면 분명히 사업 선정이

됐을텐데! 하는 아쉬움이 들었다. 내년에도 반드시 도전해 보자는 마음으로 회의장을 빠져나왔다.

천연 잔디운동장

옴천초 운동장은 내가 처음 부임할 때부터 고민거리였다. 운동장에 비가 오면 물이 빠지지 않고 질퍽거리기가 일 수였다. 그래서 아이들과 운동장에서 교육 활동을 제대로 할 수 없을 때가 많았다. 비가 오면 운동장이 늪지대가 되어 자동차 바퀴가 빠지면 나오지 못할 정도였으니!. 그리고 조금만 소홀히 하면, 온갖 잡초가 무성해져 갔다. 그래서 학교를 오가는 사람들이 운동장을 보면서 걱정을 많이 했다. 심지어

"아니, 이 학교는 폐교 아니냐? 근데 웬 학생들이지?"

하고 놀라기도 했었다. 그동안 잡초를 뽑아보려고 아침 일찍부터 전 교직원이 모여 풀 뽑기를 시도해 본 적이 어디 한두 번이었던가? 모두가 있는 힘껏 열심히 해보았지만, 어찌나 풀이 무성한지 아무리 뽑고 또 뽑아도 끝이 보이질 않았다. 게다가 잡초가 자라는 때는 여름이어서 날은 덥고, 땀은 나고, 머리마저 핑핑 돌았다. 도저히 풀과의 전쟁을 할 수 없었다.

나는 군수님 면담을 신청해서 운동장 조성사업을 요청했다. 강진군에서는 현안사업으로 선정해서 도청에 옴천초 운동장 사업을 올렸다고 했다. 그런데 나는 어느 날 재경 향후회장을 통해서 도청에 강진군 출신 국장님이 계신다는 소식을 들었다. 그래서 직접 찾아 뵙고, 강진군의 서류가 올라오면 꼭 지원해 주시길 부탁했다. 매우 점잖으신 국장님께서는 아직 잘 알지 못하지만 꼼꼼히 챙겨보겠다고 하셨다. 나는 여러 일들도 많은데, 관심을 가지겠다고 하시니 매우 감사했다.

그러던 차에 운동장 잔디사업이 결정되었다는 기쁜 소식을 들었다. 나는 또 하나의 옴천초 숙원사업이 해결되었음에 너무도 기뻤다. 그리고 아이들이 잔디 운동장에서 활발하게 뛰어노는 것을 상상만 해도 행복했다. 나에게 복된 소식을 전해 주셨던 도청 이승옥 국장님은 얼마 후에 여수시 부시장님으로 가셨다.

나는 우리 학생들이 여수학생교육문화회관에서 1박 2일동안 체험학습을 할 때, 시간을 내서 감사의 방문을 했다. 돌이켜 보면, 이분들의 도움이 없었다면 오늘의 옴천초는 존재하지 않았을 것이다.

옴천
면민의 날

 제10회 옴천면민의 날, 군수님, 교육장님, 도의원님, 기관단체장님 등 많은 분이 참석했다. 나는 공로상으로 청자 항아리를 받았다. 이제 막 시작인데 큰 상을 주었으니 더 열심히 하라는 뜻으로 받아들였다. 식이 끝난 후 군수님은 직접 우리 학교를 방문해 교실을 순회하셨다. 유학생들과 이런저런 질문을 하고, 유학생 농가도 방문하여 시설을 돌아보셨다.
 나는 군수님 곁에 바짝 서서 유학 농가의 '난방비' 지원을 부탁드렸다. 긍정적으로 받아들이는 눈치였다. 오후에는 전남도의회에 갔다. 특별위원 회의실에서 농촌 유학세미나가 열리기 때문이었다. 도의회 의장님을 비롯한 많은 의원이 모두 참석하신 듯했다. 전에 뵀던 곡성평화학교 교장 선생님도 참석했다. 정책과장님, 인재양성과장님 등 많은 분이 참석했다. 도의원님의 사회로 토론회가 진행됐다.
 우리 학교 사례를 예로 드니 모두들 박수를 보내주셨다. 어쨌든 우리 학교를 알릴 좋은 기회였다. 이어서 도청에서 국장님, 인재육성과장님과 대화를 나누었다. 얼마 전 강진군수님께서 칭찬을 많이 하셨다는 이야기도 하셨다.
 도청 농업정책과 박 사무관님한테 전화가 왔다. 다행히 좋은 소식이었다. 앞으로 우리 학교를 적극적으로 지원해주겠다고 했다. 농촌 유학에 관심을 두니 앞으로 잘 되려나 보다.

수자원공사 권 과장님께도 반가운 전화가 왔다. 유학센터 건립문제도 적극 노력해 보자고 하시니 너무너무 기뻤다. 나에게는 그 문제가 가장 급선무였기 때문이다.

가족형 산촌 유학이 시작되다

2014년 10월 13일에 수원에 살고 있던 2학년 지만이가 우리 학교로 유학을 왔다. 지만이는 그 곳에서 학교 폭력 때문에 많이 힘들었다고 한다. 아이들과 잘 어울리지 못했고 그럴수록 화를 내는 일이 잦았다고 했다. 그래서 다른 학교로 전학을 가야만 했다. 그러던 차에 지만이 어머니가 우리 학교에서 유학생을 모집한다는 정보를 입수하게 되고, 강진교육청으로 문의를 한 것이었다. 지만의 외할머니가 강진에 살고 있었고, 지만이 어머니가 어린 시절을 강진에서 보냈기 때문에 별 문제없이 올 수 있었다. 그래서 지만이 가족이 옴천으로 이사를 오게 된 것이다. 그러나 지만이 아버지는 직장 문제로 강진과 수원을 왔다 갔다 하셨다.

우리 학교는 처음으로 가족형 유학생을 받게 된 것이었다. 나는 이장님의 도움으로 빈 농가를 알선해 주었다. 옴천면 사무소에서는 보일러 시설을 보조해주었다. 지만이의 가족이 옴천으로 이사 옴에 따라서 지역 주민이 새롭게 늘어난 것이다. 나는 지만이에게는 함께 유학 온 어머니의 보살핌으로 다른 유학생들보다 상대적으로 관심을 덜 갖게 되었다.

당시 우리 학교 2학년은 여학생만 두 명 있었다. 두 명의 여자 아이들이 남자 아이가 온다고 하니 기대가 컸다. 처음 2주간은 아이들이 서로에게 호기심을 갖고 잘 지냈다. 그러나 시간이 지나자 서로 부딪치기 시작했다. 하루는 운동장에서 놀이를 하다가 다투었다. 외아들로 사랑을 독차지하면서 자란 지만이는 다른 아이들에게 조금도 양보하지 않았다.

이 일로 심하게 다투게 되어, 여학생의 학부모님들이 학교로 찾아와 항의를 했다. 도시에서 온 지만이 때문에 자기 아이들이 학교에 다닐 수가 없다는 것이었다. 나는 그날 학부모님들께 다음부터는 이런 일이 없도록 하겠다고 다짐을 했다. 지만이 어머니와는 나도 자식 키우는 어머니의 입장으로 돌아가 진솔한 대화를 나누었다.

그런 후에 차츰 지만이도 산촌 생활에 잘 적응하였고, 지만이 어머니는 주말마을학교에서 아이들에게 영어를 가르치는 교사역할을 했다. 그런데 얼마 후 또 다른 문제가 생겼다. 그것은 지만이 어머니가 동네 어르신들과 잘 소통하지 못한다는 것이었다. 지만이 어머니는 낯선 이웃 어르신들과 잘 소통하지 않고 자기 일만 하시는 분이었다. 산촌의 특성을 잘 알지 못하고 도시에서처럼 이웃과 별로 교류하지 않고 지낸 것이었다. 그런 소식이 교장인 나에게까지 들려왔다. 산촌 유학을 한다고 하면서 이상한 사람들을 마을에 들어오게 했다고 마을 어르신들이 볼멘소리를 했다.

나는 또 다시 지만이 어머니와 대화하는 시간을 가졌다.

"지만이 엄마, 시골에서 불편한 점이 많으시죠? 이곳 시골마을은 너, 나 할 것 없이 가족처럼 서로 왕래하면서 살고 있어요. 어르신들이 지만이 엄마와 친하고 싶어 해요. 조금 불편하더라도 가까이 가시면 오히려 더 많은 정을 주실 거에요."

라고 말했다. 지만이 어머니는 나의 말뜻을 금방 이해하고, 그 다음부터 동네 분들과 식사도 같이 하면서 소통하게 되었다. 가족형 산촌 유학이 시작되면서 새로운 문제가 제기 되었던 것이었다. 도시 사람이 산촌에 와서 생활하기 위해서는 무엇보다 공동체성에 익숙해야 한다. 산촌은 어려운 농사일들을 혼자 할 수 없기 때문에, 서로 도우면서 일을 한다. 그리고 이웃 집의 일들을 소상히 알고 지낸다. 어찌보면 개인의 사생활이 다 노출된 사회라고 할 수 있다.

나는 가족형 산촌 유학을 처음 접하면서 유학 온 아이만이 아니라, 가족이 함께 산촌 문화에 대한 인식과 이해가 필요함을 깨달았다. 그런데 지만이네 가정은 성공적인 케이스라고 할 수 있다. 나중에 도시에서 온 석준이와 진석이가 지만이네 집에 유학하면서 학교를 왕래했다. 지만이 어머니가 자식들처럼 아이들을 잘 양육해 주셨기 때문이었다.

내가 변했는가

산촌 유학 문의 전화가 왔다. 6학년 남학생인데 문제가 많은 아이라고 했다. 고민이 됐다. 옛날 같으면 일단 무조건 받아들이고 이 아이들을 치유해 나갈 자신이 있었는데 점점 아이들이 많아지니 생각이 달라졌다. 왜냐하면 잘못하면 산촌유학의 이념이 흔들릴 수 있기 때문이다. 우리 학교는 대한민국 산촌 유학의 가치와 철학을 구현하는 학교이다. 처음에는 학생을 모으는데, 중심을 두었다면 이제는 학교의 이념을 지키고 유지하는데 방향을 잡아야 했다.

전남초등여성행정교육연구회 연수가 있는 날이었다. 그러나 학교 일이 많아 참석하지 못했다. 점심시간을 이용하여 신규선생님들과 간담회를 하며 서로 맘을 터놓고 대화를 나누었다.

나는 교사로서의 본분을 잘 지켜달라고 부탁을 했다. 수업은 교사의 생명이라는 것과 맡은 업무는 꼭 완수하자고 강조했다. 그러나 신규교사들은 바빠서 일이 추진이 잘 안 된다고 속마음을 털어놓았다. 계획했던 일들을 해 나가야 하는데, 실행이 되지 않을 때가 많았다고 한다. 교장이 된 나의 지도력 부족인가? 아니면 시대가 변했는데 내가 그 흐름을 따라가지 못하고 있는가? 여러 가지 생각이 들었다. 그러나 신규 선생님들의 협력이 없이는 산촌 유학은 더 발전하지 못한다. 그들에게 산촌 유학이 한국 교육의 미래가 되야 함을 거듭 강조했다.

오후엔 3학년 주영이를 '월출산 그리기 대회'에 보내기 위해서 그림지도를 했다. 내가 개별적으로 지도하다보니 훨씬 실력이 나아지고 있었다. 주영이가 그림을 그리는 동안 나는 옆에서 산촌 유학생 모집 안내문을 수정하고 가족형 연립 사택 계획서를 수정하여 완성했다.

주영이가 완성된 그림을 가져왔다. 자연의 풍경을 아이의 눈으로 변형하여 감수성있게 잘 표현했다. 주영이는 어느 순간부터 자연을 있는 그대로 그리는 것보다 마음 속의 자연을 그리기 시작했다. 나는 주영이의 상상력과 창의성에 감탄하기도 했다. 자연속에서 자신의 상상력을 펼쳐나가는 아이들의 모습에 나는 오늘도 감사했다.

반딧불이
저녁교실

 '반딧불이 저녁교실' 수업이 있는 날이다. 저녁 5시쯤, 병영의 식당에서 밥 차가 왔다. 우리 아이들이 매우 좋아하는 시간이었다. 급식실에서 맛있게 밥을 먹는 모습을 보니 흐뭇했다. 그런데 오늘따라 반찬이 좀 그랬다. 6천원짜리 밥인데 그에 비해 뭔가 부실하고 식비가 비싸다는 생각이 들었다. 그래서 식당 주인에게 반찬을 좀 더 신경 써달라고 부탁했다.
 앞서 언급을 했지만 '반딧불이 저녁 교실'을 하게 된 동기는 부모님들이 대부분 농업에 종사하고, 다문화 가정이 많아서였기 때문이다. 당시는 하교 후에 아이들만 집에 남아 컴퓨터 게임, TV 시청 등에 노출되고 있었다. 게다가 바쁜 농사철에는 밤 9시가 넘어야 부모들이 일터에서 돌아오는 경우가 많았기 때문에 그때까지 우리 아이들은 저녁도 먹지 못하고 기다리고 있는 경우가 허다했다.
 그뿐만 아니라 유학생들을 돌보는 가정이 거의 다 농민들이어서 농사일에 지장이 생기면 아이들을 돌볼 수 없으므로 문제가 발생하기 마련이었다. 전에도 유학생을 돌보던 분들이 조금이라도 불편하면 한밤중에도 아랑곳하지 않고 전화를 하곤 했다.

"교장 선생님, 나 아이들 못 키우겠소. 아이들 데려가시오"

그러면 나는 가슴이 철렁 내려앉았다. 우리 아이들을 내보내면 '저 아이들을 다시 또 어디로 보내야 하나?' 하고 밤새 고민을 하며 잠 못 이루는 밤을 보냈던 적이 한두 번이 아니었다.

본래 2013년에는 예산이 책정되지 않아 아이들은 하교 후 집에서 저녁을 먹은 다음에 학교에 공부하러 왔다. 학부모님들도 함께 저녁 교실에 참여했었다. 처음에는 강의 내용이 중국어, 일본어, 미술 수업, 교사들의 심화 보충수업으로 이루어졌다. 부모들의 호응도 꽤 높았다. 강사 엄마들은 강사료도 받지 않고 자발적으로 교육 기부를 해주었다.

그런데 이제 2014년의 '반딧불이 저녁 교실'은 농어촌희망재단의 공모사업인 '농어촌 교육문화 복지사업'에 선정되어 지원을 받게 되었다. 이제는 아이들에게 저녁밥도 먹이고 엄마들의 강사비도 지원해줄 수 있어서 너무너무 좋았다.

반딧불이 저녁 교실은 매주 월, 화, 목요일 저녁 6시부터 8시까지 일본, 중국에서 오신 엄마가 일본어와 중국어를 지도하고, 부산에서 유학 온 나미 엄마가 제과제빵 수업을, 나는 미술 수업을 하고 있었다. 수업이 끝난 후에는 쭉쭉 성장 체조를 한 다음 8시 반쯤 하교를 시켰다. 이렇게 운영을 해보니 학부모들과 유학생, 돌보는 이들 모두의 만족도가 매우 높았다. 아이들은 따뜻한 저녁밥을 먹어서 그런지 더욱더 잘 성장하는 것 같았다. 특히 지도하시는 다문화가정 어머니들과 아이들 모두 자존감이 높아졌다. 정말 잘한 일인 것 같아 마음도 뿌듯했다.

남의 떡이 커 보인다

도 지정 도덕과 연구학교 보고회 참관을 목적으로 영암초에 갔다. 학교 앞에 바로 월출산이 보였다. 호남의 금강산이라 불릴 만했다. 영암초는 산의 정기를 많이 받아 매우 건강할 것 같았다. 건물 외관도 월출산을 상징하는 붉은 산 모습으로 꾸며져 있었다.

학교는 정돈이 잘되어 있었다. 교실들을 살펴보니 매우 깨끗하게 환경정리도 잘 되었다. 학년별 공개수업도 교사와 학생들이 상호작용을 하며 열심히 전개하고 있었다. 남의 떡이 더 좋아 보이는 걸까. 갑자기 우리 학교 선생님들이 생각났다. 좀 더 열정을 다하면 좋으련만 뭔가 아쉬웠다. 그러나 한편으론 또 타인들이 우리 학교에 오면 우리 학교 선생님과 아이들을 부러워할 것이라는 생각도 해보았다.

아무튼, 우리 선생님들에게 보여주려고 수업안도 챙기고, 인상적인 장면을 모두 핸드폰으로 찍었다. 저녁엔 영암초에서 근무하는 나 선생님과 저녁을 함께 했다. 나 선생님은 2002년 안양동초에서 함께 근무하며 카풀을 한 적이 있었다. 그때도 도 지정연구학교를 추진하면서 함께 열심히 일했었던 게 생각났다. 자녀 이야기, 근황 등 오랜만에 만나 할 말이 참 많았다. 나 선생님은 언제 만나도 표정이 밝았다. 긍정적인 활력이 넘치는 사람이었고 내가 친언니처럼 따르는 분이었다.

학교에 돌아오니 최 선생님이 늦게까지 일하고 있어서 반가웠다. 교무부장 선생님과 증축할 교실에 필요한 물품을 협의했다. 유치원 과학 한마당 행사가 열리는 체육관에 갔다. 우리 꼬마들 어쩌면 그리도 귀엽고 예쁜지 어깨를 토닥여 주고 모두 머리를 쓰다듬어 주었다. 우리 박화영 선생님은 아이들을 위해 최선을 다하고 있었다. 아이들이 참 복도 많다고 생각했다.

군동초 군 지정 연구학교 보고회를 참관하러 갔다. 연구주제는 '주제 중심 통합학습을 통한 문제 해결 능력 기르기'였다. 연구주제를 해결하고자 전 교원이 노력한 흔적들이 많이 보였다. 대부분 초임 교사들인데도 공개수업을 참 잘했다. 우리 선생님들도 함께 참관했으면 참 좋았겠다.

참관 후 학교에 돌아와 '예술꽃씨앗학교' 공모사업 계획서를 보완 작성했다. 심혈을 기울여 작성한 만큼 꼭 선정됐으면 좋겠다. 간절히 원하면 이루어진다고 했다. 꼭 잘되기를 기도했다. 저녁엔 서울에 사는 6학년 남학생 엄마와 유학 상담을 했다. 이야기를 들어보니 이 학생은 우리 학교보다는 기숙형 학교가 맞을 것 같아 곡성 평화학교를 소개해 주었다.

전남민속예술제가 열리는 날이어서 전교생을 데리고 장성 홍길동 체육관으로 갔다. 내일은 또 진도에서 '대한민국 청소년국악제'가 열리기 때문에 공연과 수학여행을 함께 할 수 있도록 계획을 세웠다. 그래서 전교생이 1박 2일 나들이를 하러 가게 된 것이다. 홍길동 체육관에 도착하자마자 군청 관광과장과 담당자가 우리를 반갑게 맞이해 주었다. 일부러 관심을 보이신 걸 알기에 더욱더 감사한 마음이 생겼다.

장성 서삼초에 근무하는 교감 친구가 동자승 13명을 데리고 와서 놀랐다. 몹시 반가웠다. 예술제가 시작되자 각 군을 대표하는 민속놀이 팀들이 차례대로 공연을 했다. 우리 학생들은 강진군을 대표하여 사물놀이와 토끼와 거북이 마당극을 합해 재미있는 공연을 했다. 1학년 학생들은 고사리 같은 손으로 장구를 쳤고, 나머지 학생들도 북, 징, 꽹과리를 치며 신명난 한판을 벌였다. 여기에 마당극까지 곁들이니 내가 봐도 정말 재미있었다. 특히 5학년 유학생 지훈이가 거북이 역할을 얼마나 능청스럽게 잘하던지 많은 사람이 웃으며 박수를 보냈다.

우리 아이들의 공연 모습을 보니 가슴이 벅차고 감동을 주었다. 나중에 지훈이는 '최우수연기상'을 받았고 우리 학교는 '흥상'을 받았다.

공연이 끝나고 우리는 식당에서 맛있는 점심을 먹고, 곧바로 목포시의 자연사박물관으로 갔다. 박물관을 모두 돌아본 후에는 분위기 좋은 레스토랑에 가서 맛있는 파스타를 먹었다. 아이들에게 춤추는 분수대와 목포시의 야경을 감상하게 했다. 그리고 롯데시네마에서 '우리는 형제'라는 영화를 관람했다. 숙소인 호텔로 갔는데 모처럼 도시에 나들이를 와서 그런지 좀처럼 잠을 자려 하지 않았다. 10시 반까지 달래고 달래서 겨우 잠자리에 들게 했다.

실상 이번 여행은 공연이 주목적이긴 했으나 우리 시골 학생들이 도시 나들이 경험을 하게 하는 것도 계획의 일환이었다. 우리 아이들이 무탈하게 이동하고, 공연도 잘하고 모두 계획한 대로 순조롭게 진행돼서 감사했다. 나도 덩달아 행복한 날이었다.

대한민국청소년 국악제

아침 식사를 하면서 아이들에게 잘 잤냐고 물어보았다. 다들
"호텔에서 자니 좋아요.",
"침대에서 자보니 푹신푹신 한 것이 너무 좋았어요."

라고 했다. 역시 산촌 아이들이었다. 모두들 밝은 표정으로 웃고 떠드는 모습을 보니 천진난만해 보였다. 곧바로 진도로 출발하여 초입에 있는 진도 타워에 올라갔다. 높은 곳에 올라가 바다를 바라보니 넓고 푸른 물결과 진도읍이 한눈에 들어왔다. 우리는 다시 진돗개 센터에 들러 진돗개들이 펼치는 쇼를 관람했다. 아이들은 진돗개 쇼를 보며 환호성을 지르고 난리가 났다. 진돗개는 정말 영리하고 뛰어난 품종이었다.

잠시 뒤에 우리는 대한민국 청소년국악제가 열리는 진도향토문화회관으로 갔다. 우리 아이들 차례는 20번째 공연이어서 기다리는 동안, 밖에서 놀다가 연습을 하면서 순서를 기다렸다. 드디어 우리 차례가 되자 멋지게 등장을 했다. 우리 아이들은 내가 봐도 너무너무 의젓하고 씩씩하게 잘했다.

우리 학교는 시상식에서 동상을 받았다. 상장과 트로피를 들고 즐겁게 강진으로 출발했다. 오다가 병영성 식당에서 맛있는 저녁을 먹고 학교에 도착했다. 벌써 밤 10시가 넘었다. 아이들을 하교시킨 후 광주에 도착하니 밤 11시가 넘었다.

학교 내에 가족형 사택 건립문제를 협의하고자 교육지원청에 들렀다. 계획서를 수정하여 행정지원과장, 담당자와 함께 다시 군청으로 갔다. 총무과에서 총무과장이랑 협의하여 계획대로 지원하는 것으로 마무리했다. 다행히 군청에서 관심을 보이니 긍정적인데 아직도 넘어야 할 산이 많았다.

오후엔 친환경농업과 조 과장님과 통화를 했다. 유학생 가족을 초대하여 강진군 여행을 하는 것과 간담회를 열어 줄 것을 제안했다. 과장님은 매우 좋은 생각이라며 곧 추진하겠다고 하셨다. 그밖에도 유학생을 돌보는 농가의 사람들끼리 비영리 교육협동조합을 설립하는 건, 유학비 지원금을 더 올리는 건 등을 협의했다. 조 과장님은 매우 소통이 잘 되고 참 현명하신 분이라고 생각했다.

우리 아이들은 매일 아침 등교를 하면, 맨 먼저 도서실에 모여 책을 읽고, 각자의 연습장에 친구의 움직이는 모습을 붓 펜으로 그렸다. 그다음으로 나는 전교생을 한 명 한 명 모두 안아준 다음 각 교실에 들어가 수업을 하게 했다. 처음에는 안길 줄도 모르던 아이들이 지금은 먼저 와 덥석 안기며 좋아했다. 그림도 1년 이상, 매일 크로키를 하게 했더니 어느새 실력이 부쩍 늘어 생동감 있는 그림을 그리게 되었다. 복도 벽에 전교생들의 작품을 전시하면 진짜 예술의 전당이 될 것 같았다.

4학년이 주최하는 아침 방송이 있는 날이었다. 자세히 보니 언제 준비했는지 악기 연주도 하고, 노래도 부르고, 춤도 추었다. 표현의 장을 제공해주니 이렇게 즐겁게 표현하는 우리아이들이었다. 방송실 정비하기를 참 잘했다.

문득 작년에 처음으로 부임을 했을 때의 방송실이 떠올랐다. 방송실에 선풍기, 오래된 공문서, 비디오 자료 등 여러 가지 물건들이 한 공간에 보관되어 있었다. 또 한쪽에는 보건실용 침대까지 놓여 있었지만, 아이들이 온전히 휴식할 수 없는 곳이었다. 게다가 문서고도 만들어져 있지 않아 공문서들이 여러 곳에 보관되어 있었다.

이 문제를 해결하기 위해 며칠을 고민했다. 나는 한 날을 정하여 아침부터 솔선수범하며 치우기 시작했다. 제일 먼저 비교적 공간이 넓은 컴퓨터실 옆의 서버실에 문서고를 만들었다. 방송실의 자료장을 컴퓨터실 뒤로 자리 잡고 그리로 자료를 옮겼다. 교무실의 캐비닛을 앞으로 당겨 공간을 확보하고, 그 뒤에 보건실의 침대를 옮겨 환자를 보살피도록 했다.

별로 쓸모없는 오래된 자료들은 과감히 버렸다. 그렇게 정리를 하니 하루가 꼬박 걸렸다. 일단 온전한 방송실이 확보되자 교육장님께 리모델링을 간곡히 부탁드렸다. 그 결과 예산지원으로 새로운 방송실이 탄생했다.

오전에 면사무소를 방문했다. 면장님을 만나 가족형 사택 건립문제, 산촌 유학생 지원 예산에 관해 이야기했다. 그리고 협조공문까지 요청했다. 오후에 군청 기획예산과에 들러 박 기획관리실장님을 만나 산촌 유학사업 관련 예산 지원을 간곡히 부탁했다. 실장님이 굉장히 긍정적이고 호의적이었다. 기대하고 싶었다. 그러나 군 전체 예산이 100억원 이상 줄었다는데 잘 될지는 미지수였다. 이어서 교육감님의 특강을 듣기 위해 성요

섭여고에 갔다. 작은 학교를 살리기 위한 대안은 무엇인지 질문을 하셨다. 강진북초와 자신의 친구에 관해서도 이야기하셨다. 기대만큼 역시 말씀도 명료하게 하시고 강의를 잘하셨다.

작은 학교 살리기 홍보용 CF 촬영이 있는 날이었다. 우리는 도교육청 홍보실로 갔다. 수원에서 유학 온 2학년 남학생과 어머니가 모델이 되어 1차로 학교와 집에서 촬영했다.

6학년이 수업하는 모습도 촬영했다. 정말 많은 사람의 눈길을 사로잡는 홍보 영상이 만들어지길 기대했다. 우리 아이들이 모델이 되다니 이 모든 게 기적이었다.

다시 재경옴천향우회

서울에서 재경 옴천향우회가 열리는 날이다. 가는 길이 어찌나 막히던지 정말 심각했다. 5시 40분쯤 모임 장소인 종로 2가 국일관에 겨우 도착했다. 옴천에서 올라오신 면장님과 지역 향우들, 서울 회장님 등, 모든 향우분이 반갑게 맞이해 주셨다.

작년에 이어 올해 두 번째 참석하니 훨씬 더 반갑고 한 식구 같다는 느낌이 들었다. 식이 시작되자 회장님의 인사말과 재경강진군향우회장님, 서울시의원님의 축사가 있었다. 다음엔

내 차례였다.

"작년 이맘때 이 자리에 참석해 학교가 폐교 위기에 있다는 심각성을 이야기한 적이 있습니다. 옴천초등학교를 반드시 살려야 한다고 이야기했었지요. 그동안 저희는 정말 큰 노력을 했습니다. 그 결과 현재 산촌 유학생이 11명이나 와서 전교생이 20명이 넘었고 6학급이 되었어요."

나는 감회어린 보고를 했다. 우레와 같은 박수 소리가 들렸다. 나는 감격에 겨워 계속 말을 이었다.

"작년에 제가 부임했을 당시에는 1학년 2명, 2학년 3명, 3학년 1명, 4학년 1명, 5학년 2명, 6학년 8명, 전교생 17명으로 6학년을 빼면 전교생 9명인 심각한 상황이었어요. 그런데 향우회를 통해서 1명이 유학을 오고, 서울, 경기, 창원 등에서도 유학을 왔습니다.

이제는 4학급에서 6학급으로 불어나 복식 수업을 하지 않아도 되고 내년에는 교사 2명이 더 옵니다. 특히 17년간이나 공석이었던 교감 선생님도 이제 부임을 하게 됩니다. 이 모두 도와주신 여러분들의 덕분입니다."

재경향우회원들은 내 말이 끝나자마자 다시 함성을 지르며 손뼉을 쳐주셨다. 얼마나 기쁘고 감사한지 그야말로 잔치 분위기였다. 정말로 행복했다.

이어서 진행되는 축하파티에서는 성화에 못 이겨 김민정의 '

꿈'이라는 노래를 한 곡 불렀다. 그리고 조용히 빠져나와 다시 광주로 내려오니 새벽 1시 반이나 되었다. 오늘도 강행군했지만 정말 감사했다. 특히 먼 곳까지 운전해주며 함께 가주고 기다려 준 남편에게 정말 고맙다.

유학생 문제로 교사와 대화

아이들은 놀면서 서로 다투고 싸우면서 서로를 알아간다. 그러나 멀리 산촌으로 유학을 와서 서로 다투고 부모님께 전화를 할 때, 예상치 못한 힘든 일들이 발생한다. 하루는 하경이 어머니에게서 전화가 왔다. 화가 몹시 난 하경이 어머니는 아이를 데리러 오신다는 것이다. 하경이 어머니의 전화를 받을 때만 해도 나는 무슨 이유인지 잘 몰랐다. 일단 하경이 어머니가 하시는 말씀을 듣고 양해를 구했다. 아이들의 관계를 자세히 파악하고 전화를 드리겠다고 했다. 하경이와 함께 유학 온 동철이, 지훈이 부모님들은 서로 잘 알고 있기 때문에, 잘못하면 창원에서 온 아이들이 모두 돌아가게 생겼다.

부랴부랴 담임교사들을 불렀다. 그때서야 아이들과의 관계를 파악하고, 그리고 유학 농가에서의 문제도 알게 되었다.

'왜 미리 말하지 않았는가?' '왜 학부모님에게 전화까지 오게 하는가?' 생각하니 화가 났다. 그러나 교사들과 대화를 하면서 그 마음을 이해하게 되었다. 별일 아닌 것처럼 여겼는데, 아이들이 조금 확대한 것이었다. 그러나 일이 커졌으니 부모님들을 달래는 수밖에 없었다. 그 중에 하경이 지훈이 어머니가 창원에서 오셨다. 나는 부모님들에게 아이들의 상황을 말씀드리며 큰일이 아니니 걱정하시지 말라고 했다. 그러나 부모님들의 생각은 달랐다. 나는 죄송하다고 사과를 하면서, 교장인 제가 좀 더 관심을 갖고 아이들을 지도하겠다고 다짐을 했다. 부모님들은 나의 열정과 진정성을 받아들이셨다. 나는 부모님들을 보내고 "6학급을 유지하기가 이렇게 어렵구나!"라며 한숨을 내 쉬었다. 만일 이 아이들이 돌아가면, 우리 학교는 또다시 복식 학급으로 돌아가야 했다.

'교사들이 교장의 마음을 어찌 알겠는가' 하는 생각이 들었다. 그렇다고 젊은 교사들에게 화를 낼 수도 없다. 나는 '어떻게 하면 교사들이 산촌 유학에 관심을 갖고 더욱 열정적으로 지도하게 할까?' 고민했다. 그것은 지속적으로 대화하면서 친밀감을 유지하는 데 있었다. 교장이 무조건 지시하고 명령하는 것이 아니라, 서로 고민을 나누며 협력하는 관계성이다. 젊은 교사들은 내 딸아이와 같은 또래들이다. 나는 그들을 딸처럼 여기며 사랑해야 한다. 젊은 교사들과 대화하면서 그들에게도 사랑이 무엇보다 중요함을 알았다.

젊은 교사들은 내가 먼저 온마음으로 사랑함을 느낄 때, 그 사랑이 아이들에게 흘러갔다. 나는 이번 일을 통해서 교장인 내가 교사와 아이들을 더욱 사랑해야 함을 깨달았다.

첫눈과 함께 산촌 유학을 성찰하며

2014년 12월 1일 월요일, 올해의 마지막 달인 첫날에 첫눈이 내렸다. 벌써 내가 옴천초에 온 지도 2년이 다 되어가고 있다. 그간의 시간이 주마등처럼 스쳐 지나간다. 폐교 직전의 학교에 부임해서 동분서주 뛰어다녔다. 어떻게 해서든지 학교를 살려보겠다는 일념으로 시작했던 산촌 유학도 조금씩 열매를 맺어가고 있다. 내리던 눈이 멈추고 다시 세상에 환해졌다. 그런데 웬일인가? 눈이 온 후에 무지개가 뜬 것이었다. 흔치 않은 일이다. 무슨 좋은 일이 있을까? 기대해 본다.

학교에 출근해서 보니 전남일보 제1면에 우리 학교 기사가 대문짝만하게 실렸다. 출근 길에 무지개를 보더니 기쁜 소식들이 들려왔다. 나는 창문으로 학교 운동장을 바라보면서 타 지역에서 유학 온 아이들을 생각해보았다.

작년 2013년 9월 30일 광주에서 민이 형제가 처음으로 우리 학교에 유학을 온 이후에, 총 14명의 학생들이 유학을 왔다. 다시 생각해도 놀라운 일이다. 폐교될 학교가 이제는 정상궤도의 학교가 되었다. 위기가 곧 기회라는 말이 있듯이 우리 학교는 위기를 잘 극복하고 이제 전국적인 명성을 갖는 학교가 되었다. 나는 2013년도부터 산촌 유학의 씨를 뿌렸다. 열심히 뿌린 씨앗들이 열매를 맺어가니 얼마나 기쁜 일인가? 2014년을 보내면서 나는 옴천에 유학온 아이들을 한 명 씩 떠올려 보았다.

2014년 3월 개학과 동시에 경기도 분당에서 6학년 현승이가 유학을 왔다. 경기도에서는 총 5명의 학생들이 유학을 왔다. 7월에 성남에서 6학년 명원이와 5학년 희원이가 왔고, 8월에는 용인에서 5학년 다솔이가 왔다. 그리고 10월에는 수원에서 2학년 지만이가 왔다. 멀리 경기도에서 이곳 산촌까지 왔으니 내 책임이 크다. 부모가 믿고 보낸 아이들이 기특하기도 하고, 교장으로서 이 아이들이 잘 성장하도록 더욱 관심과 사랑을 베풀어야 한다.

나는 그동안 대도시에 있는 학교에 공문을 보내고, 재경옴천향우회, 귀농·귀촌박람회, 보라매동과의 농산물직거래 장터 등을 이용해서 산촌 유학 홍보를 하였다. 4월에 5학년 진영이를 시작으로 7월에 5학년 혜숙이가, 8월에 4학년 연우가, 9월에 3학년 영준이가 유학을 왔다. 서울에서 4명의 학생이 유학을 온 것이다. 그런데 가장 안타까운 일이 발생했다. 진영이가 적응하지 못하고 온 지 12일 만에 다시 돌아간 것이었다. 진영이는 학교폭력으로 도시학교에서 적응하지 못하고 소인수 맞춤형 교육을 기대하며 이곳에 왔었다. 진영이는 우리 학교에 충분히 적응할 시간을 갖지도 못했다. 치유되지 않았던 그의 내면의 상처들이 오히려 덧나면서 우리가 감당하기가 힘이 들었다. 나는 진영이를 떠나보내고 내내 마음이 아팠다. 그러나 진영이의 경우를 통해서 산촌 유학이 어떻게 나가야 할 것인지 보다 확실한 방향을 잡게 되었다.

경남 창원에서는 3월에 5학년 동철이를 시작으로, 부모 간에 친구인 5학년 하경이가 4월에 4학년 지훈이와 함께 왔다. 창원에서 3명의 학생이 전남 강진군 옴천면으로 유학을 온 것이다. 나는 경상도 지역에서 전라도 지역으로 아이들을 유학 보내주셔서 너무도 감사했다. 물론 도시학교의 부적응으로 맞춤형 교육이 필요해서 옴천에 오게 된 것이었다. 이 아이들은 내 일기에 계속 등장한다. 그것은 기쁜 일도 있었지만 속상한 사건들도 있었기 때문이다. 그러나 2014년을 보내면서 내 일기에 이 아이들의 이름들은 기쁨의 소식으로 남아있었다. 이 책을 읽어가는 데 도움이 되도록 2013년, 2014년도에 온 유학생들을 표로 정리하면 다음과 같다.

이름(학년)	농가	년도	지역	유학동기	비고
민형제(1,4)	엄지	13.9.30	광주	돌봄과 생태감성교육 원함	적응 잘함, 농가에 대한 만족도 낮음
현승(6)	이장	14.3.3	경기 분당	치유와 감수성 교육	조부 강진읍 거주, 서울향우회 홍보
진영(5)	이장	14.4.1	서울	마음 치유 소인수 맞춤형 교육	신체왜소, 서울에서 학교폭력 상처, 12일만에 부정적 감정표출
동철(5)	이장	14.3.15	창원	부적응과 정서교육	민감한 사춘기, 엄마의 적극 권유
하경(5)	팀장 교회	14.4.27	창원	소인수맞춤형 교육	외동이, 적응 잘함, 유학생부모의 입소문, 나중에 엄마와 가족형 유학
지훈(4)	강사 이장	14.4.27	창원	돌봄과 감성교육	부적응, 이상 행동 보임, 산책상담으로 행동수정, 놀라운 변화 보임
혜숙	팀장 교회	14.7.3	서울	돌봄, 소인수맞춤형 교육	산만한 행동으로 돌봄 어려워함
명원(6) 희원(5)	학부모	14.7.4	경기 성남	돌봄, 감성교육	밝고 적응 잘함, 원만한 가정, 귀농·귀촌박람회에서 아빠와 상담 후 유학
연우(4)	이장	14.8.22	서울	아토피 치유, 소인수맞춤형 교육	외동이, 정서불안, 수업집중 못함, 홍보공문 통한 담임교사의 권유
다솔(5)	학부모	14.8.25	경기 용인	감성교육, 생태 감성교육	외동이, 매우 밝고 우수함, 강진이 고향인 아빠의 권유
영준(3)	학부모	14.9.22	서울	돌봄, 소인수맞춤형 교육	적응 잘함, 고집셈, 강진 친척의 권유
지만(2)	가족형	14.10.13	경기 수원	마음치유와 소인수맞춤형 교육	외동이, 엄마와 가족형 유학

교감 선생님이 오셨다

우리 학교에 처음으로 교감 선생님이 오셨다. 산촌 유학이 우리에게 준 선물이다. 나는 두 눈을 몇 번이나 비볐다.

"교감 선생님이 오시다니, 이게 꿈인가, 생시인가?"

2015년 3월 2일은 교감 선생님이 17년 만에 옴천초에 부임한 날이다. 그런데 오늘은 경사의 연속이었다. 교감 선생님과 함께 신규 선생님 2명이 새로 부임해 왔다. 교감 선생님과 전 교직원이 교무실에 함께 모여 회의를 하는데, 장소가 비좁아 보였다. 그동안 왠지 허전하고 비어있는 느낌이 들었던 교무실이 교감 선생님이 오시자, 모든 것이 가득한 기분이 들었다. 산촌 유학이 우리 학교에 준 선물이다. 교감 선생님까지 왔으니, 이제 내 짐이 조금은 덜어진 것 같았다.

교무실에서 회의를 시작하면서 먼저 학생 수 현황을 칠판에 적어보았다. 나는 벅차오르는 감정을 주체할 수가 없었다. 내가 처음 옴천초에 왔을 때 전교생이 17명이었다. 이제 거의 배가 되는 30명의 학생이 되었다. 2년 만에 거의 두 배가 되었다. 학생들 한 명 한 명이 너무도 소중하고 감사했다.

우리는 추운 날씨로 영어체험실에서 입학식을 했다. 교직원과 학생들이 넓은 영어체험실을 가득 메웠다. 입학식이 시작되고, 나는 아이들에게 우리 학교가 얼마나 좋은지 설명했다. 우리학교만이 가지고 있는 혁신적인 교육 프로그램과 아름다운 생태환경 그리고 교사들의 사랑과 헌신을 자랑했다. 나는 무엇보다도 아이들에게 학교에 대한 자부심과 긍지를 심어주고 싶었다.

아이들은 고개를 끄덕이면서 잘 경청하고 있었다. 나는 입학식을 통해서 다시 한번 마음을 다지고 올 한해를 옴천초가 도약하는 해로 삼았다. 나의 말이 끝나자 아이들과 교사들이 환호했고. 누군가 농담을 시작했다.

"교장 선생님, 이제 그만 왔으면 좋겠어요. 학생들이 많아지니 교실이 좁아요."

"아니지요. 나는 아직도 배가 고파요. 한 학급당 열 명씩은 돼야 합니다."

"그러면 1명만 줄여서 아홉 명이 어떻겠어요."

하면서 우리 모두는 서로를 바라보며 큰 소리로 웃었다. 나는 농담이 진담이 되길 바라면서 한 학년당 아홉 명씩 채워지는 날을 진심으로 고대했다.

오후에는 경기도 일산에서 3학년, 1학년 남학생 경동, 일민 형제가 유학을 왔다. 엄마와 함께 아이들 2명이 유학을 온 것이다. 도시 아이들이지만 성격이 온순하고 차분했다. 이 아이들은 부모의 이혼으로 외가에 살다가, 우리 학교 소식을 듣고 유학을 왔다. 나는 부모가 이혼한 아이들의 상처를 누구보다 잘 알고 있다. 그래서 아이들은 손자들처럼 사랑해 줄 수 있는 교회 장로님 집에서 살게 했다. 아이들의 어머니는 장로님을 만나보고 흡족해하셨다. 아이들을 이곳에 맡겨도 되겠다고 생각하셨다. 장로님 부부도 아이들이 오니 집안에 활기가 넘친다며 웃으셨다. 이 두 아이들은 장로님 부부를 "할아버지, 할머니" 하면서 좋아하며 따랐다.

대전에서 오기로 한 4학년 병규네도 집 문제가 해결되어 내일 이사를 온다고 했다. 경사도 이런 경사가 없었다. 그런데 다음 날 오기로 했던 어머니한테 전화해보니 수신이 정지되었다고 했다. 나는 순간 깜짝 놀랐다. 가슴이 철렁했다. 행여나 안 올까 걱정부터 앞섰다. 그런데 학교로 전화가 왔다. 내일 아이들을 데리고 오겠다는 것이다.

우리 학교 기사가 '동아일보'와 '전남 매일'에 1면 전체 기사로 크게 났다. 이 기사를 보고 서울 구로구의 준민 아버지께 전화가 왔다. 나는 통화를 하면서 서울에서 이미 유학을 온 연우 아빠 연락처를 알려주겠다고 했다. 연우가 옴천에서 어떻게 생활하고 있는지 연우 아빠에게 물어보면 더 믿음을 갖기 때문이었다. 나는 연우 아빠 연락처를 문자로 보내면서 준민이가 꼭 오기를 기도했다.

산촌 유학 홍보를
위하여

　나는 오늘도 산촌 유학 홍보를 위해서 새벽같이 일어나 서울로 출발했다. 오전 10시 30분 경에 농어촌희망재단에 도착해서 실무자를 만나서 여러 가지를 확인했다. 그리고 우리 학교의 특수 사정을 말씀드리며 당부까지 했다. 농어촌희망재단의 지원이 있어야 산촌 유학에 탄력이 붙게 된다. 특별히 아이들에게 더욱 다양한 프로그램과 혜택을 제공할 수 있도록 지원을 부탁했다. 나는 농어촌희망재단에서 일을 마치고 곧바로 경기도 성남시 성남북초로 출발했다. 그곳에 계신 선배 교장 선생님을 만나 산촌 유학 홍보를 부탁했다. 오후 1시에 학부모 총회가 열린다고 했다.

　학부모 총회가 시작되자 나를 먼저 소개해주셨다. 나는 우리 학교의 힐링 산촌 교육과정을 소개하고 산촌 유학에 대해 설명했다. 성남북초 학부모들은 홍보지를 자세히 보면서 질문을 했다. 특별히 아이들 관리에 관심이 많았다. 아이들이 누구와 함께 사는가? 방과 후에 아이들은 누가 돌봐주는가? 학교가 제공하는 혜택은 무엇인가? 등 세심한 질문을 하셨다. 나는 학부모님들의 질문에 정성껏 답변하였다. 무엇보다 나는 도시가 갖지 못한 생태교육과 공동체성에 관해 설명했다. 산촌은 도시 아이들이 갖는 개별성보다는 함께 놀고 함께 하는 공동체성이 강조됨을 설명하였다. 또한 아이들이 마을의 구성원이 되어, 마을의 문화와 역사도 체험하게 됨을 전했다.

  나는 성남북초에서 학부모 설명회를 마치고, 빨리 이웃 학교들로 자리를 옮겼다. 오늘 가능한 여러 학교를 탐방해서 학교를 홍보해야 하는 급한 마음에서다. 나는 미리 교장 선생님들과 연락을 취하면서 용인시의 구갈초, 갈곡초, 나곡초 등 모두 8개 학교를 돌았다. 정신없이 바쁘게 다녔지만, 대학 동창 친구들이 교장 선생님들이어서 모두들 반갑게 맞아주었다. 학교 이름을 이렇게 일일이 나열한 것은 친구들의 호의를 잊을 수 없어서였다. 생각해보니 우리는 아침도, 점심도 건너뛰고 차만 마시고 다녔다. 너무나 지쳐 많이 힘들었지만, 운전으로 동행하는 교무 선생님을 생각하니 정말 미안하고 고마울 뿐이었다.

  나곡초 교장 친구는 저녁을 꼭 먹고 가야 한다며 붙잡았다. 할 수 없이 친구와 함께 밥을 먹고 6시 반쯤 강진으로 출발했다. 온종일 강행군을 하며 고생한 교무 선생님께 식사는 꼭 챙겨야 했기에 더는 거절 할 수 없었다. 너무너무 고마운 친구였다. 10시 반쯤에 옴천에 도착하니 정말 쓰러질 지경이었다. 그런데 더 놀라운 것은

  "아니, 세상에 선생님들…. 아직 퇴근도 안 하시고……."

  정말 그랬다. 우리 선생님들이 이 늦은 시간까지 일하고 있

었다는 사실이었다. 이런 학교가 있을까. 저돌적인 교장 선생을 만나 다들 고생이 이만저만이 아니었다. 미안함과 고마움으로 선생님들을 격려하고 들어와 11시 반쯤 겨우 피곤한 몸을 뉘었다.

다음날 아침에 일어나니 뻑뻑한 선풍기처럼 목이 잘 돌아가지 않았다. 큰일 났다. 한의원에 들를까 하다가 업무가 산더미처럼 쌓여 있어 일단 마음을 비웠다. 고개를 들기조차 힘들었는데 오후에는 아픈 줄도 모르고 뛰어다녔다. 통증도 잊을 만큼 바쁜 하루였기 때문이었다. 그런 와중에도 짬을 내 천안의 경준이 어머니, 승국이 아버지와 유학 상담을 했다. 다들 이번 주말에 꼭 왔으면 좋겠다. 내일은 친환경 교실 증축식이 있는 날이었다. 학부모 총회 준비도 다 마쳤다.

친환경 교실 준공식과 자동차 사고

오늘 이날을 얼마나 고대했던가? 이런 날이 올 줄 알았다. 친환경 교실을 증축하기 위해서 수자원공사와 접촉하라는 귀띔을 받은 날부터 발이 닳도록 뛰어다녔다. 그동안 수자원공사 측과 수십 차례 접촉했다. 귀찮은 일임에도 불구하고 오늘을 있게 해준 그분들의 노고에 감사할 따름이었다.

2015년 3월 20일 우리는 교육장님, 부 군수님, 권 과장님, 옴천면 이장단장님, 지역발전협의회장님, 운영위원 등을 모시고 친환경 교실 증축 준공식을 했다. 많은 도움을 주신 권재혁 과장님께 공로패 전달이 있었다. 이어서 부군수님께서 축사를 하셨다. 친환경 교실은 힐링을 목적으로 복도 공간까지 확대하여 크게 만들었다. 바닥 난방도 하고 리조트처럼 빌트인 씽크대도 만들어 고급스런 느낌이 나게 했다. 여기에 교육지원청에서 전자칠판까지 설치해주니 최첨단교실이 되었다. 친환경 교실은 1층 끝 컴퓨터실 위에 증축함으로써 그동안 빠져있던 2층 귀퉁이가 꽉 차게 되었다. 이제야 학교다운 모습을 갖추게 된 것이다. 이 교실에서 우리 아이들은 반딧불이 저녁교실을 할 때마다 '성장 체조'를 하고 하교했다. 그런데 놀라운 효과가 나타났다. 성장 체조 덕분인지 과학적으로 확신할 수는 없지만, 아이들의 키가 쑥쑥 자랐다. 가장 많이 자란 아이는 1년 동안 키가 무려 15cm나 자랐다.

우리는 '친환경 교실 준공식'을 마치고, 곧바로 학부모 총회를 열었다. 교감 선생님과 교직원 들을 전부 소개하고 나니, 감개가 무량했다. 폐교를 운운했던 학교가 전혀 다른 모습으로 변모했다. 교무부장이 프리젠테이션으로 학교의 교육과정을 쉽게 설명해 드렸다.

나는 주말이 되면, 옴천에서 광주 집으로 돌아왔다. 그런데 대부분 학부모님이 산촌 유학 답사를 주말에 오셨다. 이번 주말에도 천안에서 학부모 한 분이 아이와 함께 옴천에 답사를 오시겠다고 했다. 나는 쉴 겨를도 없이 일찍부터 서둘러 남편 차를 타고 옴천을 향해 출발했다. 5학년 승국이가 천안에서 온다고 하니 기대감이 컸다. 남편이 자동차를 운전하기 때문에, 나는 조수석에 앉아서 차분히 학교교육계획을 검토하고 있었다. 그런데 도중에 갑자기 문제가 터졌다.

우리 차가 나주시 봉황면 박실마을 입구에서 앞차와 충돌이 있었다. 자동차 사고가 일어나버린 것이다. 앞차가 천천히 가다가 갑자기 깜빡이 신호도 없이 왼쪽으로 틀며 중앙선을 넘어버린 것이었다. 당연히 좌회전하는 차인 줄 알고 우리 차는 그대로 직진했다. 그 짧은 순간 차 왼쪽 뒷바퀴 앞쪽을 오른쪽으로 틀며 들이받았다. 얼마나 놀랐던지 가슴을 쓸어내렸다. 보험사 직원이 와서 사고를 처리하는 동안 나는 학교에 전화를 걸었다. 사고 상황을 설명하고 서 부장 선생님께 나 대신 승국이 부모님을 맞이하고 안내해주길 부탁했다.

다음 날 물어보니 서 부장님은 승국이 부모님을 친절히 맞이했다고 한다. 이 사실을 알게 된 우리 교직원들은

"교장 선생님, 많이 놀라셨죠? 좋은 일 하시니까 안 다쳤나 봐요. 얼마나 다행이에요"

하며 나를 위로해주었다. 정말 그랬다. 하필 외제 차여서 수리비가 많이 나왔지만 다치지 않은 것만도 감사했다. 정말 '신께서 선한 일 한다고 지켜주셨나 보다' 생각했다. 무엇보다도 날 원망하기보다 오히려 다치지 않았는지 걱정해주는 남편이 매우 고마웠다.

며칠 뒤 5학년 승국이는 약속대로 옴천에 도착했다. 교장실에서 차를 마시며 부모님과 대화를 나눈 후 승국이를 이장님 댁으로 안내했다. 내 보기에 승국이는 의젓하고 예뻤다. 이 녀석은 자기를 맞이하는 날 우리가 차 사고가 난 걸 아는 걸까? 모르는 걸까? 아무튼 나는 반가웠다.

보성 용정중학교 견학

용정중학교는 보성군 미력면에 있는 농촌학교이지만, 전국적으로 지명도가 있는 학교이다. 전교생이 기숙사 생활을 하면서, 실천 위주의 인성교육과 특성화 자율학교로 유명하다. 매년 이 학교를 들어가기 위해서 수많은 학생들이 몰리고 있다. 나는 우리 학교와 용정중학교를 연계하고 싶었다. 용정중학교가 지역 할당제를 실시해서 지역의 우수한 아이들을 흡수해 줄 것을 기대했다. 그래서 용정중학교 교장 선생님과 사전에 연락을 하고, 우리 학교 학생들의 견학을 신청했다. 나는 유학 온 지만, 경준, 하경이 어머니를 모시고 학생들과 함께 용정중학교에 갔다. 용정중학교 교장 선생님께서는 밝게 웃으시면서 우리를 반겨주셨다. 교장 선생님은 이미 우리 학교에 대해 자세히 파악하고 계셨다. 그래서 그런지 나를 반갑게 맞이하면서 수고한다고 하셨다.

우리는 교장 선생님과 잠시 대화를 나누고 다목적실로 갔다. 교실에는 'ㅁ'자형으로 책상을 배치하고 자리마다 개별 간식까지 모두 준비해두신 게 매우 인상적이었다. 먼저 교장 선생님의 환영사가 있으신 후에 나도 인사말을 했다. 나의 간절함이 통했는지 교장 선생님은 우리 학교와 연계하는 입학방안을 추진하기로 하셨다. 그리고 용정중학교의 교육의 가치와 철학을 말씀하시고, 학교 홍보 영상도 보여주셨다. 체육관에서 오케스트라 수업도 참관했다. 무엇보다 기숙사 시설이 부러웠다. 아파트형에다 공동 독서실이 있는 게 특별히 눈에 띄었다. 학교에서 점심 식사로 제공한 카레라이스가 매우 맛이 있었다. 학교의 모든 것이 마음에 들었다.

우리가 점심을 먹고 있는데 학생들이 단어장을 손에 들고 급식실에 들어오는 것을 보았다. 작은 시간도 허투루 보내지 않고 공부하는 모습들이었다. 그런데 공부만 아니라 인성교육도 대단히 잘 되어있었다. 학생들은 만나는 사람에게 인사를 정중히 했고, 배려하는 모습이 눈에 보였다. 기본예절 교육과 인성교육을 철저히 하고 있음을 알았다. 역시 용정중학교는 뭔가 달랐다. 그 중심에 남다른 리더십을 지닌 교장선생님이 계셨다. 오늘 우리 아이들에게 소중한 기회를 주시고 배려해주신 교장선생님께 매우 감사함을 표했다. 그리고 함께 참여한 우리 학부모님들도 많은 것을 느꼈다고 했다.

'유학 온 우리 하경이, 동철이가 용정중학교에 들어갔으면 좋겠다' 라고 생각했다.

무대 포

오늘은 옴천면사무소에서 영산강유역환경청과 MOU를 맺는 날이다. 옴천면 사무소에는 군수님, 군의회 의장님, 교육장님, 영산강유역환경청장님, 국장님 등이 함께 참석했다. 군수님은 나를 보자마자, 대한민국에서 가장 열심히 하는 교장 선생님이라고 소개하셨다. 부끄럽고 송구했다. 그러자 옆에 계시던 환경청 국장님도 우리 청에 두 번이나 왔다며 칭찬하셨다. 그분들은 나에게 '무대 포'라고 농담도 하셨다. 사실 나는 무대 포이다. 무슨 일이 있으면 그냥 자리에만 앉아 있지 않고 직접 찾아다닌다. 사전 약속을 하고 찾아뵙기도 하지만, 급히 방문하는 때도 있었다.

또한 중요한 일은 전화로 하지 않고 직접 만나서 해결을 한다. 나는 여성이지만 일을 하는데 다소 저돌적인 면이 있다. 그래서 사람들이 나를 무대 포라고 하는 것 같다. 그런데 어찌하랴! 이 일을 반드시 이루겠다는 나의 열정이 아닌가? 오늘 함께 하신 분들은 나의 이런 면을 좋게 보아주신 것 같다. 그래서 더욱 죄송하고 미안하다.

드디어 MOU 협약식이 시작됐다. 옴천면이 지닌 생태환경을 영산강유역환경청과 함께 잘 유지 발전시켜 나가는 협약식이었다. 내가 이 협약식에 참석한 이유는 학생들을 위한 산촌유학센터를 건립하기 위해서였다. 군수님도 계시고, 군의회 의장님과 영산강유역환경청장님도 계시기 때문에, 절호의 기회였다. 이미 알고는 계셨지만, 또 한번 나는 산촌유학센터를 조속히 추진하도록 도움을 요청했다.

아마 이분들은 이런 나의 태도를 미리 아시고 무대 포라고 하신 것 같았다. 그러나 나는 교장으로서 계속해서 말할 수밖에 없다. 산촌유학센터가 세워져야만 학교와 지역이 발전할 수 있다. 무엇보다도 산촌 학교의 우수성을 보다 널리 알릴 수 있다. 그래서 나는 오늘도 체면을 무릅쓰고 무대 포로 학교의 시급한 사정을 호소할 수 밖에 없었다.

경동이,
승국이와의 산책

오늘도 이광노 행정실장님은 야근을 하며 산촌유학협동조합 설립을 위해 문서를 잡고 씨름을 하고 있었다. 잠시 행정실에 들러 협동조합 정관에 관해 이야기하고 있는데, 갑자기 옴천교회 장로님이 오셨다. 장로님은 유학생 3학년 경동이의 행동이 이상하다고 했다. 아이가 갑자기 말수가 적어지고 밥도 잘 먹지 않으며, 잘 안 씻으려고 한다고 했다. 경동이의 이상행동을 심각하게 생각하시는 장로님과 여러 가지 이야기를 나누었다. 그에 반해 동생 1학년 일민이는 옷도 스스로 단정하게 입고, 잘 먹고 즐겁게 생활한다는 것이었다. 나는 장로님께 감사와 더불어 더 깊은 관심과 사랑을 부탁드렸다.

다음 날 경동이 손을 꼭 잡고 학교 앞 들판 길을 걸었다. 그동안 나는 자주 문제가 있는 아이들의 손을 잡고 들길을 걸으며 대화를 나누었다. 경동이와 손을 잡고 걷는 들판에는 보리가 솟아나고, 마늘, 시금치, 상치 등이 자라고 있었다. 나는 경동에게 무엇이 보이냐? 라고 물었다. 경동이는 하늘만 보인다고 했다. "왜 경동이 눈에는 하늘만 보일까?"라고 물었다. 경동이는 "몰라요"라고 대답했다. 초등학교 3학년 경동이가 '하늘만 보인다'라고 하니 걱정이 되었다.

나는 경동이에게 엄마가 보고 싶니? 라고 물었다. 경동이의 눈가에 눈물이 맺히기 시작했다. 그러면서 경동이는 엄마와 아빠 이야기를 했다. 경동이는 제 또래 아이들과 비교하면 훨씬 성숙했다. 경동이는 부모님의 이혼에 마음의 상처를 입었다. 그동안 말로 표현하지 못했지만, 산촌의 밝은 하늘을 바라보니 엄마와 아빠가 생각난 것이다. 특별히 그동안 함께 있던 엄마가 곁에 없으니 마음이 슬퍼졌다. 나도 경동이의 모습을 보고 마음이 아팠다. 나는 경동이를 안아 주었다. 그의 마음에 조금이나마 위로가 되길 바라는 마음이었다. 경동이는 부모의 이혼으로 불안감이 있었다.

나는 경동이의 불안감을 해소하는데 더욱 관심을 갖게 되었다. 경동이를 돌보는 장로님에게도 아이의 상태를 전하고 더욱 사랑과 관심을 부탁했다. 경동이에게 진짜 자신을 사랑하는 할아버지와 할머니가 필요한 것 같았다. 어른들의 사랑만이 그의 불안한 마음을 잠재울 수 있다.

어제는 천안에서 유학 온 5학년 승국이와 옴천사로 가는 길을 걸었다. 승국이는 도시에 살면서 게임중독이 심하게 빠졌었다. 승국이가 즐겼던 게임들은 주로 폭력성이 있는 것들이었다. 그래서 그런지 승국이의 말투나 행동이 거칠었다. 유학 온 지 일주일은 별일이 없었는데, 점점 아이들과 다툼이 시작되었다. 기분에 따라 욕을 하면서 물건을 마주 집어 던졌다. 스트레스가 오면 밥을 세 그릇이나 먹는 등 식탐도 심해졌다. 나는 승국이를 어떻게 지도해야 하나 고민하고 심리상담 전문가에게 묻기도 했다. 그러나 크게 도움은 되지 않았다.

승국이도 나와 손을 잡고 옴천사로 가는 길을 걸으면서 자연을 벗 삼아 이야기를 했다. 승국이는 연분홍 진달래꽃을 보면서 예쁘다고 했다. 옛날 사람들은 진달래꽃을 따다가 화전을 만들어 먹었다고 했더니 놀라는 눈치였다. 나중에 농가 이모와 꼭 화전을 만들어 보고 싶다고 했다. 또 나는 파릇파릇 돋아나는 쑥을 가르쳐 주었다. 한 잎 뜯어 냄새도 맡아보게 했더니 냄새가 좋다고 한다. 쑥으로는 부침개도 하고 떡도 만들어 먹는다고 하니 더욱 신기해했다.

"승국아 우리가 봄의 채소를 먹어야 건강해지는 거야". 라고 말하자, 승국이는 "왜요?"라고 대답했다.

"왜요 라니, 채소들이 봄의 기운을 받고 자라서 그것을 먹으면 당연히 우리도 건강해지지. 사람도 건강해지려면 야채도 먹고 맑은 공기도 마셔야 해, 승국아, 한 번 크게 숨을 내쉬어봐, 기분이 좋아질거야."

승국이는 숨을 몇 번 내쉬더니 금방 웃었다. 우리 학교에서 옴천사로 가는 길은 대략 왕복 1시간이 걸린다. 나는 이 1시간 동안 아이들과 손을 잡고 걸으면서 아이들의 친구가 되어준다. 그리고 우리의 가장 좋은 친구가 자연임을 알게 한다.

1시간 동안 손을 잡고 옴천사 길을 다녀 오면 아이들의 마음이 풀어지고 안정감을 찾게 된다. 도시에서 유학 온 학생은 거의 대부분 나와 함께 옴천사 가는 길을 걸었다. 그 길은 우리 학교 학생들의 순례길이 되었다.

산촌유학협동조합, 삼성스마트스쿨

오늘은 학교에서 옴냇골산촌유학협동조합이 결성되는 날이다. 도교육청 주무관들이 학교를 방문해서 여러 가지 협동조합 관련 분야에 관해 조언을 해주었다. 옴냇골산촌유학협동조합은 도시에서 옴천으로 유학 온 학생들과 지역 학생들을 지원하고, 지역 공동체 활성화를 위해서 결성된 것이다. 그래서 조합원의 자격은 도시 학부모, 농가 학부모, 지역 주민, 학교직원 등으로 하였다.

비로소 옴천초 산촌 유학은 옴냇골협동조합을 통해서 체계적인 지원과 협력체가 될 수 있었다. 오후 2시경에 지만, 하경, 병규 어머니, 이장 사모님, 교감, 수현이 아버지 등 총 여섯 분의 조합원이 참석하였다. 우리는 협동조합원의 역할과 학교와 유학센터에 지원할 방안을 함께 의논했다. 처음으로 협동조합을 설립하기까지 그동안 이광노 행정실장의 노력과 여러 가지 우여곡절이 있었다. 마침내 옴냇골산촌유학협동조합이 결성되었으니, 앞으로 유학센터 건립만 남은 셈이다.

우리는 이어서 옴냇골산촌유학협동조합, 지역발전협의회장, 보건진료소장 등이 함께 모여 업무 협약식을 진행했다. 이 협약식은 매년 진행되는 농어촌희망재단의 공모사업을 준비하기 위해 꼭 필요한 것이었다. 강진군 '우리신문' 이주연 편집국장과 '강진신문' 김영미 부장님도 취재하러 왔다. 이분들은 우리 학교에 중요한 행사가 있을 때마다 빠짐없이 취재하여 보도해 주니 얼마나 고마운지 두고두고 고마움을 잊을 수 없다. 협동조합 창립총회와 협약식을 마치고 나니 경동이 부모님이 오셨다. 나는 경동이 부모님께 아이와 산책하면서 나눈 대화 내용을 말씀드렸다.

우리가 더욱 관심과 사랑으로 돌보겠다고 했다. 경동이 부모님도 내 이야기를 듣고 안심하고 돌아가셨다. 나는 경동이를 돌보고 계신 장로님께 자세한 상황을 말씀드리고, 집에서 혹시 무슨 일이 있으면 곧장 연락을 주시라고 했다.

삼성전자에서 사회적 환원 사업의 일종으로 '삼성스마트스쿨' 사업이 있었다. 이 사업은 학생들이 디지털 시대에 소외되지 않고 올바른 디지털 문화를 익히고 성장할 수 있도록 도움을 주는 프로젝트이다. 실제 교육현장에서 디지털 기기를 활용하여 맞춤형, 연결형, 융합형 교육이 이뤄지도록 돕고, 학생들이 디지털 리더로 성장할 수 있도록 지원하는 사업이다. 그래서 우리 학교에는 안성맞춤의 프로젝트이었다. 나는 이 사업을 따내기 위해서 체계적으로 준비를 하였다. 드디어 오늘 삼성스마트스쿨 실사단이 학교에 도착하였다. 삼성전자에서 파견한 고려대 교수 등 모두 네 분이 오셨다. 나는 실사단을 새로 꾸민 영어체험실로 모시고 가서, 준비한 프리젠테이션 자료화면을 통해 열심히 설명했다.

　학교 현황과 실태 그리고 무엇보다 산촌 유학의 상황을 설명하면서 지원의 필요성을 강조하였다. 그리고 점수에 조금이라도 도움이 될까 해서 삼성과의 남다른 인연도 이야기 했다. 제자의 삼성 꿈 장학 멘토링과 삼성에 근무하고 있는 아들 이야기도 곁들었다. 나는 어떻게 해서든 높은 점수를 받아서 우리 아이들에게 디지털 문화에 소외되지 않도록 하고 싶었다. 실사단들도 나의 호소에 감동되었는지 손뼉도 쳐주고 격려도 해주었다. 브리핑을 마치자 실사단들은 학교 시설을 둘러본 후 향후 계획을 물어보셨다.

　"교장 선생님, 이 학교에서 몇 년 더 근무할 수 있으십니까?"
　"네, 올해를 포함하여 2년입니다."
　했더니 순간 표정이 바뀌는 듯했다.
　"내가 근무하는 것과 이게 무슨 상관이지?"라고 생각했다.

그런데 나중에 알고 보니, 오래도록 근무할 수 없는 내 근무 조건이 문제가 되어 결국은 선정되지 않은 것 같았다. 너무도 아쉬웠다. '미리 알았더라면 더 준비를 잘해서 삼성스마트스쿨을 꼭 따냈을 텐데!'

저녁엔 도청직원이 학교로 전화를 했다. 내 나이와 부임일자 그리고 유학생 현황 등 자세히 나의 신상정보를 물어보았다. 그 이유는 이낙연 도지사님께 내일 아침 도정보고를 해야 한다고 했다. 나는 내심 도지사님이 우리 학교에 많은 지원을 해주실 것을 기대했다. 늦은 시간에 동아일보에서는 어린이날 특집기사로 취재를 오겠다고 했다. 이 또한 기쁜 소식이었다.

연우가 변했다

오늘은 승촌보에서 영산강 띠 엮기 행사와 그림 그리기 대회가 있는 날이다. 며칠 전부터 열심히 준비한 아이들을 데리고 함께 참가했다. 영산강 띠 엮기 행사의 마지막 순서로 우리 학교 학생들의 사물놀이 공연이 있었다. 고사리 같은 손으로 장구, 꽹과리, 징, 북을 치며 신명 나게 공연하는 우리 아이들이 참 예뻐 보였다. 유학 친구들이 많아져서 자연스럽게 사물놀이

단원들이 늘어났다. 그래서 그런지 오늘따라 더욱 자신감이 넘치는 듯했다. 아이들의 공연이 끝나자 참석한 많은 분들이 박수갈채를 보냈다.

이어서 환경 그림 그리기 대회가 시작되었다. 대회 현장을 돌아보니 서울에서 유학 온 4학년 연우가 매우 열심히 그림을 그리고 있었다. 연우는 서울에서는 잘 적응하지 못하여 수업 중에도 돌아다녔다고 했다. 연우는 주의력결핍과잉행동장애(ADHD)를 앓고 있었다. 주의가 산만하고 때론 과잉행동을 하며 충동성이 강했다. 그래서 처음 연우가 우리 학교에 온다고 했을 때, 다소 걱정이 되기도 했다. 그러나 나는 좋은 생태환경 속에서 사랑과 관심을 받으면 치유될 것으로 확신했다.

교장으로서 나는 혹시 다른 아이들에게 피해는 주지 않을까 염려하기도 했다. 그러나 그것은 나의 기우였다. 집중력이 다소 떨어지기는 했지만, 연우는 산촌 유학을 온 후 주의집중력이 좋아졌다. 특히 그림을 그릴 때 연우의 집중력은 남달랐다. 연우는 오늘 이곳에서 무려 3시간 동안 집중하며 그림을 그렸다. 연우가 하얀 도화지 위에 잠수부가 물속의 쓰레기들을 치우는 장면을 그려냈다. 나는 그림을 보면서 깜짝 놀랐다. 연우의 그림에는 그의 현재 심리 상태가 그대로 표현되고 있었다. 그의 내면에 억압된 것들이 잠수부의 손에 의해서 하나씩 하나씩 밖으로 건져 내지는 것처럼 보였다.

그림은 외부 대상에 대한 단순한 모방이 아니다. 나는 그림이 무의식의 표상이라고 생각한다. 연우의 그림에는 그의 무의식에 잠재되었던 것들이 표현되었다. 연우는 자기도 모르게 자신의 내면을 그린 것이었다. 나는 내심 연우의 그림이 상 받기를 기대했다. 내가 기대했던 대로 연우는 '최우수상'을 받았다. 그리고 창원에서 유학 온 5학년 하경이가 '장려상'을 받았다. 나는 무엇보다 연우가 심리적 안정을 찾아가며 상을 받게 되어서 기뻤다. 도시에서 온 연우가 변했다. 그것은 무엇인가? 아름다운 옴천이 준 신의 선물이 아닌가?

이낙연 도지사님

오늘은 창원에서 유학 온 지훈이를 데리고 전남도청에 갔다. 지훈이는 4학년 때 옴천초로 유학을 와서 벌써 1년이 된 학생이다. 우리 학교는 유학 온 5학년 지훈이를 전라남도 인재육성 장학생으로 추천했다. 인재육성 장학금은 어려운 여건 속에서도 열심히 공부하는 초·중·고·대학생들을 지원하는 사업이다. 우리는 지훈이가 놀랍게 변화했고, 학교생활에 모범이 되어서 추천하게 되었다. 장학금은 이낙연 도지사님이 직접 참석하여 시상했다. 그때 인상 깊었던 것은 도지사님이 청소년들에게 하신 특별한 말씀이다. 도지사님의 목소리는 언제 들어도 차분하고 감동적이었다.

"여러분, 저 산을 보세요. 길이 보입니까? 멀리서 보면 길이 보이지 않습니다. 하지만, 가까이 가면 반드시 길이 있습니다. 지금 형편이 어렵다고 해서 절대 기죽지 마십시오, 좌절하지 마십시오. 놀라지 마십시오. 진정한 꿈은 50~60대에 이루어집니다. 끝까지 포기하지 말고 피나게 공부하세요. 그리하면 먼 훗날 반드시 여러분의 꿈이 이루어질 것입니다."

나는 이 말씀이 생생하게 기억되었다. 지사님은 자신의 어린 시절을 이야기하시면서 하신 말씀이다. 또한 지사님은 아이들은 부모의 뒷모습을 보고 자란다고 하시면서 참석한 부모들을 위한 메시지도 전했다. 말씀이 끝나자 모두가 기념 촬영을 했다. 나도 인사를 했더니 도지사님께서는

"교장 선생님, 내가 간부회의 때나 도의회에서 도정 질문을 할 때면 옴천초 이야기를 많이 합니다. 그 이유는 '청년이 돌아오는 전남' 슬로건을 교장 선생님이 가장 잘 실천하고 있기 때문입니다. 이 사실을 알고 있나요?"

"네. 여러 사람들에게 들어서 잘 알고 있습니다. 감사합니다, 도지사님."

나는 쑥스러워하며 정중하게 인사를 드렸다. 언제 보아도 지

적이고, 차분하고, 말씀도 잘 하셨다. 경험이 많으셔서인지 역시 뭔가 달라 보였다. 나중에 다시 직접 찾아뵙기로 했다.

세계일보 취재

 2015년 5월 10일, 서울에서 세계일보 이제원 부장님이 취재를 하기 위해서 우리 학교에 왔다. 이분은 며칠 전 전화로 산촌 유학으로 유명한 옴천초를 취재하고 싶다고 했다. 서울에서 어제 강진에 도착하셔서 1박을 하고 아침 일찍 학교에 오신 것이다. 아침에 아이들이 학교에 등교하는 모습을 보기 위해서였다. 이 부장님은 아침에 아이들을 태우러 가는 통학버스를 타고 마을로 출발했다. 일일 학교 통학버스 도우미 역할도 하신 것이다.

 먼저 학생들이 학교 버스를 타고 등교하는 모습을 촬영했다. 통학버스에서 구구단을 외우고 있는 우리 아이들의 모습을 취재했다. 등교를 마친 전교생이 도서실에 모여 책을 읽고, 크로키를 하는 장면을 찍었다. 그다음에는 내가 아이들을 일일이 안아주는 장면을 촬영했다. 이밖에도 수업하고 놀이하는 장면과 전교생이 하는 사물놀이도 취재했다. 하교 후에는 유학생들이 들판 길을 따라 농가로 가는 모습을 찍었다. 이 사진은 유학생들이 구불구불하게 펼쳐진 논두렁길을 따라 걷는 장면이어서 지금도 강한 인상으로 남아있다. 이 부장님은 '홈스테이' 하는 아이들의 가정을 보고 싶다고 했다. 그래서 유학 온 아이들의 농가로 안내하였다. 아이들이 식사하는 장면을 사진으로 담았다. 아이들이 산촌 유학생활에 잘 적응하고 만족해하는 모습들을 담아냈다. 나는 이른 아침부터 온종일 취재를 하신 이 부장님께 감사의 뜻으로 따뜻한 차를 권해드렸다. 이야기를 나눠 보니 이분은 산촌 유학에 관심이 많고 남다른 시선으로 취재하는 훌륭한 분이셨다. 이제원 기자님이 취재한 옴천초의 기사는 2015년 5월 10일에 나왔다.

광주에서 유학 온 아이들

광주 조봉초 3학년을 다니던 석준이가 옴천초로 유학을 왔다. 석준이 아버지는 우리 학교가 방송에 소개된 것을 보고 유학을 보내게 되었다. 석준이는 성격이 거칠고 과격해서 아이들과 자주 다투었다. 그래서 부모님이 산촌 유학을 통해서 아이의 정서를 순화시키고, 소인수 학급에서 교사의 집중 지도를 받게 하신 것이다. 내가 처음 석준이를 면담하면서 본 인상은 매우 밝고 활발했다.

　나는 석준이가 광주에서는 학교생활에 다소 문제가 있었지만, 이곳에서는 잘 적응할 수 있을 것으로 기대했다. 내가 판단하기로 석준이에게 필요한 것은 관심과 사랑이었다. 우리 학교는 학생 수가 적기 때문에, 한 눈에 학생들이 들어온다. 교장인 나는 전체 학생 한 명 한 명을 파악하고 있었다. 그래서 석준이를 작년에 수원에서 유학을 온 같은 학년 지만이 집에서 생활하게 했다.

　그런데 지만이 집에는 이미 광주에서 유학 온 1학년 진석이가 살고 있었다. 지만이 어머니는 광주에서 유학 온 아이들의 돌봄 역할을 하신 것이다. 석준이는 산촌 생활이 신기해하며 재미가 있었는지 한동안 아이들과 잘 지냈다. 그러나 아쉽게도 그리 오래 가질 못했다. 어느 날 한 집에 살고 있는 유학생 1학년 진석이를 괴롭히고 친구 지만이와 잦은 충돌을 했다. 한동안 잘 지내던 학교생활도 흐트러지고 엉뚱한 행동을 하게 되었다. 하루는 조용히 석준이를 불러서 이유를 물어보았다.

　석준이는 엄마와 함께 유학을 와서 살고 있는 지만이가 부러웠다. 그래서 지만에게 시비를 걸고 괜히 어린 진석이를 괴롭힌 것이었다. 나는 이 사실을 알고, 석준이 부모님과 상담을 했다. 석준이 부모님은 고민하시더니, 결국 전 가족이 옴천으로 이사를 하셨다. 그래서 광주에서 초등학교 4학년을 다니고 있던 형 태준이도 함께 유학을 오게 되었다. 결국 석준이와 형 태준이는 가족형 산촌 유학을 시작하게 되었다. 가족이 함께 유학을 온 경우는 비교적 안정적으로 생활할 수 있다. 아이들은 부모와 함께 살기 때문에, 학교도 부담이 없다. 그런데 석준이 부모님은 각기 직장이 광주와 목표에 있었다. 그래서 매일 광주와 목포로 통근을 해야 하는 불편함을 감수해야 했다.

다시 귀농 · 귀촌 박람회를 가다

2015년 6월 4일, 내가 옴천초 교장으로 부임한 후에 두 번째로 서울에 있는 귀농 · 귀촌박람회에 가는 날이다. 아침 일찍 일어나 준비하고 있는데 군청 총무 과장님이 전화를 하셨다. 학교 앞에 있는 빈농가를 유학센터로 세우기로 결정 난 것이다. 그런데 그 농가의 소유자는 충청도에 살고 계셨다. 그래서 그 집을 구매하기 위해서 군청의 윤 팀장과 오 위원장이 충청도에 갔다는 반가운 소식을 전해주었다.

농가 소유주가 충청도에 살고 있어서 농가는 잡풀만 무성하고 다 쓰러져가는 흉가가 되어 있었다. 드디어 그곳에 산촌유학센터가 세워진다고 하니 얼마나 기쁜 일인가. 나는 기분이 너무 좋아 귀농·귀촌 박람회에 가져갈 자료들을 더욱 열심히 준비했다.

오전 10시쯤 행정실장님과 함께 목공예품과 홍보지, 노트북 등을 싣고 서울 서울무역전시장(SETEC)으로 출발했다. 오후 2시 반쯤에 그곳에 도착하자마자 자리를 잡고 홍보부스를 꾸몄다. 보성 낙성초의 교감선생님과 행정실장도 부스를 꾸미고 있었다. 도교육청에서는 박 사무관이 왔고, 바로 옆 부스에서는 전남도청의 인재양성과 담당자가 유학상담 준비를 하고 있었다. 이분은 평소에도 우리 학교의 산촌 유학 사업에 관심을 갖고 직접 지원해주는 담당자였다. 나는 반가운 마음에 얼른 뛰어가 두 손을 굳게 잡았다.

저녁 7시쯤에는 도교육청의 정책기획관님과 한 장학사가 격려차 방문하여 함께 저녁 식사를 하게 되었다. 식사를 하면서 정책기획관님께서 하신 일들에 대한 이야기를 듣게 되었는데 정말 대단하신 분이었다. 훌륭하신 분을 또 알게 되어 영광이었다.

이튿날, 우리는 모두 한자리에 모여 아침 식사를 하면서 여러 가지 이야기를 했다. 모두의 공통점은 참으로 열정적인 분들이라는 것이었다. 박람회장에 가니 도청의 인재양성과 담당자가 이미 도착해서 농촌유학 상담을 준비하고 있었다. 나도 옆에 앉아 사람들을 기다려 보았다. 하지만 생각보다 메르스의 영향 때문인지 매우 한산했다. 나는 그 틈에도 현재 우리 학교에 관심을 갖고 유학 상담 중인 부모님들에게 전화를 걸어 유학을 적극적으로 권유했다. 그리고 시간을 내, 아이와 함께 박람회장으로 놀러 오라고 했다. 오후엔 곡성 교육장님께서 방문하여 격려를 해 주셨다. 학교에 전화해보니 광주에서 또 유학을 온다는 기쁜 소식을 전해왔다.

삼 일째 날이다. 홍보 마지막 날이라서 한껏 기대하고 박람회장 부스로 갔다. 그러나 창궐하는 메르스로 인해 방문객 수가 너무 적었다. 작년에는 귀농·귀촌 박람회장에서 상담하고 유학을 왔었는데 생각하니 아주 아쉽고 기분이 가라앉아 버렸다. 그때 서울 수서초에 근무하는 김 교감 친구가 우리 부스를 찾아왔다. 친구와 함께 점심을 먹으며 위로를 받고 이야기를 나누니 다시 기운이 났다. 참으로 고마운 친구였다. 오후에도 재경옴천향우회장, 회원 등 5분이 방문하여 격려해주셨다. 다시 힘이 솟았다.

좋은 분들로부터 격려를 받아서였을까? 이분들이 다녀간 후 서울에 사는 3학년 서준이와 어머니가 농촌 유학 상담차 부스를 찾아왔다. 서준이는 매우 밝고 귀여운 아이였다. 엄마도 서글서글하고, 밝게 웃으며 이야기도 잘했다. 나는 반가운 마음에 몇 가지 질문을 했다.

"서준이 어머니, 반갑습니다. 우리학교를 어떻게 알고 오셨어요?"

"네, 얼마 전에 신문에서 기사를 봤어요. 옴천초는 운동장에서도 토하를 잡을 만큼 청정산촌에 있는 것이 굉장히 인상적이었어요. 그리고 산촌체험을 많이 하는 교육프로그램도 마음에 들었어요. 그래서 우리 서준이를 옴천초에 유학을 보내도 되겠다는 생각을 했었거든요. 그런데 오늘 서준이랑 박람회장에 놀러 왔다가 옴천초 홍보부스가 있어서 깜짝 놀랐어요. 와~ 어떻게 이럴 수가 있죠? 너무 좋아요."

"서준이 생각은 어때? 서준이도 우리 학교로 유학오고 싶어?"

"네, 교장 선생님, 저도 옴천초에 가보고 싶어요. 저는 곤충도 좋아하고, 시골도 좋아하거든요. 새우도 잡아보고 싶고, 모내기도 해보고 싶어요. 반딧불이도 보고 싶어요."

3학년 아이가 얼마나 똑 부러지게 말을 잘하는지 놀랐다. 자기 생각이 매우 또렷한 정말 귀한 아이였다. 나는 서준 어머니께 7월에 하게 될 산촌 유학 사전캠프를 안내했다. 서준 어머니는 유학캠프에 꼭 참가하고 유학도 보내고 싶다고 했다. 얼마나 기뻤던지 그날 많은 이야기를 했다. 서준 어머니는 정말 대화가 잘 통하는 세련된 도시 어머니였다. 나는 서준이가 우리 학교에 꼭 유학 오기를 기대했다. 그렇게 하려면 '앞으로 자주 연락하면서 정성을 다해야지' 하고 다짐했다. 서준 어머니가 다녀가시니 문득 얼마 전에 상담했던 창원의 예은이 어머니가 생각났다. 카톡으로 안부를 물으며 유학을 적극 권했다. 나는 한 번이라도 나와 유학상담을 했던 학부모들을 절대 소홀히 여기지 않았다. 가능한 우리 학교를 잊지 않도록 전화를 하거나 카톡으로 자주 소통을 하곤 했다. 그 이유는 단 한 번의 상담만으로 유학을 결정하기는 매우 어렵다는 것을 잘 알고 있었기 때문이다. 학부모님들과 소통하는 시간은 주로 저녁이었다. 아이들이 반딧불이 저녁 교실까지 마치고 하교하면 저녁 8시이다. 아이들이 모두 집으로 돌아간 이 시간은 칠흑 같은 어둠과 고요가 흐르는 나만의 시간인 것이다. 이때부터 나는 교장실에서 유학생 부모님들과 아이들 소식을 전하면서 안부 전화를 했다. 또 과거에 유학상담을 했던 부모님들에게도 교육 활동장면 사진을 보내며 소통했다. 부모님들의 질문에 일일이 답하며 유학을 적극적으로 권유했다. 이렇게 열중하다 보면 어떤 날은 자정이 훌쩍 넘어가는 줄도 몰랐다.

  한 번은 이런 일도 있었다. 어머니 생신이라서 가족들이 담양에 모두 모였다. 점심을 먹고 장성 쪽에서 즐겁게 시간을 보내고 있는데 대전에서 유학 온 승국이 아버지에게 갑자기 전화가 왔다.

  "교장 선생님, 지금 승국이가 아빠가 보고 싶다고 울면서 전화를 했어요. 어쩌지요?"

"네, 제가 알아보고 최대한 아이를 달래 보겠습니다."

승국이는 적응도 빠르고 친구들과도 잘 어울리며 학교생활을 잘하는 아이였다. 나는 적잖이 당황했다. '승국이는 지금까지 아무 문제가 없었던 아이인데….'

"승국이 아버님, 갑자기 아빠 생각이 났나 봅니다. 너무 걱정하지 마세요."

"교장 선생님, 감사합니다. 저도 내일, 마침 시간이 있으니 한 번 내려가겠습니다."

라고 전화를 끊으셨다. 가슴이 철렁 내려앉는 것 같았다. 나는 전화를 끊자마자 서 부장님께 연락을 해보았다. 마침 관사에 계신다고 했다. 얼른 이장님 댁에 가서 승국이를 살펴보아 달라고 부탁했다. 잠시 후에 승국이는 아무 일 없이 잘 놀고 있다는 소식을 전해왔다. 정말 다행이었다. 서 부장님에게도 매우 고마웠다. 만약에 서 부장님이 없었더라면 장성에서 옴천까지 달려가야 했는데, 이럴 땐 다른 방법이 없었다. 그나마 무탈해서 긴장하고 있던 가슴을 쓸어내릴 수밖에 없었다. 아이들은 늘 이런 식으로 예측할 수 없는 경우가 하다 했다.

모내기
체험

　오늘은 우리 학생들이 모내기 체험을 하는 날이었다. 우리 아이들이 모두 장화를 신고 이장님 댁의 논으로 향했다. '개굴개굴' 개구리 울음소리를 들으며 논두렁길을 걸어갔다. 우리 아이들은 모두 장화를 신고 검정 봉지를 들쳐 메고 뒤뚱뒤뚱 걸어갔다. 펭귄처럼 걷는 아이들을 보니 자꾸 웃음이 나왔다. 이 모습은 방송국에서도 고스란히 담았다. 산 밑에 있는 논에 도착해보니 논에는 이미 이앙기로 모내기가 되어있었고 한쪽 부분만 비어 있었다. 사려 깊은 이장님이 우리 아이들을 위해 일부러 남겨 놓으신 것이었다. 모내기 체험을 할 수 있도록 귀중한 장소를 제공한 이장님이 참으로 고마웠다.

　모내기가 시작되자 중국에서 유학 온 상구가 미끄러운 논흙에 넘어지자 모두 큰소리로 웃었다. 아이들은 옛날 방식대로 줄을 잡고 줄에 표시된 부분에 모를 심었다. 비록 서툴지만 가르쳐 준 대로 한 모, 한 모 심으며 매우 즐거워했다. 특히 유학생들은 처음 해보는 경험이라서 더욱더 신기해하는 것 같았다. 방송국 기자가 와서 아이들에게 인터뷰를 했다.

　"논에는 처음으로 들어가 봤어요. 넘어질까 봐 겁이 났지만 차츰 논흙이 미끌미끌하고 부드럽게 느껴졌어요. 재미있어요."

"우리가 심은 저 어린 모가 자라서 쌀이 된다는 것도 처음 알았어요. 나는 쌀 나무라고 불렀거든요. 하하하"

"저는 우리가 먹는 쌀이 이렇게 모내기를 해서 나온다는 것을 처음으로 알았어요. 조금만 해봐도 힘든데 농부 아저씨들은 정말 힘들 것 같아요. 앞으로 고마운 마음으로 밥을 남기지 않고 잘 먹어야 하겠어요."

우리 아이들이 이런 말을 하다니, 모내기 체험은 대성공이었다.

학교 뒷산에 숲 체험로가 만들어졌다. 교회 옆으로 올라가 걸어 가보니 길이 잘 닦여 있었다. 아이들이 다닐 수 있도록 군청 직원들이 와서 잡목을 제거하고 길을 반듯하게 정비해주었다. 울창한 숲길을 걸어보니 매우 상쾌하고 기분이 좋았다. 숲 체험로 정비는 재작년부터 군수님께 요청해 이루어진 것인데, 지금 이 길을 걷고 있노라니 그저 감사할 뿐이었다.

이제부터는 뙤약볕 아래 들길을 걷지 않아도 되고 매일매일 그늘진 숲길을 걸을 수 있으니 얼마나 감사한지 모르겠다. 다시 한번 군수님께 감사했다.

하경이와
유학생 어머니

나는 점심시간에 하경이 손을 잡고 옴천사 길을 걸었다. 창원에서 유학 온 하경이는 공부도 잘하고, 글짓기도 잘하고, 그림도 잘 그리는 매우 착한 학생이었다. 작년에 유학 왔을 때는 적응하기가 힘들어 숙소를 세 번이나 옮겨야 했다. 그런데 올해는 하경이 어머니가 학교 부근 빈집으로 이사와 하경이와 함께 살게 되면서 더욱 안정을 찾고 실력도 향상됐다. 하경이를 통해서 옴천의 주민이 3명이나 늘어난 것이다.

부모와 함께 살면서 하경은 이전보다 더욱 학교생활을 잘했다. 하경이가 갖고 있던 잠재적 능력들이 산촌 유학을 통해서 표출되기 시작했다. 하경이는 그림대회와 글짓기 대회에서 여러번 수상하였다. 하경이는 명문 학교인 '용정중학교'에 도전하기로 약속하고 더욱 열심히 공부했다. 하경이랑 걷는 숲길과 하늘은 우리를 더욱 기쁘게 했다. 나는 하경이를 보면서 그동안 보람이 있구나 생각했다.

하경이가 전라남도 '양성평등글짓기 대회'에서 우수상을 받았다는 공문을 받았다. 이런 경사가 없다. 하경이 어머니는 얼마나 보람이 있으실까? 생각했다. 창원에서 옴천까지 유학을 와서 아이가 각종 대회에서 수상을 하니 얼마나 기쁘겠는가?

도시의 아이들이 산촌에 와서 잠재적 능력들이 폭발할 때, 나는 내가 올바로 교육하고 있구나? 생각했다. 나는 나름 글짓기를 지도하는 노하우가 있었다.

나는 아이들이 오감을 풀어헤치고 자연을 받아들이도록 했다. 자연을 관찰하는 것이 아니라, 마음에 느끼는 감성대로 표현하도록 했다. 그림을 그리듯이 글을 쓰게 했다. 글에 감성이라는 색깔을 입히는 것이다. 아이들의 언어 표현은 어른의 생각을 초월한다. 나는 그 감정 그대로를 표현하도록 유도한다. 즉 자유로운 상상력을 펼치도록 한다. 자유로운 상상력은 창의력으로 발전하여 새로운 것을 만들어낸다. 나는 그림지도를 하면서 자연스럽게 글쓰기를 가르치게 되었다. 하경이도 작년부터 직접 지도하여 연속 2년째 수상하게 됐으니 감회가 남달랐다. 올해의 주제는 '아빠의 육아휴직'이었는데 하경이는 그림을 그리듯이 글쓰기를 했다. 나는 발전하는 하경이를 보면서 예쁘고 고마웠다. 작년에 유학을 와서 6학년이 된 하경이가 산촌유학의 기쁨이 되었다.

나는 오후에 하경이, 지만이 어머니와 만나서 기쁨을 나누었다. 두 분은 우리 학교에 매우 귀한 분이다. 자녀교육을 위해서 함께 오셨으니, 학교와 마을에 귀한 분이다. 특별히 두 분은 자기 자녀만이 아니라, 세 명의 유학생을 함께 돌보고 계신다. 내 자식도 돌보기에 힘이 드는데, 남의 아이까지 돌보고 계시니 교장의 입장에서는 너무도 감사하고 귀한 분들이다. 우리 학교는 아직 유학센터가 아직 세워지지 않았기에, 유학생을 돌보는 가정이 매우 중요하다.

　마을의 연로하신 어른들이 돌보고 계시지만 유학생들이 날로 늘어남으로 농가가 턱없이 부족했다. 그러다 보니 자녀와 함께 유학 온 부모님들이 그 역할을 감당하게 된 것이다. 이분들의 도움이 없었으면 산촌 유학의 한 축이 무너져 우리 학교가 여기까지 오지도 못했을 것이다. 나는 이분들에게 무엇으로 보상을 해드려야 하는가? 고민했다. 혹시 이분들이 부업으로 할 수 있는 일이 없을까? 군청과 면사무소에 가서 상담을 했다. 가족이 함께 유학을 오기 위해서는 경제적인 문제가 해결되어야 한다. 그래서 조금이라도 도움이 되도록 군청에 지원을 요청한 것이다.

　그런데 며칠 후 하경이 어머니가 노인 돌보미 센터에 취업하게 되었다. 군청의 윤 팀장이 자리를 알선해 주신 것이다. 하경이 어머니에게 조금이라도 도움이 되어서 매우 기뻤다.

　갑자기 용정중학교 교장 선생님께서 전화를 하셨다.

　"교장 선생님, 어제 도의원들이 우리 학교를 다녀갔는데 옴천초 교장 선생님을 많이 도와주라고 합디다."

　말만 들어도 힘이 솟았다. 나는 우리 학교 아이들이 용정중학교에 입학하길 기대했다. 그래서 교장 선생님께 특별전형을 부탁했었다. 교장 선생님은 긍정적으로 검토하고 있다고 하셨다. 나는 밤늦게까지 교장실에서 하경이 어머니와 함께 용정중학교 입학서류를 들고 씨름했다.

나는 하경이 입학서류를 들고 용정중학교를 방문했다. 교감 선생님의 이야기를 자세히 들어보니 1차는 서류전형으로 생활기록부, 2차는 면접으로 바른 태도와 인성이 중요하다고 했다. 2차 때는 국어, 수학, 사회, 과학, 영어 등 다섯 과목의 5문제 지필 테스트를 치른다.

또 체력장은 1,000m 달리기, 25m 왕복달리기, 유연성 등을 측정한다고 했다. 지원 학생들이 전국적으로 오다 보니 치러야 할 시험들이 많았다. 나름대로 까다로운 관문이었다. 그러나 나는 걱정을 하지 않았다. 우리 아이들이라면 능히 통과할 것이라 생각했다. 날마다 건강하게 뛰어놀고, 운동하고, 책도 많이 읽고, 그림도 그리고, 사물놀이도 하는데……. 또 밤늦게까지 외국어 공부도 열심히 하는데 합격 못 할 이유가 전혀 없다고 생각을 했다.

이낙연
도지사님 면담

　오늘 오후에는 도지사님과 면담을 하기 위해 박 선생님과 함께 도청을 방문했다. 먼저 인재양성과 과장님을 만나 잠깐 이야기를 나눈 후 행정안전국장님과 함께 도지사실로 들어갔다. 도지사님을 직접 가까이서 보니 생각보다 키가 크셨다. 피부도 깨끗하고 하얀 셔츠가 잘 어울리는 스마트한 분이셨다. 도지사님께서는 자리에 앉자마자 먼저 하고 싶은 이야기를 하라고 하셨다. 나는 갑작스러운 말씀에 다소 당황했다. 왜냐하면 지금까지 뵈었던 분들은 미리 보내드린 자료를 보면서 질문하는 형식을 취하셨기 때문이다. 나는 얼른 마음을 가다듬고 그동안 해왔던 일들과 현황을 말씀드렸다. 그리고 유학 사업이 활성화되기 위해서는 반드시 유학센터가 필요하다는 향후 계획도 말씀드렸다.

　그런데 무슨 오해가 있으셨던지 계속 듣고 계시던 지사님께서 유학센터에 필요한 예산문제 부분에 이르자 갑자기 목소리를 높이셨다.

　"아니 왜, 학교 일이 바쁜 교장 선생님이 예산문제까지 신경 써야 합니까? 필요한 예산은 군청에서부터 절차를 밟아 신청해야지, 그런 문제로 교장 선생님을 여기까지 오시게 하면 되겠습니까?"

"아, 아닙니다. 도지사님, 그게 아닙니다. 군청에서는 제가 여기 온 사실조차 모릅니다. 저는 다만 산촌 유학 사업을 알리고 싶어서 온 것뿐입니다."

순간 나는 정말 당황했다. 사실 오늘 면담을 신청한 이유는 전남의 슬로건인 '청년이 돌아오는 전남'과 우리 학교의 '학생들이 찾아오는 산촌 모델학교'인 산촌 유학이 서로 일치하는 부분이 많았기 때문이다. 그래서 동일한 목표라는 취지를 적극 알리고 싶어서 왔는데 잠시 오해를 하셨던 모양이다. 조금 당황했지만, 역시 온유함과 강함을 겸비하신 분이셨다.

지사님은 한참 내 이야기를 듣더니, 절차를 밟아야 한다고 하셨다. 전남이 함께 발전하는 좋은 취지이니 열심히 해보자고 하셨다. 그러시고는 비서실 입구까지 정중히 나를 배웅해주셨다. 나는 지금도 그 시간을 잊을 수가 없다. 지사님은 바쁘신 시간에도 무려 30여 분을 나에게 할애하시면서 경청해 주셨다. 내 일기장에 그날의 기억이 이렇게 기록되었다.

즉 '겸손하고 온유한 성품, 그리고 원칙과 절차를 강조하신 지사님'이라고 기록되어 있다.

내가 정신없이 면담을 마치고 나오니, 행정안전국장님이 웃으시면서 한마디 던졌다.

"교장 선생님, 이제 됐습니다. 지사님께서 지원을 해주실 것 같습니다. 사무실로 가서 차 한 잔 하면서 천천히 이야기하시지요."

나는 안도의 한숨을 쉬었다. 국장님도 앞으로 산촌 유학 사업에 관심을 두고 적극적으로 지원하겠다고 하셨다. 그때까지 다소 기가 죽어있던 나는 그 말을 듣고 다시 힘이 났다. 며칠 후 도청에서는 유학센터 건축을 지원한다는 반가운 소식이 왔다. 참으로 기다리던 기쁜 일이었다. 도지사님은 정말로 확실하신 멋진 분이셨다.

맥우단지 축사 체험

나는 전교생을 데리고 강진 '맥우단지' 축사에서 체험학습을 했다. '맥우'는 막걸리와 맥주 효소를 먹여 키운 소로서 육질이 매우 부드럽고 맛이 좋았다. 맥우는 서울 갤러리아 백화점에 독점적으로 납품을 한다고 했다. 이곳 축사를 경영하는 장을재 회장님은 '신지식인'으로 선정된 분이었다. 특별히 지역에서 선행을 많이 하여 존경받는 분으로 우리 학교에도 많은 도움을 주시는 분이었다.

아이들과 축사를 둘러보니 신기한 점은 축사 특유의 냄새가 나지 않았다. 소똥도 안 보이고 마른 지푸라기가 매우 깨끗하게 깔려 있었다. 또 스피커에서는 계속해서 흥겨운 음악 소리가 흘러나왔다. 작업복을 입고 직접 일하시는 회장님께 여쭈었다.

"소들도 음악을 틀어주면 좋아합니까?."

회장님은 껄껄껄 웃으며 "당연히 좋아하지요."라고 하면서, "소들도 감정이 있습니다."라고 말했다. 소들의 마음까지 배려하는 모습에 감동을 받았다. 가축도 주인이 얼마나 정성과 사랑으로 보살펴주느냐에 달려있다. 소들과 교감하는 사장님의 마음을 느낄 수 있었다.

우리 아이들은 축사에 있는 소들을 보면서 손을 내밀어 사료를 주어보기도 했다. 소는 우리에게 많은 이로움을 주었다. 농기계가 발달하기 이전에 농사일을 도와주는 중요한 노동력이었다. 아이들에게 소와 농부의 삶에 관해 이야기를 해주었다. 그래서 우리가 먹고 있는 소고기가 어떻게 도축되는지도 설명해 주었다.

무엇보다 아이들은 맥우 단지의 소들이 어떤 환경 속에서, 어떻게 자라고 있는지를 알게 되었다. 아이들의 교육도 마찬가지다. 교사와 아이들이 교감할 때 서로의 마음을 이해하고 성장하게 된다. 정서적 교감은 가축이나 사람 모두에게 필요한 소중한 감정이다. 나는 맥우단지 축사 체험을 통해서 아이들이 감정의 소중함을 느꼈으면 했다. 아무튼 음악 소리를 들으며 자라는 소가 우리를 더욱 기쁘게 했다.

그림으로
커 가는 아이들

오늘은 지난번 국립광주박물관에서 있었던 문화재 실기대회에서 수상한 학생들에게 시상식을 했다. 전교생이 다목적실에 모인 가운데 우수상, 특선, 장려상 등 상장과 상품을 수여했다. 우리 아이들은 정말 대단했다. 산촌의 아이들이 아니고서는 이런 상을 받을 수가 없다. 우리 아이들은 도시의 아이들보다 훨씬 감성이 풍부하다. 자연 속에서 뛰어 놀면서 아이들의 숨겨진 감수성을 폭발한 것이다. 시상식을 하는 동안 나는 마치 내가 수상하는 것처럼 기뻤다.

국립광주박물관의 문화재실기 대회는 20년이 넘은 역사 깊은 대회였다. 해마다 광주와 전남의 학생들이 1천 명 정도 모여 박물관에 전시된 문화재를 감상하고 그리는 매우 큰 대회이다. 나는 오래전 화순군 동면초에 근무할 때부터 우리 반 아이들을 데리고 이 대회에 참가했있다. 그 후 남양군, 상흥군, 보성군에 근무할 때도 꾸준히 참가했으니 올해로 15년 이상을 참가한 셈이다. 내가 이 대회를 빠지지 않고 참가한 이유는 대회 장소가 박물관이었기 때문에 직접 문화재를 감상하면서 역사 공부를 하기에 안성맞춤이었기 때문이었다. 게다가 감상 느낌을 살려 그림으로 표현하고 상까지 받을 수 있었으니 우리 아이들에게는 더할 나위 없이 소중한 기회였다. 담양 고서초에 근무할 때는 전남에서는 최초로 5학년 조성아 학생이 대상으로 문화관광부 장관상을 받았다. 그 밖에도 해마다 많은 아이가 큰 상을 받았다. 그러나 시골 아이들이 처음부터 입상한 것은 아니었다. 왜냐하면 상대적으로 교육여건이 좋은 광주시의 아이들은 이젤까지 펼쳐놓고 매우 수준 높은 수채화 기법으로 그림을 그렸다. 내가 보기에도 놀랄 만큼 잘 그렸으니 우리 아이들은 주눅이 들 수밖에 없었다. 기능이 낮은 우리 아이들은 광주 아이들처럼 수채화 기법으로 그리면 절대 입상할 수 없었다. 그래서 나는 연구를 한 끝에 크레파스와 물감, 여러 가지 재료를 사용하는 스크래치, 콜라주 등을 지도했다. 이 기법은 사실적 묘사 능력은 떨어져도 누구든지 재미있게 표현할 수 있는 가장 어린이다운 순수한 그림이 되어 많은 아이가 수상하는 데 큰 역할을 했다. 이 대회를 통해 우리 아이들은 자신감을 갖게 되었고 모두에게 큰 기쁨이 되었다.

나는 옴천초에 부임하자마자 학교 교육 과정부터 재구성했다. 지역과 학교, 학생 여건을 고려하여 청정 산촌 지역에 어울리는 문화예술 프로그램에 중점을 두었다. 또 심미적 감성 능력 신장과 더불어 학교 인지도를 높이기 위해 내가 가장 잘 할 수 있는 미술을 지도하였다. 매일 아침 독서 지도와 함께 크로키 연습을 하고 저녁에는 반딧불이 교실에서 미술 지도를 해왔다. 필요할 때는 방과 후 와 주말, 휴일에도 그림을 지도했다. 그리하여 매년 국립광주박물관 문화재 실기대회, 광주교대 학예술 큰잔치, 강진 청자축제 등 각종 미술대회에 학생들을 출전시켰다. 그런데 이렇게 눈부신 성과를 거두게 될 줄은 당시에는 미처 몰랐다. 아이들의 잠재적 가능성을 키운다는 것은 어쩌면 두려워해야 일인지도 몰랐다. 교육자는 하늘이 준 사명감을 가지고 아이들의 재능을 계발하기 위해 최선을 다해야 한다. 곧 신이 우리 아이들에게 준 선물이 잘 꽃피우도록 해야 한다. 이것이 바로 교육의 정체성이라 생각했다.

시상식이 끝난 후 전교생이 함께 노인 복지관으로 봉사활동을 하러 갔다. 우리 아이들은 며칠 전 반딧불이 저녁교실에서 어르신들께 드릴 쿠키를 미리 만들어 예쁘게 포장했다. 또 떡과 막걸리, 수박도 준비해갔다. 어르신들이 참 좋아하신다. 아이들은 직접 구운 쿠키를 드리며 어깨를 주물러 드렸다.

"할아버지, 할머니, 담배 피우시면 안 돼요. 건강이 나빠진대요."

그 모습이 참으로 정겨웠다.

군 의회와 소통

깜짝 놀라 군 의회 의장님께 전화를 걸었다. 그리고 산촌유학센터 건립 예산지원 문제를 다시 말씀드렸다. 군 의회에서 유학센터 건립 예산을 삭감시켰기 때문이었다. 지난번 총무과장님이 갑자기 군 의회 의원들과 무슨 일이 있었느냐고 물어보신 게 생각났다. 자꾸 의원님들이 예산을 삭감하기 때문에 일 추진이 어렵다고 했다.

"예? 정작, 나는 군 의회 의원님들을 잘 알지 못합니다."

의장님의 이야기를 들어보니 역시 생각이 달랐다. 설득하려면 전화로는 안 될 것 같았다. 내일 군 의회를 방문하여 직접 말씀을 드려야겠다고 생각했다. 그래서 다음 날 군 의회를 방문했다. 의장님을 만났는데 예상대로 의장님께서는 전혀 상황 파악을 못 하고 계셨다.

"교장 선생님, 산촌 유학 사업은 일회성 사업이 아닙니까? 인구가 줄어드니 학생 수가 줄어드는 것은 당연합니다. 우리 돈으로 우리끼리 잘살면 됩니다."

산촌 유학 사업에 대해 회의적인 말씀을 하셨다. 나는 심히 걱정됐다. 도청이나 군 단위의 세밀한 부분을 공부하지 않으면 이런 일이 생긴다고 생각했다. 나는 정색을 하고 목소리 톤을 높였다.

"존경하는 의장님, 산촌 유학 사업은 장기적인 사업입니다. 미래의 우리나라를 살리는 거대한 사업입니다. 눈앞의 현실만 보면 절대 안 됩니다. 아시다시피 우리 학교는 매우 심각한 폐교위기의 학교였습니다. 그런데 도시에서 유학생들이 많이 와서 우리 학교가 살아났습니다. 올해만 해도 벌써 학생 수가 30명이 넘었고, 2학급이나 늘었습니다. 본래는 15명까지 줄어들었지요. 많은 아이가 다 외지에서 유학을 왔고 심지어 어떤 아이는 가족들이 함께 이사 와서 살고 있습니다. 일본의 경우만 해도 이런 일이 60년대부터 시작됐습니다. 아니 일본의 사례까지 들 것도 없습니다. 이웃 전라북도만 하더라도 위기를 느끼고 발 빠르게 대처해 학교가 살아나고 지역이 살아나니 군에서 적극적으로 지원해주고 있습니다."

"그 말씀, 사실인가요?"

"네, 정말입니다. 도지사님, 교육감님, 군수님도 이 사실을 잘 알고 계십니다. 그래서 우리 학교를 지원해주라고 하는 것입니다. 그동안 옴천초는 학교가 너무 작아, 교감 선생님 자리가 무려 17년간이나 공석이었습니다. 그러나 이제 학생 수가 불어나니 교감 선생님도 새로 부임을 했습니다. 이렇게 기쁜 일이 많지만, 문제는 도시에서 온 유학생들이 마땅히 거주할 곳이 없습니다. 그래서 현재 노인회장님, 이장님, 장로님 댁에서 돌보고 있지만 어려움이 많다는 것입니다. 남의 집 아이들을 누가 다 수용을 하겠습니까? 한계가 있지요. 다른 문제도 많습니다마는 가장 시급하게 필요한 것은 유학센터입니다.

다른 군은 이미 유학센터를 지어 지원하고 있습니다. 결론적으로 유학생들이 거주할 유학센터는 꼭 필요하니 도와주시기를 부탁드립니다."

"아, 교장 선생님, 네 이제야 조금 이해가 갑니다. 그동안 잘 파악하지 못해서 죄송합니다."

의장님은 나의 말을 경청하고 공감하시면서 긍정적으로 검토하겠다고 하셨다. 나는 감사의 인사를 드리고 의장실을 나왔다. 조금만 신경을 쓰지 않으면 곳곳에 암초들이 도사리고 있었다. 그러나 오늘 또 하나의 장벽을 해결했다.

대한민국 행복학교박람회

오늘은 여수에서 열리는 대한민국 행복학교박람회장에 가는 날이다. 아침 일찍 선배 교장 선생님께서 호남교육신문에 난 우리 학교 기사를 보고 전화를 해주셨다. 특히 '반딧불이 저녁교실'이 참 좋은 프로그램이라며 칭찬을 많이 하셨다. 그리고 다른 일에도 도전해 보라고 하셨다. 나는 '대한민국 행복학교박람회'에 우리 학교가 전남 대표로 참여한다고 했더니 격려하며 응원해 주셨다. 통화가 끝나자 교무부장과 함께 대한민국 행복학교박람회장에 갔다. 우리는 박람회장 안에 있는 전남교육관에 우리 학교를 알리기 위한 자료들을 전시했다. 학교홍보영상이 담긴 태블릿PC와 홍보지, 아이들이 제작한 목공예품, 청자 도자기, CD 그림 등 성과물들을 중심으로 전시했다. 비싼 장식품으로 꾸민 것보다 훨씬 수수하고 자랑스러웠다. 수고해준 우리 선생님들이 참 고마웠다.

열심히 꾸미다 보니 어느새 저녁 7시가 됐다. 배가 고팠다. 서둘러서 부장 선생님과 함께 저녁을 먹었다. 식사 후에는 여수 엑스포 부근을 산책했다. 그런데 부산의 나미 엄마에게 전화가 왔다. 유학을 오기로 했다는 반가운 소식이었다. 전화를 받고 나니 모든 피로가 해소되는 것 같았다. 나는 내친김에 울산의 예은이 엄마한테도 유학을 권하는 전화를 했다.

박람회 첫날, 아침 일찍 일어나서 부장님과 함께 박람회장에 갔다. 전남교육관에 들어가니 어제 장식했던 CD 그림들이 떨어져 있어서 다시 붙이고 있었다. 그런데 우리 홍보관으로 많은 학생이 일찍부터 찾아와 북새통을 이뤘다. 아이들이 이렇게 교육에 관심이 많을 줄은 미처 몰랐다.

많은 학생과 교직원들이 계속해서 방문했다. 낮에는 지훈,

하경, 지만이 어머니도 오셨다. 오후 3시경에는 교육감님께서도 오시고, 영광, 순천 교육장님 등 많은 분이 오셔서 격려해주셨다. 오후 6시까지 정신없이 하루가 지나갔다.

서 부장님, 장학사님, 사무관님 등과 함께 저녁 식사를 했다. 사실은 오늘이 생일이라고 했더니 일부러 건배도 하며 축하해주셨다. 엎드려 절 받기 아니었을까? 이번 생일은 가족과 함께 하지 못했지만 그래도 산촌 유학 홍보가 잘 되고 있어 마음만은 뿌듯했다.

숙소에 들어와 쉬고 있는데 부산의 나미 아버지가 옴천에 와 살게 될 집을 둘러보고 갔다고 했다. '와, 진짜 이사 오려고 하는구나.' 나는 만세를 불렀다. 나미네가 빨리 왔으면 좋겠다.

박람회 이틀째 되는 날 오전에 부교육감님과 교육국장님께서 오셨다. 교육국장님은 언제 뵈어도 참 따뜻했다. 오후엔 우리 학교 학생들도 박람회장을 방문했다. 그런데 놀랍게도 아이들과 KBS1 TV가 들이닥쳤다. '생방송 3도'를 촬영하고자 제작부장님과 PD님이 함께 온 것이었다. 이어 교육과정 과장님의 인터뷰 장면을 촬영했는데 그 뒤에 우리 아이들의 자연스러운 모습이 함께 녹화되었다. 아이들이 이제 배우가 다 됐다. 기분이 좋았다.

마무리 시간이 되어갈 무렵 초당대학교 문현철 교수님께서 전남교육 홍보관을 방문하여 산촌 유학에 대해 많은 질문을 하셨다. 초등학생 1학년 딸을 우리학교로 유학 보내고 싶다며 방문을 하신 것이다. 시간 때문에 충분한 답을 드리지 못해 내일 다시 만나기로 했다.

행복학교박람회 3일째였다. 오전 11시쯤 주 국회의원님이 방문해 칭찬과 격려를 해주셨다.

"어떻게 그런 생각을 다 했습니까? 유학생들의 학교 성적은 어떤가요? 학생들이 체험학습을 하다 보면 다치는 일은 없습니까?"

기본적인 질문부터 심도 있는 질문까지 많은 질문을 하셨다. 정말 궁금해 하는 모습이었다. 나도 미소를 머금으며 성실히 답변을 드렸다.

잠시 후 어제 홍보관을 방문했던 문현철 교수님과 이승옥 여수 부시장님께서 동시에 방문을 했다. 두 분 모두 나를 만나기 위해 일부러 선물까지 한 아름 가지고 오신 것이다. 문 교수님은 유학상담을 하러 오셨고, 이 시장님은 나를 격려하기 위해 어제 방문하셨음에도 불구하고 일부러 방문하신 것이다. 얼마나 보람 있는지 몰랐다. 정말 대단한 분들이었다. 이렇게 소중한 분들과 더 좋은 인연으로 이어졌으면 좋겠다.

오후엔 서 부장님과 전시물들을 철거하고 학교로 돌아오니 늦은 저녁이었다. 도착하자마자 광주로 출발하여 집에 오니 밤 9시가 넘었다. 분주한 일정을 보내고 나니 몹시 피곤했다. 하지만 3박 4일 동안 박람회장에서 많은 사람을 만나며 홍보한 기쁨이 더욱 컸다. 눈을 감고도 이런 저런 그림을 그리노라 잠을 일찍 자지 못했다.

다음날 새벽부터 온몸이 아프고 열이 나더니 꼼짝을 할 수 없었다. 며칠 동안 박람회장에서 학교 홍보에 열정을 쏟았더니 몸살이 난 것이었다. 마음은 무척 즐겁고 행복한데 몸은 다른가 보았다. '마음은 원이로되 육신이 나약하다'는 예수님 말씀이 생각났다. 인간인지라.

교사의 전문성

전남교육연수원으로 교감 자격 연수 강의를 하러 가는 날이었다. 연수원에 갈 때마다 항상 느끼는 거였지만 푸르른 무등산 숲길과 광주호가 유달리 더 아름다워 보였다. 똑같은 대상이라도 다른 마음으로 보면 더 특별해진다는 걸 실감했다.

오늘 강의 주제는 '작은 학교 살리기'였다. 지난 3년 동안 옴천초에서 실천해온 과정들을 중심으로 많은 이야기를 했다. 사실은 있는 그대로를 전하는 것이었다. 후배 교감 선생님들 모두 열심히 경청해 주었다.

나는 후배 교사 중 단 몇 분이라도 작은 학교 살리기에 심기일전하기를 바라는 간절한 마음으로 강의를 진행했다. 3시간 동안 정말 사력을 다해 작은 학교 살리기를 호소했다. 모두가 손에 땀을 쥐는 듯한 태도로 열심히 듣고 있는 모습을 보니 또 다른 희망이 보였다. 나는 다음과 같은 취지의 강의를 했다.

"'작은 학교 살리기'는 교육으로 나라를 살리는 길이다. 오래전에 환경운동을 중심으로 한 N.G.O 단체에서 처음에 시작한 게 '산촌 유학'이었다. 초기에 농림수산부에서 '농촌 유학'으로 부르다가 최근에는 '농산어촌유학'으로 통칭해서 부른다. 어쨌든 우리나라 농촌 유학은 교육 선진국들의 영향을 많이 받았다. 가령, 약 50여 년 동안 진행돼 온 일본의 산촌 유학은 '살며 배운다.' 라는 것이었다. 우리도 크게 다르지 않다. 답답한 도시의 학교라는 테두리는 아무래도 한계가 있다. 자연 속에서, 농산어촌에서 몸으로 배우는 소통과 체험은 또 다른 교육의 한 대안이다. 아직은 초기 단계이지만 선진국의 사례를 보면 아이들이 몸으로 부딪치며 자유롭게 사고할 때, 인성이나 집중력 등에서 긍정적인 효과가 뚜렷한 것으로 보고된다. 특히 개인의 지성과 인성 발달은 물론 공동체 생활과 타인을 배려하고 문제를 해결하는 능력을 키우는 데 큰 효과가 있다고 한다. 바로 우리가 바라는 교육의 소망 아닌가. 그러나 다른 한편 농촌 유학에 대한 농림부의 관심은 이러한 교육적 효과와 더불어 농산어촌 지역의 실질적인 인구 유입 효과와 함께 직간접적인 도농 교류 활동이 중요한 과제로 대두되는 형편이기도 하다. 우리 사회는 학교생활에 적응하지 못하는 아이들을 부적응아라고 단정하지만, 역으로 학교에 잘 순응하는 아이들은 정말 행복할까? 불편한 진실이지만 그렇지 않다. 자신의 세계를 찾고자 하는 아이들이 답답한 학교를 벗어나려고 하는 것은 생각해보면 자연스러운 일이다.

자연은 아이들 자신의 정체성을 찾도록 믿고 기다려주는 장소이다. 물론 아이들이 단지 시골에서 지낸다고 해서 이것이 저절로 주어지는 것은 아니다. 무엇보다도 우리 모두에게 교육의 다양성을 받아들이는 열린 마음이 필요하다. 여기에 아이들 자신의 자발적 의지, 교사와 학생의 상호작용, 믿음 등이 절실히 필요하다. 바로 우리의 '작은 학교 살리기'는 이러한 연장선에 있다. 이 프로젝트는 학교뿐만 아니라 지역, 나라 전체가 사는 건강한 대안이 될 수 있다. 여러분의 많은 관심과 지지를 바란다.

개학 준비 때문에 전 교직원들이 일찌감치 출근했다. 건강한 모습들을 보니 감사하고 무척 반가웠다. 오전에는 교실과 특별실, 급식실 등을 깨끗이 청소했다. 우리는 내 집에 올 손님을 맞이할 것처럼 열심히 아이들 환영 준비를 했다. 점심은 내가 한턱 쏘았다. 모두가 땀을 흘린 뒤라 맛있게 먹었다.

오후에는 신규선생님들을 모두 순천시의 나선 선생님 학교로 컨설팅 장학 출장을 보냈다. 나선 선생님은 내가 가장 존경하는 선배님이었다. 교사들이 항상 꺼리는 6학년 담임을 무려 20년 이상이나 하신 분이었다. 학교 졸업 후 선배님을 처음 뵀을 때, 나는 깜짝 놀랐다. 현장에 진짜 이런 분이 있는가 싶었다. 그분은 학급운영에는 최고의 전문가였다. 나 역시 예전에 사평초에서 6학년을 담임할 때, 이 선배님의 지도를 많이 받았다. 넘치는 열정으로 학급운영을 얼마나 잘하시는지 많은 학생과 학부모들로부터 존경을 받는 분이었다. 나는 우리 교사들이 나선 선생님 강의를 보고 들으면서 많은 것을 배우길 기대했다. 그분이 우리의 롤모델이 된다면, 우리 산촌유학도 더욱 알차게 발전할 것이다. 교사는 지속적으로 공부하고 자기를 계발하는 전문가가 되어야 한다.

허탈감과 기쁨

오늘은 유학생 부모님이 난처한 얼굴로 학교에 왔다. 다른 지역으로 이사를 해야겠다고 했다. 그동안 나는 이분이 정착할 수 있도록 집도 구해주고, 방과 후 강사 활동을 하게 배려를 아끼지 않았다. 그리고 자녀에게도 더 많은 관심과 사랑을 가졌다. 그런데 갑작스럽게 떠나겠다고 하니 마음이 몹시 서운했다.

그 이유를 물어보았더니, 담임교사에 대한 불만족이었다. 그런데 사실 이 학부모는 유학 온 이후에 학교에 지나친 요구들을 하셨다. 최대한 요구 조건에 맞추어 드렸지만, 갈수록 요구 사항이 많아졌다. 나는 이분이 다른 유학생 학부모들에게 좋지 않은 영향을 미칠까 염려했다. 며칠 후 4학년 학생 한 명이 2학기가 되면, 목포 시내 학교로 배구를 배우러 가야 한다고 말했다. 두 번째 충격을 받았다. 그런데 또 놀랄 일이 터졌다. 서울에서 온 영준이도 집안 사정으로 이곳을 떠나야 한다고 했다. 어느 정도 산촌 유학이 안정된 것 같았는데, 유학생들이 빠져나가기 시작한 것이다. 갑자기 걱정되고, 가슴에 큰 구멍이 뚫린 것 같았다. 그동안 수고와 노력이 물거품이 되어버린 것 같았다.

그러나 만날 때가 있으면 떠날 때도 있는 법이었다. 그분들과 아이들을 축하하며 보내주기로 마음을 다잡았다. 눈물이 쏟아지려고 했지만, 다시 한번 교육적 상황을 검토하게 되었다. 우리가 부족한 점이 무엇인가? 우리가 무엇을 놓치고 있는가? 전반적으로 성찰하게 되었다. 오히려 이런 기회를 통해서 산촌 유학이 더 발전할 수 있지 않은가? 생각했다. 저녁에는 잠도 오지 않았다. 그동안 내가 일방적인 짝사랑만 하지 않았나 생각했다.

한동안 마음에 허탈감이 있었는데, 반가운 소식이 들려왔다. 도지사님과 교육감님께서도 유학센터 신축비를 군청으로 보내주셨다고 했다. 이제 유학센터 건립은 시간문제일 뿐이었다.

"다 됐다. 이제 진짜 삽만 들면 된다."

장만채 교육감님 면담 Ⅱ

'주민참여 예산 설명회'에 참석하고자 도교육청에 갔다. 마침 교육감님께서 계신다기에 교육감실에 들렀다. 늘 가까이 뵙고 싶었던 분이었다.

"교육감님, 안녕하세요? 도교육청에 오는 길에 잠시 인사하러 들렀습니다. 항상 격려해 주셔서 감사합니다."

"아, 임 교장 선생님, 오셨습니까? 교장 선생님이 열심히 하시니까. 모두에게 참 본보기가 됩니다. 교장 선생님 때문에 우리 청이 활기를 띠어요."

"근데 교장 선생님, 나이는 어떻게 됩니까?"

"아, 네 저 5학년 중반입니다."

"어, 교장 선생님, 그렇게 안 보았는데 생각보다 굉장히 젊어 보이십니다."

"남편은 어떤 일을 하십니까?"

어떻게 보면 개인사를 물으셨는데, 나는 전혀 불편하지 않았다. 교육감님께서 고생하신다고 하면서 나를 격려해주셨기 때문이다. 나는 교육감님께 산촌 유학의 현황을 보고하고, 앞으로 작은 학교를 어떻게 살려야 하는가에 관한 나의 생각을 말씀드렸다.

교육감님은 이야기를 나눈 후에 비서실 입구까지 친히 배웅해주셨다. 나는 교육감님의 자상한 배려에 몸 둘 바를 몰랐다. 솔직히 처음에 뵐 때 많이 긴장했는데 오늘 가까이 뵙고 보니 생각보다 소탈한 분이었다. 잠시 후 교육과정과에 들렀을 때 장학사님이 이야기하는 것을 듣고 깜짝 놀랐다. 아침까지도 교육감님은 기분이 별로 좋지 않으셨다고 했다. 그런데 나는 전혀 그런 점을 느끼지 못했으니 뜻밖에 감사했다. 하긴 업무를 추진할 때는 나도 불도저처럼 밀어붙이는 편이었다. 그럴 때마다 아랫사람들은 긴장하고 그랬을 것 같다.

'주민참여 예산 설명회'가 시작되었다. 교육감님께서 서두를 꺼내면서 이렇게 말씀하셨다.

"미래에는 교육만이 살길입니다. 교장 선생님들은 멀리 내다보고 교육해야 합니다. 이 자리에 산촌 유학학교 임 교장 선생님이 오셨습니다. 서울, 부산 등에서 전남의 시골까지 아이들이 찾아오게 만드는 주인공입니다. 박수 한 번 부탁합니다."

사람들이 우레와 같은 박수를 보내주었다. 나는 갑자기 칭찬을 들어 긴장을 했다.

"우리 시골 학교도 교육이 살아나니 찾아오는 것입니다. 교육을 잘해야 합니다. 다소 결은 다르지만 우리나라 사람들이 서울 강남으로 몰리는 것도 실은 다 교육 때문 아닙니까?"

정말 구구절절이 옳으신 말씀이었다. 사람들은 본능적으로 자녀들의 미래에 투자하고자 한다. 그러니 교육은 사람살이의 시작이고 끝이었다. 대도시에 사는 사람들은 외국에 자녀를 유학(留學) 보내 그들의 삶을 행복하게 해주고 싶어 하고, 시골 사람들은 도회지로 자녀들을 보내고 출세하라고 한다.

하지만 나는 도회지 사람들을 이곳으로 돌아오게 했다. 이곳에서 우리 아이들이 세상 만인을 경쟁의 대상으로 보지 않고 사랑의 대상으로 볼 수 있게 가르칠 자신이 있었기 때문이었다. 타인과 자신에 대해 존엄성을 품도록 인성교육으로 승부를 거는 것이었다. 그 비밀은 바로 유학(遊學) 온 아이들 곁에 있는 늘 기다려주는 사람과 자연이었다. 어쩌면 도회지의 무한 경쟁은 아이들을 파멸로 이끄는 지름길일지도 몰랐다. 그러면 대한민국 교육은 시서히 후퇴하면서 몰락하게 될 것이었다.

가슴이 철렁

저녁 무렵에 다시 한 통의 전화를 받았다. 인천의 민정이 어머니가 내일 학교에 오겠다고 했다. 행복이 물밀 듯이 밀려와 잠도 오지 않았다.

나는 아침에 일찍 일어났다. 인천에서 민정이, 민지를 데리고 오신다는 어머니를 맞이하러 가기 위해서였다. 그런데 세상에 도착 시간을 미리 알고 싶어 전화를 해보니 갑자기 몸이 아파 도저히 못 오겠다고 했다.

'아, 세상에 이런 일도…. 오늘은 못 오시는구나.'

물론 가끔 있는 일이기도 했지만 나는 갑자기 온몸에 몸살이 날 것 같았다. 이럴 때면 나는 기운이 쭉 빠지고 기가 죽었다. 참, 이럴 때가 아니었다. 이 아이들을 돌봐주시기로 한 노인 회장님이 걱정돼 급히 전화했더니 더 기가 막히는 소리를 하셨다.

"더는 아이들을 못 기다리것소. 교장 선생님, 다른 집에다 맡기시오. 이거 원, 온다고 혔으면 지날짜에 와야지. 맨날 기다리게 허고 설랑."

나는 가슴이 철렁 내려앉았다. 어느 집을 또 알아봐야 하나 정말 걱정이 앞섰다. 그렇지만 마음씨 좋은 노인회장님이니 다시 말씀드리면 잘 봐주시겠거니 생각하며 스스로를 위로했다.

다음 날 아침, 노인 회장님 사모님께서 일찍 전화를 하셨다.

"교장 선생님이쇼? 내가 아이들 키워 줄라요. 어제 우리 집 양반이 아이들 못 키우겠다고 했는디 내가 일 좀 덜 허고 키워 줄라요."

전화를 끊고 나서 얼마나 감사한지 춤이라도 추고 싶었다. 정말 큰 고민 하나가 해결되었다. 나는 갑자기 용기가 생겨 면장님께 전화를 걸었다. 그리고 우체국 관사 이야기를 꺼냈다.

"면장님, 문 교수님께서 딸과 함께 옴천으로 유학을 오고 싶어 합니다. 그런데 마땅히 거주할 집이 없어요. 그래서 우체국 관사를 빌릴 수 있으면 좋겠어요. 오늘 오후에는 강진 우체국장님을 만나 사정해보려고 합니다."

"아, 그래요. 그렇게 되면 참 좋지요. 저도 함께 가겠습니다."

이럴 때는 천군만마를 얻은 듯 기분이 좋다. 우체국 관사 일이 꼭 성사될 것만 같았다. 그 사이 잠시 시간을 내서 군청에 들렀다. 친환경농업 과장님을 만나 유학생 현황을 잠깐 이야기했다. 드디어 오후 2시가 됐다. 우체국 앞에서 교육장님, 면장님을 만나 행정실장과 함께 우체국장님을 찾아갔다. 옴천의 산촌 유학 사업에 대해 간단히 이야기를 한 후 우체국 관사사용 요청을 했다.

국장님께서는 긍정적으로 검토하겠다고 답변을 주셨다. 그렇다. 일이 되려면 이렇게 저돌적으로 밀어붙여야 한다.

며칠 후 우체국으로부터 관사사용을 허락한다는 연락이 왔다. 사용 기간은 3년으로 계약하되 연장이 가능하다고 했다. 이제 도배만 하면 된다. 문 교수님께 전화를 하니 연락이 안 됐다. 문자로 이 기쁜 소식을 전해 드렸다. 광주의 국장 친구한테도 고맙다고 전화를 했다. 이렇게 되기까지 친구의 도움이 컸기 때문이었다. 늦은 오후에는 도청의 유학담당 인재양성 과장님이 내일 있을 농촌 유학 활성화 간담회 준비 차 학교에 다녀갔다. 항상 우리학교와 산촌 유학에 관심을 보이는 대단한 분이었다.

농촌 유학 활성화 간담회

2015년 9월 8일, 전남도청 주관으로 우리 학교에서 '농촌 유학 활성화를 위한 간담회'가 열렸다. 이제 전라남도에서도 본격적으로 농촌 유학에 관심을 갖기 시작한 것이다. 교육장, 과장, 도청의 인재양성과장, 팀장, 곡성 참살이학교장, 완도 울스약창조학교 유학센터장, 지리산유학센터장 등 무려 30여 명이 넘는 여러 사람이 모였다. 농촌 유학에 관심 있는 사람들이 이렇게 많은 걸 보고 다시 한 번 놀랐다.

　간담회는 전남도청의 과장님 사회로 진행되었다. 먼저 각 지역의 유학센터장님들이 자기소개와 더불어 유학센터의 현황, 애로사항 등을 이야기했다. 이분들은 대부분 시골살이를 선호하는 사람들로서 스스로 귀농·귀촌하여 유학생들을 돌보고 있다고 했다. 그러나 수도권에서는 너무 먼 입지조건으로 유학생을 확보하기도 어렵고 재정적 지원이 없어 어려운 점이 많다고 했다. 게다가 학교에서도 농촌 유학의 취지를 이해하지 못하여 협력이 잘되지 않는다고 했다.

　심지어 유학생이 이상한 학생으로 취급받는 경우도 있었다고 하니 참으로 안타까웠다. 너무너무 마음이 아팠다. 나도 비슷한 어려움을 겪는 사람이기에 이분들의 마음을 모두 이해할 수 있었다. 산촌 유학 사업을 시작한 지 3년째이긴 하지만 그동안 많은 어려움을 겪었고 지금도 당면한 어려움이 많기 때문이었다.

　한편 장흥의 어떤 분은 유학센터를 하고 싶어서 자비를 들여 모든 준비를 하고 학생을 기다리고 있다고 했다. 그런데 막상 시작하려고 보니 유학생을 확보할 길이 없어 막막하다고 했다. 이럴 때는 학교의 협조가 절대적으로 필요하다. 나는 그 말을 듣는 순간 '저런 분이 우리학교 옆에 계신다면 얼마나 좋을까. 우리는 유학생들을 돌볼 곳이 없어서 날마다 고민하고 있는데'

생각하면서 한 마디 했다.

"아니, 그 일을 하시려면 우리 학교 옆으로 이사를 오시지 그랬어요? 저는 이런 분들을 얼마나 찾고 있었는데요. 지금이라도 괜찮습니다. 오시기만 하면 대환영입니다."

내 말을 듣고 모든 사람이 웃었다. 하지만 나는 그만큼 절실했기에 진심이었다.

다음 순서로 농촌 유학 활성화 방안에 대해 논의할 때는 무엇보다도 예산지원을 우선순위로 꼽았다. 그리고 유학센터의 지원, 유학캠프 공동개최. 유학캠프 비용 지원, 전라남도 차원의 홍보와 지원, 각 학교의 협력이 필요하다고 했다. 모두가 공감하는 내용이었다.

중간에 지도를 비유한 다소 엉뚱한 발언도 있었지만 여러 중요한 이야기들이 오고 갔다. 이만하면 처음으로 개최한 '농촌 유학 활성화 간담회'는 성공적이었다. 모두가 끝까지 진지하게 경청하고 마무리까지 잘 되니 정말 좋았다. 이런 간담회는 모두의 견해를 하나로 모으고, 협업이 가능하게 하는 해법이 되었다. 그러면 곧 시너지 효과가 생겨 우리 학교와 마을, 전라남도 전체가 살아날 것이다. 매우 유의미한 시간이었다. 앞으로 전남의 농촌 유학사업이 잘되었으면 좋겠다.

제4장

교육의
열매들

100대 교육과정
우수학교 비전 설정

오늘은 100대 교육과정 우수학교 비전을 설정하기로 했다. 나는 꽤 오래전부터 교무실 입구 벽에 표를 붙여두고 생각날 때마다 좋은 의견을 써넣으라고 했었다. 그동안 선생님들이 오며, 가며 몇 가지 기록해 놓은 것과 부장 선생님들의 생각, 늘 간직하고 있었던 내 생각 몇 가지를 보태며 가장 적합한 문장을 몇 개 만들었다. 특히 중요하게 여겼던 것은 청정산촌 유학학교의 특성을 살리고 우리 학교만이 갖는 장점을 나타나게 하는 것이었다. 우리는 압축한 몇 개의 문장을 중심으로 뜻을 모아 비전 설정을 마쳤다.

우리 학교의 비전은 "자연(Nature)과 예술(Art) · 문화(Culture)의 융합으로 꿈나무를 키우는 힐링 행복학교"였다.

먼저 자연은 우리가 학교가 위치한 지역이 주는 아름다운 선물이다. 옴천은 맑은 공기와 푸른 하늘 그리고 푸른 산과 숲이 주는 자연환경을 가지고 있다. 아이들은 자연 속에서 뛰놀며 생태적 감수성을 배운다. 자연은 우리 학교의 최고의 교사이다.

둘째 예술과 지역문화이다. 특별히 나는 예술 교육을 강조했다. 예술의 심미적 감성 역량이 교육의 핵심을 차지하고 있기 때문이다. 우리 학생들은 사물놀이와 미술 활동을 통해서 자연을 몸으로 표현한다. 그래서 우리 아이들은 문화가 삶이 되고 있으며, 삶이 문화가 되고 있다. 우리 아이들은 자연 속에서 놀이가 교육이 되고, 교육이 놀이가 된다.

호이징가(J. Huizinga, 1872-1945)는 인간을 놀이하는 존재, 즉 호모 루덴스(Homo Ludens)로 규정하고 있다. 호모 루덴스는 단순히 노는 것이 아니라, 정신적인 창조 활동을 말한다. 인간은 '사유하는 존재(homo Sapiens)와 도구적 존재(homo Faber)를 넘어서 유희하는 존재이다. 21세기형 교육은 학제 간의 장벽을 넘어선 유희하는 인간을 양성하는 것이다. 한자어로 표현하면 '樂'이다. '樂'은 좋아할 '요', 음악 '악', 즐거울 '락'을 의미한다. 즐거울 '락'이 두음법칙이 되면 '낙'이다. 우리는 낙을 자연의 'N'과 예술의 'A', 그리고 문화의 'C'를 합하여 '낙(NAC)'으로 정리했다. 옴천의 산촌 유학은 자연과 예술 그리고 문화가 함께 하는 '낙'이다. 우리는 교육의 핵심 키워드인 세 가지 개념을 중심으로 융합형 교육과정을 새롭게 만들었다. 곧 호이징가가 주장한 호모 루덴스로서의 인간형을 모델로 해서 교육의 비전을 다시 세운 것이다.

우리 교직원들은 자주 모여서 '낙(NAC)'의 개념이 어떻게 교육현장에 적용되도록 하느냐를 고민했다. 교사들이 사례 발표를 중심으로 연구수업을 하면서 학생들의 반응을 조사했다. 우리는 교육의 중점 과제와 주요 교육활동을 세분화하여 특색있는 교육과정을 만들었다. 그래서 다음과 같이 개념적인 도식을 만들 수 있었다.

	NAC교육비전 및 추진 체계			
비전	자연 N 과 예술 A · 문화 C 의 융합으로 꿈나무를 키우는 일링 행복학교			
교육 목표	나눔과 배려를 실천하는 어린이	실력이 탄탄하고 창의적인 어린이	문화 · 예술 감성이 풍부한 어린이	몸과 마음이 건강한 어린이
핵심 역량	• 자기관리 능력 • 세계 문화 이해능력	• 자기주도적 학습능력 • 문제해결력	• 심미적 감성능력 • 창의력	• 건강관리능력 • 의사소통능력
교육 중점 및 주요 활동	체험 樂 인성교육 • 사랑나눔 VOM누리샘 • 자연과 함께 하는 多 어울림 한마당	협력 樂 창의교육 • Co-teaching 화상수업 • 고전 속 지혜찾기 온고지신 교실	공감 樂 감성교육 • 옹천 꿈깨 국악연주단 • 행복 스케치 미술교실	활동 樂 건강교육 • 명품 레포츠 여행(승마, 스케) • 일링 미술 심리·상담교실
특색 교육	"일링산촌체험" ☞ 건강한 자연인 기르기	"문화·예술 감성교육" ☞ 멋진 문화인 기르기		"일품달인제" ☞ 똑똑한 옹천인 기르기

우리는 거의 6개월 동안 준비과정을 걸쳐 교육의 비전과 추진 체계를 완성하였다. 그리고 실천과정을 담은 교육과정 보고서를 전문가들에게 검토를 받으며, 부족한 점을 살피고 보완하였다. 준비는 거의 다 되었지만, '100대 교육과정우수학교에 선정되기에는 부족한 점이 많지 않는가?' 생각했다.

그러나 최선을 다했으니, 그 결과를 조심스럽게 지켜보기로 했다.

체험학습을
장흥에서

　오늘은 아이들과 함께 광주지방법원 장흥지원으로 체험학습을 하러 갔다. 우리가 도착하자 지원장님은 입구에서 기다리시며 반갑게 맞이해주셨다. 생각했던 것보다 굉장히 젊으신 40대쯤으로 보이는 매우 인상이 좋으신 분이셨다. 이분은 내가 교감을 했던 보성 율어초 출신으로 익히 들었던 분이셔서 그런지 매우 반갑고 친절하게 대해주셨다. 사실은 며칠 전부터 이 점을 강조하면서 체험학습 허가를 받았기 때문에 가능한 일이었는지도 몰랐다. 지원장님은 재판장까지 손수 안내하시고 아이들의 질문을 받고 일일이 응답해주는 정성을 보이셨다.
　"여기는 무엇을 하는 곳이에요?"
　"어떻게 해야 판사가 될 수 있어요."
　"판사님은 어렸을 때 공부를 잘하셨어요?"
　"판사 월급은 얼마나 돼요?"
　다른 여판사님의 친절한 답변도 인상적이었다. 그 당시 판사들의 초봉은 300만 원에서 400만 원 사이라는 것도 처음으로 알게 되었다. 봉급을 많이 받는 줄 알았는데 정말로 의외였다. 처리해야 할 업무량은 무시막지하게 많다고 들었다.
　다음 순서는 우리 아이들이 직접 재판장에 앉아보는 것이었다. 아이들은 모두 검정색 판사 복을 입고 재판장의 자리에 앉았다. 판사 복을 입고 재판석에 앉은 우리 아이들은 완전히 달라 보였다. 천방지축 개구쟁이 모습은 어디로 가고 제법 의젓한 티가 났다. 옷이 날개라고 하더니 마치 판사라도 된 것처럼 느껴졌다. 누가 알랴. '나중에는 우리 아이 중에 정말로 판사가 나올 수도 있지 않을까?' 생각했다. 이 녀석들은 이 모양 저 모양으로 폼도 잡아보고 사진도 찍고, 기념품까지 챙겼다. 시골 녀석들이 출세했다.

법원 체험학습을 마치고 이번에는 장흥에 있는 승마 체험장에 갔다. 우리 학생들은 말을 타면 매우 즐거워했다. 그동안 자주 말을 탈 수 있었기 때문이었다. 나는 그동안 우리 아이들에게 고급 스포츠 프로그램인 승마 체험을 위해 큰 노력을 했다. 마침 우리 학교가 2014년부터 '농촌문화교육복지지원사업'을 지원받는 농어촌희망재단이 과천 경마공원 안에 있었기 때문에 한국마사회를 알게 되었다. 나는 그곳을 갈 때마다 승마 프로그램을 지원 요청 했었다. 산촌학교에서도 고급스포츠인 승마나 스키프로그램을 운영하면 우리 아이들에게 도움이 되고 산촌 유학 사업도 훨씬 탄력을 받을 수 있기 때문이었다. 한국마사회에서는 나의 끈질긴 요청으로 무료로 승마 프로그램을 지원하게 되었다. 우리 아이들은 영암의 대불 승마장으로 가거나 우리 학교 운동장에서 말을 타기도 했다.

아이들의 말타기 순서가 끝난 후 나에게도 기회가 주어졌다. 나는 예전에 몽골을 여행하면서 말을 탔었다. 그러나 그때의 기분과는 전혀 달랐다. 옆에서 도움을 주시는 분이 말했다.

"스키를 탈 때 하는 A자를 잘하면 말도 잘 탑니다. 옴천초 학생들은 말을 잘 타는 편인데 혹시 아이들이 스키를 탈 줄 아나요?"

"아 네, 우리 아이들은 해마다 2박 3일씩 무주로 스키캠프를 갑니다."

"아, 어쩐지. 그래서 애들이 말을 잘 타는군요."

그 말을 들은 나도 약간 우쭐해졌다. 바로 이런 다양한 체험이야말로 우리 옴천 아이들만의 장점이었다. 아이들과 평소에 열심히 스키를 탄 덕분에 생각보다 승마가 쉽다고 생각했다.

작은 학교 살리기 컨설팅

나는 컨설팅 문제로 담양 남면초에 갔다. 학교에 가보니 전교생 숫자가 10명이었다. 이곳 상황도 심각했다. 예전의 우리 학교가 외양간이라면 지금의 남면초는 호텔급이었다. 옴천초는 나무가 없고, 시설도 매우 열악한 학교였다. 반면에 남면초는 아름드리 벚나무가 학교를 둘러싸고 있는 매우 아름다운 곳이었다. 여건이 우리보다 훨씬 좋은데 무슨 문제가 있는 것일까? 궁금하기도 했다. 담양에서 가까운 광주광역시 북구 문흥초나 문흥중앙초 등을 적극적으로 두드려 보면 유학생들이 올 수 있다고 조언을 했다. 조 교장선생님께서 도시의 여러 학교를 방문하고, 아파트를 돌면서 홍보를 하면, 학생수가 충분히 늘어날 수 있다고 말씀 드렸다. 나의 조언에 교사, 학교운영위원, 학부모들이 긍정적으로 반응했다. 사실 이 학교는 교육 여건이 옴천초보다 훨씬 좋은 상황이었다.

나중에 들어보니, 담양 남면초가 학생 수가 많이 늘어났다고 한다. 학생 수가 무려 40명이 넘으니 거의 4배가 늘어난 셈이다. 사실 담양 남면초는 광주 근교의 학교로서 여러 가지 면에서 매우 좋은 교육 환경을 갖춘 곳이다. 아마 이런 장점을 적극 홍보하여 도시의 학부모들이 자녀들을 더 많이 보내지 않았을까 생각해 보았다.

며칠 후 이번에는 보성 웅치초로 작은 학교 살리기 컨설팅을 하러 갔다. 보성 웅치초는 내가 좋아하는 나선 선배님의 초임지여서 가끔 방문했던 학교였다. 특히 소나무 숲이 아름다운 학교여서 인상에 깊이 남았었는데 지금도 여전히 아름다웠다. 옴천초와는 비교도 안될 만큼 운동장이 넓고, 학교도 크고 짜임새가 있었다. 그런데 아쉽게도 현재 학생 수가 4명이라고 한다. 내년에는 2명, 2017년에는 1명이 될 것이라고 했다. 이를 어쩌나. 친구 교장은 학교를 살려보려고 나름대로 많은 노력을 하고 있었다. 그래서 나에게도 비결을 물어보려고 컨설팅을 요청한 것이었다. 그러나 어쩌랴. 이미 늦어서 희망이 없었다. 2013년만 해도 학생 수가 14명이었다고 한다. 그 때 옴천초는 17명이었으니 이때 웅치초도 함께 작은 학교 살리기 운동을 했더라면 이렇게까지 무너지지는 않았을 것이다.

나는 도서실에 힘없이 앉아있는 교직원들과 어르신들에게 우리학교의 사례를 충분히 그리고 자세히 이야기했다. 그러나 너무 늦었다는 안타까운 생각이 자꾸 들었다. 걱정하는 내 친구와 웅치초가 참 딱했다.

교장 친구는 나에게 주변 사람들이 우리 학교를 기적이라고 말한다고 했다. 나는 기적이 아니라, 노력한 만큼 신이 준 선물이라고 대답했다. 전 교직원들이 힘을 합치고 교육청과 군청 그리고 마을 주민들의 적극적인 협조가 있어서 가능했다. 모두가 협력하여 선을 이룬 것이다. 보성 웅치초는 얼마 가지 못하고 학교 문을 닫아야 했다. 작은 학교 살리기에도 소위 골든 타임이 있다. 옴천초를 공모한 후 열심히 발로 뛰고 살릴 때 웅치초도 함께 했더라면 결코 무너지지 않았으리라는 생각에 안타까웠다.

TV 속의 우리학교

목포 MBC에서 취재를 오는 날이다. 먼저 문현철 교수님이 오시고, 뒤이어 목포 MBC 문연철 부장님과 취재팀이 방문했다. 그런데 두 분은 우연히 방문했지만, 뜻밖에도 서로 잘 아는 사이였고 이름도 비슷했다. 우리는 산촌 유학과 관련한 여러 가지 이야기를 나누었는데 서로 잘 통했다. 문 교수님이 곧 이곳으로 이사를 오신다고 하니 정말 기분이 좋았다.

곧이어 우리 아이들을 촬영하기 시작했다. 먼저 우리 아이들이 개울물 속에서 물장구를 치며 수영하는 장면을 찍었다. 아이들은 카메라를 의식하지 않은 채 신나게 물놀이를 했다. 천진난만한 모습을 보니 문득 동네 냇가에서 멱을 감고 놀던 어린 시절 일이 생각나 슬며시 미소가 번졌다. 지금도 저런 물놀이를 할 수 있다니 이곳 청정 산골에서나 가능한 일이었다. 우리 아이들 특히 유학 온 아이들은 정말 금쪽같은 체험을 했다.

다음에는 들판 길을 걷는 모습을 촬영했다. 우리 아이들은 매일 중간시간에 들판 길을 걷거나 학교 뒷산 숲길을 걸었다. 봄, 가을에는 주로 들판 길을, 날씨가 무더운 여름과 추운 겨울에는 숲길을 걸었다. 아이들은 들판 길을 걸으면서 사계절의 변화를 관찰했다. 봄에는 보리피리를 꺾어 불어보고, 여름에는 벼들이 사그락거리는 푸른 들판을, 가을에는 황금들판에 하늘거리는 코스모스 길을 걸었다. 이렇게 날마다 들길을 걸으면서 지천으로 피는 아름다운 들꽃과 곡식과 채소를 관찰했다. 파란 하늘과 사계절 다른 옷을 입는 산의 변화도 느꼈을 것이었다.

들길을 걸으면서 창원에서 유학 온 지훈이의 인터뷰도 이어졌다. 어쩌면 저렇게도 자연스럽게 말을 잘하는지, 자주 촬영하다 보니 힘이 생겼나 보다. 이어서 나도 도서실에서 아이들과 그림을 그리는 모습을 촬영하고 인터뷰를 했다. 나는 카메라 울렁증이 생겼는지 인터뷰를 할 때마다 긴장이 되었다. 다행히 큰 실수 없이 촬영을 마쳤다. 목포 MBC 문 부장님은 11월에 있을 '유학생 가족 강진 나들이'를 할 때 다시 촬영을 오겠다고 했다.

오후 4시 30분에는 3학년 유학생 지만이가 출연하는 SBS TV '내 마음의 크레파스, 곤충 밖에 난 몰라 1부'가 방영되었다. 지만이는 곤충을 무척 좋아했다. 며칠 전 SBS TV에서는 학교와 시골집을 오가며 밤까지 촬영했었다. TV 속에서는 곤충을 만지며 키우는 지만이의 모습이 매우 자연스러웠다. 우리는 아이들과 함께 도서실에서 시청하며 많이 웃었다.

이어서 오후 5시 40분, 8시 40분에는 목포 MBC와 광주 MBC TV에서 우리 학교 '산골유학 인기 짱!'이 뉴스로 보도됐다. 우리 아이들이 물놀이를 하는 장면과 푸른 들판 길을 걷는 장면 등이 매우 예쁘게 나왔다. TV 화면 속에 우리 아이들과 내가 나오다니 매번 볼 때마다 신기하고 실감이 나지 않았다.

다음 날 아침, 7시 30분 광주 MBC '뉴스투데이'에서 또 우리 학교가 방영되었다. 또 내일 아침에는 우리 학교가 전국 뉴스를 탄다고 하니 얼마나 기쁜지 정말 기분이 날아갈 듯했다.

이번에는 내가 목포 MBC '생방송 전국 시대' 프로그램에 초대 손님으로 출연하려고 방송국에 갔다. 도착하자 대기실에 있다가 스튜디오로 들어가 잠깐 리허설을 했다. 이어서 바로 생방송을 시작했다. 남녀 아나운서 두 분이 하나씩 질문하면서 답변하는 형태로 진행했다. 주요 내용은 학교 소개, 힐링 프로그램, 산촌 유학, 방과후학교, 학생 수 증가, 홈스테이, 교육 시스템, 동기 등을 이야기했다. 내가 이야기할 때 우리 아이들의 활동 모습이 배경화면으로 나왔다. 내가 방송국에 와 출연하다니 참으로 기쁜 일이었다.

방송 후 PD님, 문 부장님 등과 국장실에서 차를 마시며 담소를 나누었다. 방송도 떨림이 없이 그런대로 잘했다고 자평했다.

며칠 후에는 KBC, KBS1, KBS 2TV 등 3개 방송사에서 한꺼번에 촬영했다. 광주 KBC에서 백 PD님이 '테마스페셜'을 촬영했다. 교장실에서 대담 형식으로 진행했다. 유학생 가정도 방문하겠다고 해서 지만이네 집을 안내했다.

KBS 2TV의 김 PD도 교무실에서 인터뷰했다. 나는 피로에 찌든 얼굴 때문에 걱정이 됐지만, 오직 우리 학교 홍보가 잘 되기를 바라는 마음뿐이었다. 전국 방송에 나올 좋은 기회인데, 이 방송을 보고 예쁜 아이들이 많이 유학 오기만을 간절히 바라는 마음으로 촬영을 했다. 김장김치를 담가 마을회관, 노인복지관에 전달하는 장면, 들풀 미술학교 선병식 조소 작가님과 화상 수업을 하는 장면도 촬영했다.

반딧불이 저녁 교실 수업장면까지 촬영하느라 진짜 정신이 없었다. 나미 엄마의 제과제빵 교실, 나의 미술 심리상담 수업 장면도 찍었다. 3개 방송사에서 동시에 촬영하니 온종일 눈코 뜰 새가 없었다. 촬영을 마친 후 저녁에는 유학생 부모님들과 통화도 했다. 얼마나 많은 일을 했는지 늦게까지 일을 처리하느라 혼쭐을 놓을 정도였다. 그래도 몸은 피곤했지만 우리 학교홍보를 생각하면 기분이 좋았다.

100대 교육과정 선정 실사와 보완

아침 일찍 전남 100대 교육과정 우수학교 선정 실사 대상 학교에 우리 학교가 포함되었다는 소식을 들었다. 며칠 후 오전에 실사를 나온다고 했다.

"우와! 만세! 이제 다 됐어."

나는 기쁨의 환성을 질렀다.

현장실사를 받는 날 전남 현장 실사단으로 두 분의 교장 선생님이 방문했다. 이 분들은 도착하자 잠깐 교장실에서 학교교육과정에 대한 전반적인 이야기를 들었다. 특히 산촌 유학에 관심이 많았다. 그다음 현장실사 장소인 도서실로 가서 교육과정 결과물들을 살펴보았다. 잠시 후 면담시간에는 아이들과 교사를 불러 질문을 했다.

아이들에게는 "산촌 유학을 왜 왔는가?", "산촌 유학을 오니 무엇이 좋은가?", "학교의 자랑거리는?" 등을 물었다. 선생님들에게는 "산촌 유학이 성공한 원인은 무엇인가?", "유학생들을 지도하기에 어려움은 없는가?", "가장 자랑하고 싶은 교육프로그램은 무엇인가?"

우리 아이들은 평상시와 같이 자신 있게 또렷한 발음으로 이야기를 잘했다. 선생님들도 전혀 당황하지 않고 또박또박 명료하게 답변을 잘했다. 정말 잘 되었으면 좋겠다. 며칠 후 우리 학교가 전남 예선을 통과하여 전국 100대 교육과정 우수학교 후보에 올랐다는 공문이 왔다. 정말 너무너무 기쁜 소식이었다. 그러나 마냥 기뻐하고만 있을 수가 없었다. 왜냐하면, 보고서를 다시 써야 하고 현장 실사도 또 받으려면 준비할 것이 많았기 때문이었다.

제대로 준비를 하려면 더 수준 높은 교육과정 전문가의 컨설팅이 필요했다. 사실은 진즉부터 나름대로 정평이 나 있는 몇 분 선생님께 컨설팅을 받았었다. 아마 그분들의 도움으로 여기까지 왔을 것이다. 하지만 무언가 확실히 가닥이 쳐지지 않는 부분이 있었다. 잡힐 듯하면서도 잡히지 않는 그것 때문에 고민이 많았다. 그래서 나는 교육과정 전문가인 김여선 교장 선생님께 컨설팅을 의뢰했다. 드디어 오늘 컨설팅을 받으러 박 선생님과 함께 목포 한빛초에 갔다. 김여선 교장 선생님은 우리 학교 보고서를 보면서 자세히 꼭꼭 짚어주면서 정리를 해주니 모두 이해가 되었다. 막혔던 길이 뚫리는 것 같고 자신감이 생기면서 당장이라도 달려가 보고서를 쓰고 싶어졌다. 속이 시원했다. 박 선생님도 고개를 끄덕이며 표정이 밝아지더니

"교장 선생님, 이제야 알 것 같습니다. 길이 보여요. 이제는 기분 좋게 쓸 것 같습니다."

"박 선생님도 그런가요. 나도 그래요. 막힌 길이 뚫린 것 같

아요." 하며 우리는 마주 보고 웃었다.

　신규교사 3년차인 박 선생님은 그동안 보고서를 쓰느라 정말 고생이 많았다. 신규답지 않게 얼마나 지혜롭고 총명한지 보고서를 작성하는 능력이 뛰어났다. 경력이 많은 사람도 쓰기 힘든 보고서를 척척 잘 쓰고, 김 교장선생님의 조언도 모두 이해할 만큼 대단한 능력을 지녔다. 정말 보배로운 선생님이다. 우리는 학교에 돌아오자마자 보고서를 쓰기 시작했다. 박 선생님은 보고서를, 나는 특색사례를 작성했다. 오랜만에 쓰려니 잘 안 되는 것 같았다. 그래도 열심히 작성했다. 우리는 그 다음날도 모두들 퇴근하고 난 후, 열심히 보고서를 썼다.

　나와 박 선생님은 며칠째 보고서를 작업 중이었다. 그런데 무슨 일인지 어제부터 소화도 안 되고, 이도 아프고, 열도 나고, 머리조차 아팠다. 고통을 참고 박선생님 옆에 앉아서 보고서를 작성하는데 조언을 했다. 아무래도 신규선생님이기 때문에 교육적인 용어로 문장을 매끄럽게 진술하기에는 한계가 있었다. 그래서 꼭 도와주어야만 했다. 그런데 얼마나 고통이 심하던지 더는 견딜 수 없어 새벽 2시쯤에 관사에 들어왔다. 피곤이 밀려왔지만 고통 때문에 잠이 오질 않았다. 보고서를 빨리 마무리해야 병원에도 갈 수 있을 텐데……

　아침 일찍 일어나 교무실에 갔더니, 박 선생님이 새벽에 깜빡 잠들었다가 이제 막 일어났다고 했다. 고생한 선생님께 뭐라고 할 말이 없었다. 우리는 아침을 간단히 먹고, 미완성된 보고서를 다시 쓰기 시작했다. 점심 무렵에야 겨우 보고서를 완성했다. 어찌된 일인지 배도 더 아프고 이까지 더 아파왔다. 어제와 동일한 고통이 반복됐다. 컨디션이 최악이었다.

이제 특색사례를 덧붙여야 해서 함께 또 작성하기 시작했다. 특색사례는 내가 작성해 놓은 것을 앞 뒤 연결하여 정리만 하면 되었으므로 빨리 완성됐다. 우리는 부랴부랴 마무리를 짓고 박 선생님을 도교육청으로 출발하게 했다. 혼자 보내려니 걱정이 됐다. 함께 가려고 했지만 너무 아파서 못 간 게 아쉬웠다. 잠시 후 박 선생님께 전화가 왔다. 보고서와 특색 사례를 따로 철하여 제출해야 하는데, 잘못 해간 것 같다고 했다. 겨우 다시 수정 작업을 해 제출했다. 그제서야 마음이 놓였다. 함께 고생한 박 선생님께 뭐라고 감사의 말씀을 드려야 할지 모르겠다. 입안이 헐어 음식조차 먹기 힘들고 괴로웠지만 보고서가 완성되었으니 너무너무 기뻤다.

우리의 노력과 정성이 통했던지 열심히 준비했던 전국 100대 교육과정 우수학교 실사 대상 학교에 우리학교가 선정되었다. 이번에는 교육부에서 현장실사를 나왔다. 남녀 교장 선생님 두 분이 현장실사를 하기 위해 우리학교를 방문한 것이었다. 나는 교장실에서 함께 차를 마시며 산촌 유학의 동기, 과정, 성과 등을 자세히 설명해 드렸다. 두 분은 매우 밝고 긍정적인 표정으로 고개를 끄덕이며 이야기를 잘 들으셨다.

잠시 후 이야기를 마치자 곧바로 실사장인 도서실로 안내했다. 먼저 우리아이들의 교육활동 결과물을 살펴보셨다. 특히 3년 동안 꾸준히 실천했던 주제 일기장, 크로키 연습장, 사이버학습장, 꿈나무 공책, 텃밭 가꾸기 관찰장 등을 집중적으로 살펴보셨다. 그리고 학년별 교육과정의 재구성 부분도 자세히 살피셨다. 이밖에도 프로젝트학습 보고서와 결과물, 화상수업 학습장, 체험학습 보고서도 눈 여겨 보셨다. 역시 보통 분들이 아니었다.

면담 시간이 되자 여교장 선생님은 학부모와 학교운영위원들에게 일일이 전화를 하셨다. 나중에 이분들에게 들어보니 학교 교육과정에 대해 심도 있는 질문을 해서 당황스러웠다고 한다. 그래도 내가 사전에 보내드린 학교 교육과정 요약서를 읽어 본 덕분에 답변을 잘 했다고 했다. 이 때 남교장 선생님은 전교 학생회 임원들을 불러 구체적으로 면담을 했다. 그 중에는 서울에서 유학 온 부회장 연우도 있었는데'

"연우는 왜 유학을 왔어?"

"네, 저는 서울에서 공부하는 것이 재미가 없었어요. 엄마가 맨날 공부하라는 것도 싫었어요. 그래서 병원도 다니고 약도 먹었어요."

"이 학교에 유학을 오니 무엇이 좋아?"

제4장 교육의 열매들 • 253

"공기가 맑아서 좋고요. 마음도 편안하고 친구들도 잘 해줘요. 학원을 안 다녀서 좋아요. 선생님도 친절하고요. 공부도 재미있어요. 서울에서는 공부하기 싫어서 돌아다녔는데, 여기서는 약을 안 먹어도 괜찮아요. 나는 여기가 좋아요."

"이 학교에서 가장 재미있는 것은 무엇이지?"

"날마다 중간시간에 들판 길 걷는 것이 재미있어요. 텃밭에서 고추랑 토마토를 가꾸는 것도 재미있고요. 사물놀이 하는 것도 재미있어요."

"그래. 연우는 사물놀이 할 때 무슨 악기를 치지?"

"저는 북을 치는데요. 장구, 꽹과리, 징소리를 들으면서 북을 치면 기분이 좋아져요."

"연우는 언제까지 여기서 학교를 다닐 거야?"

"네, 6학년까지 쭉 이요. 여기서 졸업까지 하고 싶어요."

이어서 남교사 1명과 여교사 1명도 면담을 했다.

"산촌 학교에서 근무하기는 어떤가?"

"유학생인 도시아이들과 시골아이들이 섞였는데 가르치는데 어렵지 않은가?"

"산촌유학에 대해 어떻게 생각하는가?"

"연우는 어떻게 달라졌는가?"

"연우의 변화는 산촌 유학 때문이라고 생각 하는가"

많은 질문을 했지만 우리선생님들은 또박또박 답변을 잘 했다고 했다. 이 분은 특히 연우 이야기를 많이 했다고 했다. 면담을 마칠 무렵, 이분들은 두 사람이 너무 잘 어울린다며 나중에 꼭 결혼하면 좋겠다고 했단다. 우리 선생님들이 생글생글 웃으면서 이야기하는 모습이 예쁘게 보였던가 보다. 여러 가지 긍정적인 이야기를 들으니 좋은 느낌이 밀려왔다.

현장실사를 마친 두 분 교장 선생님은 정중히 인사말을 남기고 떠났다.

"많은 열정, 진심으로 배우고 갑니다."

전체적으로 오늘 교육부 실사 후의 느낌은 정말 좋았다. 묵은 체증이 다 내려가는 듯 속이 시원했다. 그동안 앓았던 복통, 두통, 치통까지 다 시원해지는 느낌이었다. 큰아들처럼 든든한 우리 박 선생님은 그동안 진짜 고생 많았다.

다시 재경옴천향우회

나는 새벽 4시부터 뒤척거리다 일어나, 5시 반쯤 서울로 출발했다. 재경옴천향우회 정기 총회에 참석하기 위해서였다. 10시가 넘어서 관악구 보라매동에 도착했다. 학교홍보, 농산물 판매 등을 마치고 11시 반쯤 종로구 국일관으로 자리를 옮겼다. 오후 1시부터 재경옴천향우회 정기총회를 시작했다. 백 회장님, 조 회장님 등 그대로 반가운 모습들이었다. 모두들 오랜만에 뵈었다. 회장, 면장, 의원의 축사 후, 내가 앞에 나가서 우리 학교의 현황, 변화된 점 등을 이야기 하니 많은 박수를 보내주셨다.

강진 병영, 작천출신 회장님들이 인사를 건네시면서 많은 격려를 해주셨다. 학교 홍보를 끝내고 오후 3시경에 다시 옴천으로 출발했다. 옴천 학교 관사에 도착하니 밤 9시가 넘었다.

드디어 전국 100대 교육과정 우수학교 선정

우리 학교는 교육부 실사를 통과하고 마침내 전국 100대 교육과정 우수학교로 선정되었다. 참으로 기적같은 일이 일어난 것이다. 나는 이 기쁨을 그동안 고생했던 박 선생님과 나누고 싶었다. 그는 누구보다 교육과정을 작성하는데 수고를 아끼지 않았다. 아무리 교육프로그램이 좋아도 그 내용을 논리적으로 정리하지 못하면 인정 받지 못한다. 박 선생님은 그동안 교장인 나와 함께 처음부터 끝까지 문구하나 하나를 보면서 검토하고 수정하였다. 나는 박 선생님을 꼭 안아주며 그동안의 노고를 위로하며 눈물을 흘렸다. 나는 강진군 옴천초가 이런 상을 받을 수 있게 된 것은 산촌 유학의 결과라고 생각했다. 우리는 그동안 옴천초가 지닌 지역적 특성을 활용한 특성화 교육을 시행했다. 아이들이 자연과 하나가 되어 생태적 감수성을 배우고, 지속 가능한 삶의 세계를 경험하게 하였다. 교사들은 지식 위주의 교육을 벗어나 자연이 주는 소중한 지혜들을 아이들이 경험하게 하였다.

교사와 학생 그리고 마을이 하나가 되어 옴천초만이 지닌 교육 프로그램을 만들었다. 하지만 그동안 남이 하지 않은 실험적이고 도전적인 교육 프로그램을 시도하면서, 많은 어려움과 고난을 겪기도 했다. 그러나 그 모든 것들이 백년대계의 교육을 세우는 초석이 되었다. 나는 '전국 100대 교육과정 우수학교' 공문을 손에 들고 다시 한번 감격의 눈물을 흘렸다.

며칠 뒤 보성 다비치 콘도에서 열리는 '전남 100대 교육과정 시상식'에 참석했다. 김여선 교장 선생님의 특강이 끝나고 시상식을 했다. 안 과장님이 축하하며 한마디 하셨다.

"열심히 하더니 기어코 해냈네요."

하시면서 꽃다발과 선물을 주시니 참으로 기뻤다. 나는 도교육청으로 가는 길에 내년에 교실 2칸을 증축해준다는 반가운 소식을 들었다. 산촌 유학에 관심을 두고 계신 교육감님께 감사했다. '농어촌 교육 발전 위원회'에서는 농어촌을 위해 열심히 일하는 교사들에게 인센티브를 주는 방안을 마련하기로 했다. 또한, 작은 학교 희망 만들기 모델학교 예산도 지원하기로 했다. 이런 제도적인 뒷받침으로 우리 학교의 산촌 유학은 더욱 탄력을 받게 되었다.

오늘은 '전국 100대 교육과정 시상식'이 있는 날이다. 나는 오전 10시 30분쯤 집에서 출발해서 1시경에 여수 엠블호텔에 도착했다. 여수의 바다 날씨는 생각보다 차가웠다. 잠시 식전 리허설을 한 후에 시상식이 시작됐다. 먼저 전라남도 교육감님과 교육부 차관님의 축사가 있었다. 곧이어 학교별 상장과 표창패의 수여식을 했다. 내가 상을 받기 위해 단상에 올라가니, 교육부 차관님이 우리 학교 이름을 발음하기가 매우 어렵다고 웃으면서 악수를 청했다. 낯선 이름의 산촌학교가 대한민국 100대 교육과정 우수학교로 선정되었으니 얼마나 감격스러운 일인가? 그리고 무엇보다 기뻤던 것은 산촌 유학을 전국에 알리게 되어서이다. 우리 학교만이 갖는 독특한 교육 프로그램이 공적으로 인정받고, 대한민국 교육의 미래가 된 것이다.

여러 학교 대표자들과 사진을 찍고 담소도 나누었다. 교육의 전문가들이 모인 장소여서 그런지 기쁨이 두 배가 되었다. 특별히 저녁 시간에 수상하신 교장 선생님들과 나누는 대화는 교육의 새로운 관점들을 발견할 수 있었다. 내가 보지 못한 것들을 교육의 비전으로 세우고, 그 교육을 현장에서 실천하신 분들의 안목에 감탄했다. 바로 이런 분들이 있으므로, 대한민국 교육이 세계를 선도하는 좌표가 될 수 있다고 생각했다. 호텔에서 가진 저녁 시간은 모처럼 만의 휴식과 안식이었다. 엠블호텔 25층에서 내려다보는 여수의 밤 풍경은 참으로 아름다웠다.

반복되는 서울 출장

오늘도 서울 출장이 있는 날이다. 옴천에서 광주에 오니 눈이 많이 내렸다. 나는 서둘러 송정리역으로 갔다. 서울에서 규윤이 어머니와 면담 약속이 잡혔기 때문이었다. 남편의 도움으로 겨우 남광주역에서 출발해 송정역으로 갔다. 선물로 영광 모시송편을 사들었다. 11쯤에 용산역에 도착해서 산촌 유학을 고민한 규원이 어머니를 만났다. 함께 점심을 같이하면서 아이의 문제를 논의했다. 막상 아이를 강진군 옴천면까지 보내자니, 걱정이 많이 된다고 하셨다. 나는 학교가 준비한 교육 시설과 프로그램 그리고 무엇보다 아이를 친 자식처럼 보살피겠다고 다짐했다. 나의 열정에 규원이 어머니가 확신하고 산촌 유학을 보내겠다고 결심을 했다.

나는 학부모 상담이 끝나자마자, '농촌 교육문화복지 지원사업 설명회'가 있는 KTX 광명역으로 갔다. 사업설명회를 들으면서 우리 학교에 필요한 것들이 무엇인가를 꼼꼼히 살폈다. 우리 학교는 지속적으로 농촌 교육문화복지 지원사업을 받아야 했다. 이 지원사업이 우리 산촌 유학의 경제적 기반이 되고, 아이들에게 다양한 교육 혜택을 제공할 수 있기 때문이다. 담당관이 농림부 사무관님께 우리 학교의 상황에 관해 설명했다. 올해는 조금 더 특별한 혜택들이 있는지 물었다. 사무관님은 새로운 지원사업이 나오면 무엇보다 우리 학교에 연락을 주신다고 하였다. 이 모든 것이 감사할 뿐이다. 전화로 물어보지 않고 직접 발로 현장을 찾아와서 물으니 모든 것이 쉽게 해결되는 것 같았다.

산촌 유학의 보람

얼마 전 한겨레 신문에 전라남북도 지역의 농촌 유학의 현황이 보도되었다. 우리 학교의 상황이 다른 산촌 유학과 비교하면서 잘 보도되었다. 나는 한겨레 신문 안관옥 기자와 인터뷰하면서 한해 100여 건의 상담 전화를 받는다고 했다. 그리고 대부분 부모가 농산어촌 유학을 대안학교나 특수학교에 보내는 것으로 잘못 알고 있다고 했다. 공교육을 통해서 도시학교가 하지 못한 생태교육과 인성교육을 하고 있음을 강조했다. 이런 나의 노력의 덕분인지 우리 학교의 산촌 유학은 다른 학교와 비교되지 않는 성과를 거두었다. 전국에서 많은 학생이 시설조차 제대로 갖추지 않은 이곳으로 온 것은 기적이었다.

지난번 내가 서울에 가서 면담했던 규원이 어머니가 시어머님과 아이들을 데리고 학교를 방문했다. 아이가 거주할 집과 마을 어른들을 만나보았다. 우리 학교는 농가형으로 산촌 유학을 하므로, 아이를 담당해줄 마을 주민의 역할이 무엇보다 중요하다. 그래서 아이와 함께할 어르신들은 나와 수시로 만나서 대화를 하고 있었다. 규원이 어머니는 매우 만족하시고 다시 일정을 알려주겠다고 하였다.

내가 유학생 아이들에게 할 수 있는 것은 무엇인가? 학교에서 기존 학생들과 사이좋게 지내면서, 동시에 농가에서 자기 집처럼 편안하게 지내게 하는 것이다. 또한, 학교는 아이들의 특성에 맞는 다양한 프로그램을 제공하여 도시 아이들에게 뒤처지지 않게 하는 것이었다. 그래서 나는 정부 지원사업을 찾아서 사업을 따내는데 많은 시간과 노력을 했다.

오늘은 예고도 없이 부산에서 한 어머니가 남자아이를 데리고 왔다. 나는 깜짝 놀라서 어떻게 알고 왔느냐고 물었다. 그랬더니 어머니는 인터넷으로 검색해보고 직접 현장을 보기 위해서 왔다고 했다. 어머니는 아이가 친구 관계로 학교에 적응하지 못하고 있다고 했다. 나는 아이를 데리고 학교의 이곳저곳을 보여주고서 기분이 어떠냐고 물었다. 아이는 고개를 숙이면서

"마음이 편하고 좋아요, 이 학교에 다니고 싶어요"라고 말했다. 어쨌든 나는 그 말을 듣는 순간 기분이 좋았다. 바로 이런 보람 때문에 산촌 유학 일에 매진해 왔다. 나는 이 아이가 꼭 우리 학교로 유학 오기를 간절히 소망했다. 면장님이 갑자기 전화하셨다.

"교장 선생님, 군에서 빈집 수리사업을 하는데 옴천면에 두 채가 확정되었단 말입니다. 어떤 집을 수리하면 좋을지 교장 선생님이 직접 골라주세요."

깜짝 놀랐다. 나는 지체하지 않고 중국 유학생 상구가 살고 있는 집과 비어 있지만 앞으로 유학생이 살 집인 송용의 빈집을 추천했다. 고마우신 면장님이었다. 매우 적극적이고 확실해서 이루 다 말로 표현할 수 없는 분이었다.

조선일보에 소개된 옴천초등학교

하루는 전남대학교 지리학과 이정록 교수님께서 전화하셨다. 조선일보에 교육과 관련한 칼럼을 쓰시는데, 우리 학교의 산촌 유학에 관해 글을 쓰고 싶다고 하셨다. 그래서 학교를 방문하여 아이들과 교사들을 인터뷰하고 현장을 보고 싶다고 하셨다. 이 교수님은 금요일에 학교를 방문하여서, 아이들의 수업과 숙소까지 꼼꼼히 확인하셨다.

그에 관한 기사가 2016. 04. 14. '조선일보 오피니언'에 실렸다. 그 내용은 다음과 같다.

[열린 포럼] 전국에 있는 '옴천초등학교'의 고민
이정록 전남대 지리학과 교수

전국농촌 면(面) 단위에 있는 많은 학교는 학생이 없어 폐교 위기에 처해 있다. 학생이 없으면 폐교가 마땅하지만 그렇게 간단한 문제가 아니다. 학교는 마을이 살아있다는 상징이자 마을을 살아나게 하는 원동력이라 그렇다. 전국에는 학교와 지역사회가 협력해 폐교 위기를 극복한 사례가 제법 있다. 전남 강진군 옴천초등학교도 그런 경우다.

옴천면 인구는 783명(2016년)이고 65세 이상 고령 인구가 40.7%다. 전남 297개 읍·면·동 중 인구가 꼴찌에서 둘째다. 옴천초교는 옴천면의 유일한 학교이지만 전교생은 33명뿐이다. 2013년 15명으로 줄어 폐교 위기까지 갔지만, 지금은 사정이 달라졌다. 도시에서 전학 오는 학생이 매년 늘어 전교생의 39%(13명)가 유학생이다. 학생이 없어 2개 학년이 한 교실에서 복식 수업을 했지만, 현재는 정상화됐다. 도시 아이들이 6개월 이상 농촌학교에 다니며 시골 생활을 체험하는 '농촌 유학' 프로그램을 도입한 교장 선생님 노력과 강진군의 재정 지원 덕분이다.

 학교가 살아나면서 마을에도 생기가 돌고 있다. 노인뿐인 마을에 아이들이 나타난 것이다. 유학생들은 학교 인근 마을의 가정에서 '홈스테이'를 한다. 농가의 할아버지·할머니가 보호자다. 인천에서 유학 온 2명을 데리고 있는 옴천면 노인회장 부부는 집이 시끌벅적하니 좋단다. 유학생을 돌보는 전업(專業)농가도 생겼다. 중간놀이 시간에 전교생이 논두렁을 걷는 모습은 새로운 풍경이 됐다.

 옴천초교 프로그램엔 특장(特長)이 있다. 옴천초교 유학생은 일반 가정집에서 할아버지·할머니와 함께 산다. 다른 지역의 학교에 다니는 유학생들은 대부분 '유학센터'라 불리는 기숙사에서 공동생활을 한다. 옴천초교 교장 선생님이 주민들을 설득해 운영하게 된 전국 최초의 모델이다. 농촌 유학을 선호하는 도시 학부모가 옴천초교에 관심을 두고 아이들을 보내는 이유다.

 이런 옴천초교에 고민이 생겼다. 홈스테이를 지속하려면 농가의 일손을 덜어줘야 한다. 방과 후 학생들을 일정한 교육 프로그램에 참여시키고 저녁을 먹여 귀가시키면 학생과 농가 모두에게 좋다. 이를 위해 주민·학부모·교직원이 참여한 '옴냇골산촌유협동조합'도 만들었다. 하지만 프로그램 운영 경비와 아이들 저녁 밥값이 문제가 됐다. 이곳저곳에 도움을 청했지만 여의치 않다. 프로그램 운영자도 아직 찾지 못했다. 이런 고민은 옴천초교만이 아니다. 2012년 전국 최초로 조례를 만들어 농촌 유학을 적극적으로 장려했던 전북의 여러 학교도 비

숱한 처지다.

농촌 유학은 실재하는 수요다. 이를 희망하는 학부모가 있다. 작은 학교를 존속시키려는 시·도 교육청과 시·군의 현실적 이해도 있다. 농촌의 소규모 학교 통폐합만이 능사가 아니므로 작은 학교를 살리는 방책이 필요하다고 생각하는 사람이 많다. 지역주민들은 더 절실하다. 그렇다면 적절한 방책을 모색해야 한다. 지금처럼 농촌 유학사업을 농림축산식품부에만 맡겨서는 안 된다. 올해 예산 6억6000만 원으로 무엇을 얼마나 하겠는가. 교육부·교육청·지자체·학교 등이 함께 현실적 해법을 찾아봐야 한다. 전국에 있는 '옴천초교'들의 고민을 해결하기 위해….

드디어 유학센터 공사 시작

드디어 숙원사업이던 유학센터 공사를 시작했다. 오후에 군청에서 나와 쓰러져가는 빈집 철거 공사를 하는 모습을 보니 감회가 남달랐다. 그동안 유학센터 계획을 수립하고 준비한지 무려 3년이 지났다. 지금 내 눈앞에서 꿈이 펼쳐지고 있는 것이다. 유학센터가 지어진다 생각하니 이렇게도 벅찰 수가 없었다. 이날이 오기까지 센터 구축사업은 숱한 사연이 있었다. 학교 앞에 농가를 구입하는 일부터 힘이 들었다. 집 주인이 타지에 살고 있어서 겨우 찾아 만나서 그 집을 구입하였다. 물론 이

센터가 수립되기까지는 도지사님, 교육감님, 군수님, 수자원공사의 절대적인 지원이 있었다. 한 때 군비지원은 군 의회에서 삭감되는 바람에 잠시 긴장한 적도 있었다. 그래서 나는 군의회 의장님까지 찾아가서 예산을 살려놓았다. 이 모든 일들이 주마등처럼 스쳐지나 갔다.

옴천유학센터가 세워지면 아이들을 더 잘 보살필 수 있고, 보다 많은 유학생들을 모집할 수 있다. 그래서 나는 그동안 빨리 유학센터가 세워지기만 바랬다. 홀로 기쁨의 상념에 빠져있을 때, 군청의 농촌 유학 담당자한테 반가운 전화가 왔다. 지난번에 이야기한 선진유학센터 견학을 가기로 했다는 연락이었다. 군청에서는 두명, 면사무소에서 한 명, 우리학교에서는 나와 행정실장, 이장사모님, 하경이 어머니가 함께 가기로 했다.

오후에는 서울에서 유학 온 4학년 서준이와 상담을 했다. 그런데 서준이는 이장님 댁에서 형들과 함께 홈스테이 하는 것이 정말 힘들다고 했다. 하경이 누나가 거주하고 있는 집으로 가면 형들도 편하고 자신도 편할 것 같다고 대안까지 제시했다. 대체 무슨 일이 있었던 것일까?

서준이는 상대방까지도 배려하는 의젓하고 속 깊은 아이였다. 나는 서준이를 조용히 불러서 이유를 물어보았다. 서준의 성격은 부드럽고 온순했다. 그런데 상대적으로 같이 숙박하고 있는 6학년 형은 과격하고 거칠었다. 그래서 형들과 있는 것이 매우 불편하다고 했다. 나는 '그동안 서준이가 얼마나 힘들었을까?' 하면서 안아주며 다독여 주었다.

저녁에는 서준이 어머니에게 전화를 해서 낮에 상담한 이야기를 전해주었다. 그래서 서준이는 하경이네 집으로 가기로 했다고 했더니, 서준이 어머니는 펑펑 울면서 고맙다고 했다. 부모 마음은 모두 다 똑같다. 자나 깨나 자식걱정뿐이다. 나 역시 자식을 키우는 부모 마음을 잘 헤아리기에 함께 울었다. 서준이 어머니는 아이들 문제에 대해 나와 숨김없이 이야기했다.

서준이는 우리 학교에서 초등학교를 마치고 서울에서 고등학교를 다니고 있다. 지금도 생각이 나면 서준이 어머니와 통화를 하곤 한다. 서준이가 초등학교 시간을 옴천에서 보내면서 아주 어른스러워졌다고 한다. 이 글을 쓰고 있는데, 얼마 전 서준이 어머니와 통화를 하게 되었다. 서준이 어머니는 그때를 기억하며 소감문을 보내 주었다.

"우연히 옴천초등학교가 산촌유학 서울박람회를 하는 것을 알게 되었습니다. 그때 나는 처음 임금순 교장 선생님을 뵈었습니다. 임금순 교장 선생님을 기억하면 '열정'이라는 단어가 떠오릅니다. 우리 서준에는 옴천초등학교에서 너무도 값진 1년을 보냈습니다. 임금순 교장선생님께서 하루는 아들에게 이런 말씀을 하셨다고 합니다. "우리 서준이 너무너무 잘한다. 멋지다!" 사실 서울에서는 교장선생님과 친한 학생들이 과연 몇이나 되었을까요? 늘 칭찬을 머금고 계신 옴천초등학교에서 우리 아이는 좋은 추억을 만들었습니다. 주말에 만나는 저에게도 늘 격려해주시고, 이 시간이 그냥 지나가는 시간이 아님을 알려주셨습니다. 참으로 고마운 교장선생님이었습니다."(2022년 1월 2일 편지 중에서)

또 하나의 반가운 소식이 기다리고 있었다. 인천에서 온 4학년 여학생이 어머니와 유학 상담을 하려고 날 기다리고 있었기 때문이었다. 상담을 한 후에 아이와 함께 어머니도 이곳에 와서 살겠다는 것이다. 참으로 어려운 결단을 하신 것이다. 나는 당장 살 집을 알아 봐야 했다. 저녁에 남학생들을 돌보시는 교회 장로님과 많은 이야기를 나누었.

아이들 때문에 수고가 많으시니 그 감사함은 이루 말할 수 없었다. 하지만 걱정되는 부분이 몇 가지 있어서 거듭 잘 살펴주시라고 부탁을 했다. 그러나 이 모든 일이 옴천 유학센터가 세워지면 해결될 것 같았다. 그래서 나는 공사를 진행하는 현장을 보면서 매일 위로를 얻었다.

선진유학센터를 찾아서

오늘은 아침 일찍 행정실장, 하경이 어머니, 면사무소 이 팀장, 군청 친환경농업과 담당자, 총무과 담당자와 함께 강원도 춘천의 '별빛유학센터'로 견학을 갔다. 오후 3시쯤 그곳에 도착하자, 윤요왕센터장님이 반갑게 맞이해 주셨다. 우리는 센터를 돌면서 시설에 관한 설명을 들었다. 유학생은 모두 17명인데, 송화초에 다니고 있었다. 별빛유학센터가 작은 학교를 살리고 있었다.

우리는 센터를 돌아본 후 아이들이 다니고 있는 송화초도 방문했다. 교장 선생님을 만나 학교 프로그램과 교육의 특성을 듣고, 학교를 전체적으로 살펴보았다. 학교 옆에 텃밭이 잘 가꾸어져 있었으며, 특별히 목공예실이 있었다.

유학 온 아이들이 마을 주민들과 함께 목공예를 하는 곳이었다. 유학센터장은 센터와 학교의 유기적 관계를 설명하였다. 센터의 현황을 살펴보니, 교육부의 '사회적 협동조합인가'를 받아 예산과 인력지원을 받고 있었다. 그리고 아이들을 돌보는 농가는 여섯 곳이었다. 유학생은 보통 한 가정에 두세 명씩 거주하고 있다고 했다.

유학생들은 학교에서 하교하면 곧바로 유학센터로 돌아와서 '방과후학교 수업'을 받았다. 숙제나 놀이 등 여러 프로그램에 참여하고, 밥을 먹고 저녁 7시쯤 각각 농가로 돌아간다고 했다. 아이들은 농가에서 편안하게 지내다가 다음날 아침밥을 먹고 학교에 등교했다.

별빛유학센터가 초고령화된 마을에 여러모로 활력을 주고 있었다. 센터는 아이들과 함께 음악회, 축제 등을 하면서 어른들과 하나가 되고 있다. 곧 유학센터가 침체하여 있던 마을에 새로운 바람을 일으키고 있었다. 우리는 유학센터에서 마련한 저녁을 맛있게 먹고, 마을에서 운영하는 '생태 마을' 펜션에서 하룻밤 여장을 풀었다.

우리는 다음 날은 유학센터장님과 간담회를 했다. 유학센터를 운영하면서 발생하는 여러 가지 문제들을 전해주었다. 특별히 각기 다른 특성을 보인 아이들이 센터에서 함께 생활하는 데는 지속적인 사랑과 관심이 필요하다고 주문했다. 나는 여러 가지 궁금했던 사항들을 질문했고, 경험이 풍부한 센터장님이 잘 답변해주었다. 우리는 이곳에서 점심을 먹고 곧바로 '단양 한드미마을 유학센터'로 출발했다.

단양에 도착하니 비가 많이 내렸다. 동네 입구에 들어서는데 자연환경이 하늘 아래 첫 동네처럼 아름다웠다. 가만히 살펴보니 온 동네가 체험학습코스였다. 아이들이 도시에서 경험하지 못한 자연환경이 꾸며져 있었다. 아이들이 묵고 있는 유학센터도 다른 곳과 비교할 수 없이 좋았다.

한드미 농촌유학센터의 교육철학은 사는 것이 배우는 것이고, 배우는 것이 삶이다. 자연과 더불어 살아가는 것이 교육이다. 농가와 마을, 그리고 유학센터와 학교가 서로 유기적 관계를 맺고 있었다. 아이들은 대자연 속에서 마을과 센터 그리고 학교를 오가며 삶을 배운다.

유학센터의 공간구조는 크게 세 개의 동으로 구분되어 있었다. 세 개의 동에 저학년과 고학년, 중학생, 여학생들이 따로 생활하게 되었다. 중앙 센터 동에는 급식실, 방과 후 수업실, 체험실 등이 있었는데 규모가 워낙 커서 우리 학교에 비하면 마치 대 기업의 건물처럼 보였다.

당시 내가 방문했을 때, 유학생은 47명이었다. 그중 중학생이 13명이나 되었다. 초등 유학생들은 가무초 분교장에 다닌다고 했다. 아이들은 오후 2시 반이면 센터로 하교하여, 여기에서 방과후학교 수업을 받는다고 했다. 아직 유학센터 건물이 세워지지 않는 우리 학교로서는 모든 것이 부러울 뿐이었다.

이곳의 운영책임자이신 대표님은 도시에서 살아가 고향인 이곳에 귀촌하여 마을과 학교를 살리신 분이었다. 나는 방문을 마치고 내려오는 길에 유학 상담 전화를 받았다.

선진유학센터를 방문하고 나온 선물이랄까 나는 기쁘게 산촌 유학의 좋은 점들을 안내해 드렸다. 전화 상담을 한 후에 학부모님은 다음 주 초에 아이를 데리고 학교를 방문하신다고 했다. 나에게는 무엇보다 복된 소식이다. 나는 선진유학센터 방문을 마치고, 빨리 우리 학교의 유학센터가 완공되길 기도했다.

지혜로운
아이들

드디어 부산에서 4학년 윤성이가 유학을 왔다. 윤성이는 이장님 댁에서 홈스테이하기로 했다. 윤성이가 38번째 유학생이었다. 그리고 올해만 해서 7번째 유학을 온 학생이었다. 윤성이가 적응을 잘해 우리 학교에 오랫동안 잘 다녔으면 좋겠다.

오후에는 '하부르타' 수업 강의를 들었다. 유대인의 학습법인 질문과 토론을 익히는 학습법이었다. 다시 들어도 너무너무 좋은 내용이었다. 우리학교에 적용하면 정말 좋은 수업방법일 테니 적극 실천하도록 노력해야겠다.

도서실에서 전국우체국그림 대회에 응모할 그림지도에 열중하고 있는데, 방과후학교 사물놀이 강사 선생님이 오셨다.

"교장 선생님, 부산에서 온 윤성이가 꽹과리를 너무너무 잘 쳐요. 장구도 그렇고요."

하며 칭찬을 했다. 윤성이가 적응을 잘한다는 말을 들으니 정말 다행이었다. 윤성이는 매우 영리한 아이였다. 유학 온 지 얼마 되지도 않았는데 친화력이 좋아 동료들, 선후배들과 금방 친해졌다. 윤성이는 늘 마음이 편안한 우리학교가 좋다고 했다. 모든 아이들이 윤성이만 같았으면 좋으련만, 으레 그렇듯이 아이들은 천차만별이었다.

아침부터 비가 내렸다. 드디어 기다리던 규현이가 부모님과 함께 학교에 왔다. 규현이는 질문이 많은 아이였다. 지혜로운 아이로 보였다. 적응도 잘할 것 같다. 학교와 교육과정을 설명하고 교실을 안내하니 아이가 좋아한다. 홈스테이는 이장님 댁으로 안내했다. 숙소도 무척 마음에 들어 했다. 5학년이 세 명이라 걱정했는데 한 명이 더 늘었으니 정말 잘 된 일이었다.

반딧불이교실 강사 어머니들과 교육과정 협의를 했다. 중국어 수현이 어머니, 일본어 남정 어머니, 제과제빵 나미 어머니, 미술교육 담당인 내가 각자의 교육에 관한 이야기를 나누는 시간이었다. 화요일은 중국어와 일본어 수업, 목요일은 제과제빵, 미술수업을 하기로 재정비했다.

부산에서 오신 나미 어머니와 창원에서 오신 하경이 어머니께 작은 선물을 드렸다. 고생이 많으신 이장님 댁에도 탁자 선물을 드렸다.

특별히 이 책을 정리하기 위해서 방문했던 나미네 가정은 부산에서 온 가족이 이사 온 경우였다. 지금은 병영면에서 유기농 빵집을 하면서 어엿한 지역주민이 되었다. 나는 교육이 지역도 살리고, 대한민국의 균형과 발전도 가져올 수 있다고 확신한다.

전남도의회교육위원회 곽영체 위원장님께 협동조합과 유학센터 지원문제에 관한 건의를 했다. 서둘러 신청해보라고 했다. 군청 친환경농업과 과장님, 팀장님과도 통화를 했다. 유학생, 유학센터 지원문제를 말씀드렸다. 군청에서는 얼마 전 일본 현지에서 자매결연을 하고 왔다고 했다. 일본 학교에 우리 학교 학생들의 그림을 선물한 후, 그쪽과 국제교류를 지원해달라고 했는데 예산 확보 문제 때문에 쉽지 않다고 했다. 그래서 일단 화상통화부터 해본다고 했다. 우리도 화상수업 교류를 시도해봐야겠다. 학부모 학교 참여 지원사업 컨설턴트 사전협의회에 참석하기 위해 도교육청에 다녀왔다. 오랜만에 기록담당 팀장님을 뵀다.

반딧불이저녁교실 때문에 서둘러 학교로 돌아왔더니 부산과 인천에서 윤성이 어머니와 민정이 어머니가 오셨다. 연우 아버지도 곧 도착한다고 전화를 했다. 운동회에 참석하기 위해 먼 곳에서 오신 것이었다. 참 적극적인 분들이다.

윤성이 어머니께, 이장 사모님과 송용 마을의 빈 집을 안내했다. 마음에 들어 하며 내일 당장 주소를 이곳으로 옮기겠다고 했다. 참 결단력도 빠른 분들이다. 옴천에 또 인구가 불어난다고 생각하니 기분이 좋았다.

석준이 아버지와 통화를 했다. 석준이 장학금 전달식에 참석이 가능한지를 물었더니 어렵다고 했다. 석준이 아버지는 시간을 낼 수 있어 참석하기가 어렵지 않았을 건데, 미리 전해드리지 않은 내 불찰이었다.

3개교 연합 운동회

　작천초에서 병영초, 옴천초 3개 학교가 모여 운동회를 하는 날이었다. 밝은 노란색 상의와 파란색 하의로 된 운동복을 입혀 아이들을 데리고 갔다. 내 눈에만 그래 보였는지는 모르겠으나 우리학교 학생들이 더욱 돋보이고 예뻐 보였다.

　3개 학교 학생들이 모여 이벤트사 직원의 진행에 따라 실내 체육관에서 운동회를 했다. 그간 아이들 운동회 풍속도 많이 변했다. 학생과 학부모, 지역민들이 매우 즐겁게 참여했다. 옛날 운동회는 매스게임, 부채춤, 소고놀이가 필수적이었다. 그때는 땡볕 아래의 운동장에서 많은 학생들을 지도하느라 무척 힘들었지만 온 동네의 축제장이었다.

　이젠 학생 수마저 줄어 그런 운동회는 상상조차 할 수 없는 시대가 되었다. 아쉽지만 이렇게라도 3개 학교가 모여 즐겁게 운동회를 할 수 있으니 다행이었다. 비용도 절감하고, 선생님들도 고생하지 않아도 되었다.

　운동회가 끝나고, 하교한 후에 승국이를 광주로 데리고 가 버스를 태워 집으로 보냈다. 그리고 전라남도 인재육성장학금 수여식에 참석하기 위해서 한성이, 석준이, 나미를 데리고 도청으로 출발했다. 서재필 실에서 장학증서 수여식을 하기로 했기 때문이었다.

그런데 수여식 직전에 깜짝 놀랐다. 이낙연 도지사님께서 무척 반가워하며 옆 자리의 도시가스 사장님들께 나를 소개하는 것이 아닌가. 얼떨결에 일어난 일이었는데 몸 둘 바를 모르겠다. 장학증서 수여식이 끝난 후 도지사님과 기념사진 촬영을 했다. 아무튼 도지사님은 기억력이 대단했다. 인재양성과에 들러 과장님, 담당자에게 유학센터 현황을 이야기하고 지원을 다시 한 번 부탁했다.

경기도 분당에 사는 1학년 문호 어머니가 유학 상담을 위해 전화를 하셨다. 한참 이야기를 나누었더니 이번 주말에 학교를 방문하겠다고 했다.

직원 협의회 때 유학 상담 이야기를 하면서 산촌 유학에 대한 이해와 관심을 높이기 위해 더 부연 설명을 했다. 수업과 생활지도에 더욱 노력하시되, 전교직원들은 유학생들에게 각별히 신경써주기를 부탁했다. 도의회위원장님, 군청 과장님, 면장님이 공사 중인 유학센터를 방문했다. 공사장에서 땀 흘리며 일하는 아저씨들께 커피와 음료수를 드렸다.

"수고 많으십니다. 우리학생들이 지낼 곳이니 튼튼하게 잘 지어주세요."

"네, 당연하지요. 그런데 학생들이 지낼 거라면 혹시 기숙사인가요?"

"아니요. 도시에서 우리학교로 유학을 온 학생들이 지낼 센텁니다."

"유학이요? 아니, 옛날에는 시골에서 도시로 유학을 갔는데 이제는 도시에서 시골로 유학을 와요?"

"네, 우리 학교가 바로 그런 학교입니다. 현재 서울, 경기, 인천 등지에서 우리 학교로 유학을 와요. 지금은 지낼 센터가 없어서 애들이 동네 가정에서 지내요. 완공되면 다들 여기서 지냅니다."

"아, 그래요. 보통 학교가 아니네요. 열심히 지어 보겠습니다. 커피 정말 고맙습니다."

하며 웃으셨다. 유학센터가 이제는 모양도 갖춰가며 서서히 자태를 뽐내기 시작했다.

전남교육연수원으로 출장을 갔다. 교육과정 연찬회에 참석했다. 들어보니 교육과정의 방향도 달라지고 수업혁신에 대한 비중은 오히려 더 커졌다. 오는 길에 연수원장님을 만났다. 매우 친절하시고, 칭찬까지 해주니 감사했다. 돌아와서 학부모 학교지원사업 계획서를 검토하고 컨설팅을 준비하다 보니 어느새 밤이 깊어갔다.

강진군 실내체육관에서 전체 교직원들이 모여서 하는 청자골 어울림 한마당 체육대회가 열렸다. 배구를 했지만 우리학교는 초반에 미끄러졌다. 하지만 경품추첨에는 몇 사람이 당첨됐다. 체육대회 중 순천의 규현이, 분당의 문호 부모님과 통화했다. 다음 주에 꼭 온다고 했다. 안도의 한숨을 내쉬었다.

용정중학교 여름캠프에 승국이, 동철이, 동해를 참가시키기 위해 미리 예약을 했다. 캠프에 참가해서 용정중학교를 알고 경험하게 해 진학에 대한 꿈을 심어주기 위해서였다. 용정중학교에 유학생들이 많이 진학하면 우리학교에도 좋다. 나는 학생들이 더 많이 유학을 올 수 있을 것 같아서 캠프와 진학에 더욱 관심을 쏟았다.

끊임없는 컨설팅, 그리고 그림 상담

에코 스쿨 컨설팅을 하기 위해 진도 지산초에 갔다. 진도읍에서도 꽤 시간이 걸렸다. 1시간 10분이나 걸려 도착했다. 활짝 핀 철쭉꽃이 나를 반겼다. 풍광이 아름다운 학교였다. 담당 선생님 두 분, 환경단체에서 오신 한 분과 컨설팅을 시작했다. 여러 가지 환경 관련 이야기를 나누었다. 쌀뜨물의 부영양화 현상에 대해 새롭게 알게 되었다. 컨설팅 덕분에 진도여행을 하였지만 광주까지 오는 길이 참 길고도 멀었다. 2시간 20분 정도 걸렸다.

다시 에코스쿨 컨설팅을 하기 위해 해남의 삼산초에 갔다. 학교는 대흥사 가는 길목에 있었는데 숲으로 둘러싸여 매우 아름다웠다. 선배이신 교장 선생님께서 반갑게 맞이해 주셨다. 컨설팅 결과, 학교 숲이 아름다우니 산책로를 만들고, 곳곳에 야생화를 심어 사계절 꽃을 보면서 걷게 하면 좋겠다고 제안했다. 학생들이 학습도 하고, 쉴 수도 있는 공간도 만들면 더 좋을 것 같아서다. 더불어 시화전이나 사진 공모전 등을 열어 산책로 곳곳에 전시해 놓아도 효과적일 것이라고 말씀드렸다.

컨설팅을 마친 후 해남동초에 들렀다. 문 교장 선생님께서 깜짝 방문에 놀라셨다. 여전히 매우 열정적인 모습으로 독서하고 강의도 하고 계셨다. 본받을 점이 많은 선배님이었다. 모처럼 대화를 나누며 많은 것을 배우고 왔다. 학교에 돌아오니 깜깜한 밤중이었다.

광주에서 온 한 학생의 유학 상담이 있었다. 학생은 참 예쁘고 맑은데, 고집이 조금 있어 보이고 아직은 어린 것 같았다. 기초 실력도 조금은 부족해 보였다. 부모님과 함께 와서 살기를 권했다.

경기도 성남의 형제를 둔 어머니에게 전화가 왔다. 그 와중에도 현국이 어머니와 통화를 했다. 현국이 어머니가 아이들을 데리고 왔다가 결정을 못하고 간 이후 다시 유학을 결정하는 전화가 온 것이었다. 나는 아이들에게 좀 더 신경을 쓰도록 하고 유학비는 매월 초에 반드시 입금토록 다시 안내를 해드렸다. 현국이 어머니는 유학센터를 부담스러워했다. 성남의 형제 어머니는 이번 주말에 학교를 방문하겠다는 반가운 소식을 전해왔다. 두 명 모두 왔으면 좋겠다.

학부모 학교참여 지원사업 컨설팅을 위해 도교육청에 갔다. 먼저 교육진흥과 과장님을 뵙고 컨설팅에 참여했다. 많은 학교들이 프로그램 운영 계획과 예산 계획이 일치하지 않아 수정이 불가피했다. 학생과 학부모들이 유기적으로 하나가 돼서 유익한 활동을 하면서 봉사와 기부활동을 하는데 초점을 맞추도록 했다. 곧바로 손불서초 '작은 학교 희망 만들기'에 컨설팅을 갔다.

저녁에 반딧불이교실에서 중국어와 일본어 수업을 하는 모습을 돌아보았다. 성장체조까지 마무리하고 아이들을 모두 하교시키고 나니 세상이 고요했다. 깜깜한 밤중에 나 홀로 교장실에 남았다. 홀로 고독과 독대하는 시간이기도 했다. 그러나 쉴 시간이 없다. 다시 이때부터는 유학생 부모님들과 상담을 시작하여 이야기를 하는 시간이었다. 정신없이 이야기하다 보니 어느새 밤 11시가 넘었다. 가만히 바라보면 시골 학교의 운동장은 유독 검다. 칠흑 같은 운동장에 서니 오늘따라 밤하늘의 별들이 쏟아질 것처럼 아름다웠다. 하늘 한 번 올려다볼 여유도 없이 바쁘게 사는 것 같다.

교감 선생님과 장흥 댐 수자원공사를 방문했다. 인라인스케이트 장비, 일자리, 多 어울림 행사용 생수, 반딧불이 저녁교실 식사 지원 등을 협의하기 위해서였다. 단장님, 팀장님과 협의한 결과 모두 지원해주기로 하셨다. 정말 감사했다. 돌아오는 길에 병영중학교도 방문했다. 우리학교 유학생 하경이가 병영중학교에 입학했기 때문에 가능한 지원문제를 알아보았다. 앞으로도 잘 보살펴주기를 교장선생님께 부탁했다.

저녁에 반딧불이교실 미술수업을 했다. 3~4학년 학생들을 대상으로 그동안 얼마나 변화되었는지 그림 진단을 해보았다. 그다지 밝아 보이지 않는 그림들이 끼여 있어 깜짝 놀랐다. 나와 우리학교의 숙제였다. 우선 정도가 심한 아이들부터 분석을 해가며 수업을 진행했다. 수업을 마친 후 그림을 꼼꼼히 살펴보니 어느덧 밤 12시가 넘었다. 그림을 분석하는 일은 생각보다 참 어려웠다. 미술심리상담은 예전부터 관심이 많아서 원격연수를 받으며 틈틈이 공부를 해놓았다.

관련 책을 구입하여 연구하고 있지만 정말 쉽지가 않았다. 선 하나만 봐도 대상자를 알 수 있다고 했는데 내면분석이 얼마나 복잡한지 판단하기가 만만치 않았다. 문제는 시간이 많이 걸린다는 점이었다. 일정이 바쁜 나로서는 난감한 일이 아닐 수 없었다. 하지만 결과를 보면 가정환경까지 파악할 수 있을 만큼 분석력이 높은 편이었다. 그래서 학생들을 상담하고 지도

하는데 큰 도움이 됐다. 가끔씩 학부모들과 상담을 하면 그 정확한 분석에 상대방이 깜짝 놀라곤 했다.

1학년 학생들을 대상으로 HTP, 동그라미 가족화 그리기를 했다. 그런데 가장 심각한 그림은 A군과 B군 그림이었다. A군의 그림을 보니 망치가 크게 그려져 있었다. 또 누나와 동생은 표현하기조차 싫다고 했다. 그래도 한 번 그려보라고 권유했더니 마지못해 화지 뒷면에 졸라 맨처럼 대충 그린다. 생각해보니 B군은 위로 누나와 형이 있고 아래로 남동생, 여동생이 있었다. 아마 형제들 가운데 끼여서 힘들었을 것이라고 얼핏 짐작은 했지만 이렇게까지 심각할 줄은 몰랐다.

C양은 더 놀라운 그림을 그렸다. C양은 그림 속에 도끼를 그려 넣었다. 지나치게 비약하면 안 되지만 내심 걱정이 됐다. 망치와 도끼 그림은 모두 힘을 상징하는 것들이다. 언니가 한 명 있는 C양은 우려스러운 부분이 있기에 더 구체적인 지도가 필요했다. 아이들의 부모님을 만나 자세히 상담을 해봐야겠다.

나는 시간이 나면 그림을 토대로 메모를 한 후, 아이들 손을 잡고 대화를 하며, 학교 앞 들길을 걷거나 옴천사 쪽 숲길을 가면서 치유를 시도했다. 그러면 순진한 아이들은

"교장선생님은 어째서 내 마음을 그렇게 잘 알아요?"

했다. 이렇게 나름대로 대화를 하고 나면 우리 아이들은 시나브로 달라진다. 나는 그 효과를 톡톡히 봤다. 미술심리상담

은 꼭 필요한 도구이기에 우리 교사들에게 적극 추천했다.

옴천교회 사택에서 지내고 있는 하경이와 혜숙이의 손을 잡고 들길을 걸으며 많은 이야기를 했다. 다시 보니 들판 색이 가을빛으로 물들어 참 아름다웠다. 하경이는 주일 예배를 열심히 드리기로 했고, 혜숙이는 좀 더 차분해지고 밥도 잘 먹고 그림 그리기, 글짓기 등을 열심히 하기로 새끼손가락을 걸고 약속을 했다. 우리 아이들이 좀 더 일찍 적응을 하고 조금만 더 의젓해졌으면 좋겠다. 하지만 교육은 인내하고도 인내하고 또 인내해야만 결실이 맺힌다는 것을 잘 알고 있었다.

다솔이와 들길 데이트를 했다. 우리학교에 오니 좋은 것이 엄청 많다고 했다. 점심 급식 때 먹는 음식도 맛있고, 학교 시설이 유용한 것은 물론이고 방송부에서도 활동을 할 수 있으니 너무 행복하다고 했다. 부모님과 이야기를 나눌 때 다솔이에게 생각을 더 깊게 하고, 긍정적인 말을 할 것이며, 조금 더 어른스러워지자고 약속을 했다.

전남초등여성행정연구회 연수에 참가하기 위해 호텔현대로 갔다. 오마이뉴스의 오 대표님이 '행복할 수 있는가'를 주제로 열띤 강의를 했다. 내용 하나하나가 가슴에 와 닿았다. 주된 내용은 '행복이란 모두 마음먹기에 달린 것'인 만큼 더욱 더 '긍정적인 생각을 하라'였다. 백 번 동의를 했다. 내 행복은 내 스스로 만들어가는 것이다. 아이들과 함께 '친환경디자인 박람회'

에 다녀왔다. 여러 가지 건강을 고려한 기발한 디자인들이 참 많았다. 자본주의가 급속도로 발달을 해, 디자인은 현대인에게 필수적인 것이 돼버렸다. 그런 만큼 우리 아이들이 디자인을 많이 배우고 느꼈으면 좋겠다.

해남교육지원청과 나주교육지원청에서 학부모 학교참여 지원사업 컨설팅을 했다. 김 교장 선생님 몫까지 9개 학교를 하고 나니 참 힘들었다. 그렇지만 학부모들이 잘 수용을 하고 이해가 남달라 보람을 느꼈다. 나주에서는 지원사업 컨설팅 뒤, 미용고등학교를 방문했다. 교장 선생님께서 매우 반갑게 맞이했다. 학생들이 만든 비누까지 선물로 주셨다. 게다가 교장선생님의 배려로 선생님들, 도 의원님과 함께 맛있는 저녁까지 먹었다.

6월이라 오전부터 비가 많이 내렸다. 아이들과 함께 도서실에 들어가 아침활동을 했다. 먼저 독서를 한 후, 5분 동안 그림연습장에 붓펜으로 움직이는 사람을 그렸다. 그동안 4년 동안이나 그리기 활동을 해왔으니 그림 실력이 다들 향상됐다. 움직임이 살아있는 그림을 척척 그려내니 얼마나 흐뭇한지 모르겠다.

활동을 마친 후 아이들을 한 명 한 명 안아주었다. 처음에는 안기지도 못하던 녀석들이었다. 그런데 그 어색해 하던 아이들이 지금은 스스로 먼저 와 안겼다. 그동안 4년이나 실천해온 일이었다. 아이들이 좋아하고 보이지 않게 자존감도 높아지니 너무 잘 한 일이었다는 생각을 했다.

　아이들을 모두 교실로 보내고 난 후 반가운 전화가 걸려왔다. 대구시에 사는 민규 어머니가 산림청 잡지에 우리학교 기사가 실린 것을 보고 연락을 한 것이다. 숲 해설가인 어머니는 6세인 남동생과 민규를 같이 유학 보내고 싶다며 곧 방문하겠다고 했다. 산림청에서 발행한 책자에 우리학교 기사가 실린 줄도 몰랐다.

　도교육청에서 세계시민교육 연수가 있었다. 강사는 유네스코아시아태평양국제이해교육원장님이었다. 강의내용은 '한국의 자부심 및 세계시민의식'이었는데 좋은 내용이 많아 메모를 했다. 연수를 마친 후 도교육청 비서실에 갔는데 교육감님께서는 손님을 배웅하고 곧바로 나를 찾았다. 나는 A4 한 장에 정리한 유학생 현황과 현재 건축 중인 유학센터 상황 등을 말씀 드렸다. 향후 농림부의 3년 지원 계획과 유학센터와 학교의 상호 협력 관계도 알려드렸다.

　"유학생들이 왜 옵니까? 중국 유학생은 몇 명이에요?"

　"현재 중국유학생은 1명인데, 중국에서 한국으로 시집 온 고모의 소개로 오게 되었습니다. 늘 도와 주셔서 감사합니다."

　"교장 선생님이 열심히 하시니까...."

　"교육감님께서 여러 가지로 힘드실 텐데 저라도 기쁘게 해

드려야지요."

교육감님이 웃으셨다. 면담을 마친 후 정책기획과에 들러 실장님 얼굴도 보고, 동창 서경이도 만나고 왔다.

무지개학교 컨설팅 차 월평초 교장 박영숙 선배님이 우리학교에 오셨다. 평소에 배울 점이 많은 무척 존경하는 선배님이었다.

"며칠 전 교육감님을 만났어. 옴천초 교장 똑똑하고 야무지다. 학교경영을 참 잘 한다고 칭찬하시대."

"아, 네. 교육감님은 원래 격려를 잘 해주시고 과찬하시고 그래요."

"임 교장, 어떻게 산촌 유학 생각을 했는지. 참 대단해."

기분이 좋았다. 특별히 전남여고와 광주교대 선배님이신데다 평소에 존경하는 분이어서 더욱 더 신이 났다. 컨설팅을 할 때도 우리 선배님은 똑소리 나게 잘하셨다. 또박또박 자세하고도 차분하게 이해하기 쉽게 설명을 잘 해주었다.

반딧불이교실 미술수업 시간에는 우리 아이들이 좋아하는 곰돌이 가방고리를 칠보로 만들었다. 한참동안 수업에 열중하고 있을 때 파주에 사는 영국이 어머니에게 전화가 왔다.

황당한 상담,
살다 보면

 다소 늦은 시간에 전화가 와 깜짝 놀랐다.
 "교장선생님, 저 지금 부산에 와 있는데요. 우리 영국이 데리고 지금 가겠습니다."
 "아니, 지금 이시간은 밤운전하기 어려울 텐데요. 내일 낮에 천천히 오시지요."
 "아니요. 괜찮아요. 지금 가겠습니다. 기다려주세요."
 "네, 정 그러시다면 기다리겠습니다마는. 아무튼 천천히 안전운전하며 오셔야 해요."
 '파주도 아닌 부산에서 웬일이시지? 그리고 이 늦은 시간에 오신다고?' 나는 아이들이 모두 집으로 돌아간 후에도 혼자 남아 교장실에서 기다렸다. 밤 10시가 한참 지났다. 오는 길이 걱정돼서 부담을 안 드리려고 전화도 드리지 못했다. 어디쯤 오고 있는지 몹시 궁금해 하고 있었는데 다시 문자가 왔다. '갑자기 가지 못할 상황이 생겼습니다. 미안합니다. 교장 선생님' 이라는 문자였다.
 아니, 이런 경우는 대체 뭐란 말인가? 참 황당하고 무엇인가에 홀린 기분이 들었다. 하경이네에는 미리 전화를 해두었다. 영국이를 돌봐줄 하경이 어머니는 안 주무시고 여태 기다리고 있었을 텐데. 하경이 어머니에게 즉시 상황을 전해 드렸지만 참 할 말이 없었다. 그러나 생각해 보면 영국이 어머니가 나를 기억하고 전화를 했다는 게 중요했다.

서울에 사는 민규 아버지가 유학 상담 차 전화를 해왔다. 우리학교에서 발송한 유학 홍보 공문을 보고 연락드렸다고 했다. 더불어 민규 어머니와도 한참 대화를 나누었다. 그런데 민규 어머니도 미술을 전공했다고 반가워하시는 게 아닌가. 뭔가 잘 통할 것 같다는 느낌이 들었다. 그리고 6학년 딸도 유학시키며 이곳에서 살고 싶다고 했다.

잠시 후에는 강진군의 계산초 학부모가 전화를 했다. 1, 3학년 형제를 우리학교에 함께 전학 보내고 싶다고 했다. 드디어 강진군에서도 우리학교에 보내고 싶은 학부모가 나타났다. 이건 보통 징조가 아니었다.

이 학교에 부임하자마자 한 학생이라도 늘려보려고 통학구역을 읍까지 조정하고, 강진중앙초를 직접 방문하여 홍보까지 한 적이 있었다. 또 강진읍 아파트를 돌며 집집이 방문도 해보았지만, 그동안 꿩 구워 먹은 소식이었다. 오히려 멀리 있는 타 시도지역에서 유학을 왔으면 왔지 강진읍에서는 아예 문의조차 없었다. 그런데 이렇게 반가운 소식이 들려오니 기분이 참 묘했다.

기분 좋은 소식이 잇달아 들려왔다. 서울의 민규, 규원이,

경기도의 기혁이, 분당의 문호, 대구의 민규, 창원의 예은이, 시원이, 문 교수님 딸 예준이, 서준이 어머니와 승국이 어머니가 소개하는 아이들이 모두 우리 학교로 유학 오기를 간절히 소망했다.

집에 돌아와 서산시에 사는 교장 자격연수 동기생인 정 교장 선생님과 통화를 했다. 인천에 사는 학부모가 4, 5학년 형제를 우리 학교에 유학 보내고 싶어 한다는 소식을 전해주었다. 반가운 소식을 듣고 나니 기분이 좋았다.

첫 발령지의 추억

친구들과 함께 고흥의 금산면 거금도에 갔다. 금산은 첫 발령지여서 항상 기억 속에 남아 있는 곳이었다. 그런데 첫 발령지인 금산중앙초에 가보니 학교는 이미 폐교가 돼 있었다. 지금은 일부 건물만 남아 농협에서 물류저장창고로 사용하고 있었다. 세월이 덧없어 보였다.

문득, 1982년 3월에 첫 발령을 받아 울면서 이곳에 왔던 기억이 떠올랐다. 그때는 부모님 품을 처음으로 떠나 섬에서 생활하기가 두려웠다. 참 많이도 울었다. 그런데도 친구 정순이랑 3년간 함께 자취하며 추억도 많이 쌓고 열심히 교직 생활에 전념했다.

그런데 벌써 35년의 세월이 흘렀다. 말 그대로 흐르는 물과 같다. '우리의 연수가 칠십이요 강건하면 팔십이라도 그 연수의 자랑은 수고와 슬픔뿐이요 신속히 가니 우리가 날아가나이다'라는 시편 말씀이 떠올랐다.

그 시절 담임을 했던 1학년 아이들 얼굴이 떠올랐다. 녀석들이 문득 보고 싶어졌다. 섬 개구쟁이들, 참 귀여웠었다. 때로는 싸우고, 토하고, 심지어 대변을 가리지 못하는 녀석들도 있었지. 정말로 많은 사건, 사고들이 있었지만, 보람도 많았다. 지금도 마찬가지지만 그게 교사의 숙명이라고 생각했다. 생각해보면 다 아름다운 추억으로 내 마음에 켜켜이 쌓여있다.

문득 금산의 하늘을 쳐다보니 구름 모양이 마치 봉황새 두 마리가 날아가는 듯했다. 푸른 하늘에 새 두 마리가 마주 보고 있는 모양이 예사롭지 않게 보였다. 구름 모양새가 참 신기했다.

'좋은 일이 있으려나 보다.'

나는 늘 어떤 상황에서든 무엇을 보면 그림을 그리며 긍정적인 기대를 담는다. 하늘의 구름 한 점이라도 그랬다. 한참을 바라보고 있으려니 기분이 상쾌해졌다. 한창 공부하고 있을 우리 둘째에게 합격하기를 바라는 마음으로 쳐다보던 구름 사진을 찍어 보내주었다.

교감 선생님과 함께 강진군 농업기술센터를 방문했다. 우리 학교홍보를 위해서였다. 홍보 자료 2상자와 현수막을 가지고 갔다. 기술센터 과장님께 빈집 수리사업을 건의했다. 또 유학을 위해 귀촌하는 가정도 도배와 장판비를 지원해 주셨으면 하고 부탁을 드렸다.

강진군은 귀농자들에게는 많은 혜택을 주었다. 하지만 귀촌자들에게는 지원이 없었다. 그래서 이분들에게 적어도 도배, 장판 비용만이라도 지원해 주면 도시에서 젊은 학부모들이 많이 유학 올 것이라고 말씀드렸다. 과장님은 고개를 끄덕이며 적극적으로 검토하겠다고 했다.

이어 군청 친환경 농업 과에 들러 조 과장님을 만났다. 과장님은 유학비 지원을 위해 추경예산을 수립하여 지원하겠다고 하셨다. 놀라운 소식이었다. 바삐 총무과에도 들러 송 팀장님께 유학센터에 사무장을 배치해주기를 간청했다. 이미 선진유학센터의 상황을 보고한 터라 사무장의 필요성을 알고 계셨다. 또 다가오는 유학센터 개소식은 '多 어울림 한마당 행사'와 함께 하기로 했다.

오는 길에 강진군보건소장님을 만나 감사 인사를 했다. 장소장님은 옴천초 부임 당시, 처음 계획을 변경하면서까지 과감히 우리 학교를 지원해 주신 분이었다. 오랜만에 옴천사에 들렀다. 마침 큰스님이 반갑게 맞이해주셨다. 나는 얼마 전에부임하신 교감 선생님을 소개해드렸다. 항상 지켜봐 주시니 감사하다는 인사도 잊지 않았다. 큰스님은 불교대학 이사장, 전국가수협회 회장, 광주교도소 자문위원 등 갖고 계시는 직함이 10가지가 넘었다. 보통 분이 아니었다. 매일 바쁘게 움직이시느라 옴천사에 계시지 않을 때가 많았다. 일주일에 하루도 안 계실 만큼 바쁜데, 이상하게도 내가 방문할 때마다 계셔서 그 인연으로 놀랄 때가 많았다.

학교에 돌아오니 KBS 1TV '6시 내 고향'의 김 작가가 취재를 오겠다고 연락을 주었다. 7일은 촬영을 하고 9일에 방송을 내보내겠다고 했다. 전국방송인만큼 우리 학교를 홍보할 수 있는 절호의 기회라고 생각했다. 지금의 우리 학교 유학 상황은, 국립광주박물관장님의 정성 어린 충고를 귀담아듣고 언론매체를 소홀히 하지 않은 득을 크게 보았다고 생각했다.

또 박람회 공들이기

귀농·귀촌 박람회를 시작하는 첫날이어서 아침 일찍 서울로 향했다. 서울 행사장에 도착하니 전남도청의 담당자가 반갑게 인사를 했다. 우리는 전남도청 부스에서 농촌 유학 홍보를 시작했다. 꽤 많은 사람, 특히 고등학생들이 체험하러 많이 왔다.

오후에는 서울에 사는 현호 어머니가 현호 손을 잡고 부스로 찾아오셨다. 그동안 전화로만 상담했었는데 직접 얼굴을 뵈니 매우 반가웠다. 현호도 표정이 참 밝은 아이였다. 현호 어머니도 웃는 얼굴에 정이 넘치는 인상이었다. 하루빨리 옴천에 가고 싶다고 했다.

학교홍보 이튿째, 아침 일찍 귀농·귀촌 박람회장으로 갔다. 주말이어서 그런지 많은 부모가 아이랑 함께 박람회장을 찾아왔다. 그분들에게 열심히 학교를 홍보하며 유학 상담을 했다.

그중에서도 오후에 상담한 철규네 가족이 인상적이었다. 아빠, 엄마, 누나까지 함께 방문했는데 철규는 정서가 불안해 보였다. 6학년 누나와 어머니도 표정이 어두워 보였다. 철규 아버지는 꽤 나이가 들어 보이는 분이었는데 점잖은 편이었다.

나는 어머니가 철규와 함께 유학을 오도록 권유했다. 철규 어머니는 나중에 꼭 학교를 방문하겠다고 했다.

4시 반쯤에 임동환 전 강진경찰서장님이 우리 부스에 일부러 들르셨다. 매우 반가웠다. 퇴임하셨는데도 이곳저곳 강의를 열심히 하고 다니셔서 매우 건강해 보였다. 정도 많고 배려를 많이 하는 훌륭한 분이었다. 오후에 광주로 내려왔다. 생각해 보면 모든 게 참으로 감사할 일이다.

방송 매체의
위력

현충일, 아침 나는 한참 청소를 하고 있었다. 그때 성남시에 사는 대훈이 형제 어머니가 유학 상담 전화를 하셨다.

"교장 선생님, 안녕하세요? 저는 성남에 사는 대훈이 엄마예요. 어제 SBS TV에서 옴천초등학교 방송을 보았어요. 학교가 너무 좋아서 우리 아이들을 그곳으로 유학 보내고 싶은데 어떻게 해야 할까요?"

매체의 힘이 이렇게 컸다. 우리 학교의 장점을 잘 보여줬나 보다. 정말 반가웠다. 대훈이 어머니와 꽤 긴 시간 동안 통화를 하며 자세히 안내를 해주었다. 매우 만족해하셨다. 오늘 대청소를 함께 한 큰아들도 정말 고마웠다.

KBS 1TV '6시 내 고향'의 김 작가와 팀원들이 우리 학교 촬영을 왔다. 매일 아침 도서실에서 실시하는 독서와, 움직이는 사람 그리기 등의 활동을 촬영했다. 중간중간 아이들과 나를 인터뷰했다. 각 교실 수업장면, 중간놀이 시간에 하는 학교 뒷산 숲 체험로 걷기, 텃밭 가꾸기, 방과후학교 수업 장면 등을 찍었다.

오후에는 노인회장 댁에서 유학생들이 생활하는 모습과 인터뷰를 촬영했다. 옆에서 촬영하는 모습만 봐도 참 아름다운 그림이 나왔다. 만족스러웠다. 이제는 우리 학교 촬영이 많아져서 진행 상황이 웬만하면 눈에 다 보일 정도였다. 그리고 이렇게 방송이 나간 후면 유학 문의가 쇄도했다. 하지만 모두가 유학을 오는 것은 아니었다. 저녁에는 반딧불이 교실수업, 미술수업 장면과 나의 인터뷰까지 마치고 촬영을 마감했다. 정말로 바쁜 날이었다.

군수님과 면담을 했다. 먼저 지금까지의 유학 상황과 유학센터 공사 현황을 말씀드렸다. 필요한 물건 구매는 지역발전협의회에서 지원받아 진행할 예정이라고 했다. 그러나 센터 마당과 담장 설치비가 부족하다고 말씀드렸다.

군수님은 곧바로 주민숙원사업으로 지원해 주시겠다고 약속했다. 역시 군더더기가 없는 분이었다. 사실 편지를 품고 갔지만 보여주지 않아도 흔쾌히 약속해주실 것으로 예상은 했었다.

"교장 선생님께서 내년에도 꼭 유임하셔야 합니다. 교장 선생님들 공모할 때 내가 심사위원으로 들어가 교장 선생님 유임을 확인하겠습니다. 내일모레가 교육감님 면담 날입니다. 꼭 이야기할 것입니다. 나중에 일본에 가서 산촌 유학 현장도 견학할 것이고요. 할 일이 많습니다."

정말로 송구해서 어찌할 줄을 몰랐다. 무엇보다도 지원을 약속해주시니 무척 감사했다. 면담 후 곧바로 완도 신지동초에 컨설팅하러 갔다. 교장 선생님과 점심을 함께 먹었다. 신지동초는 운동장 가에 큰 나무들이 많이 있는 게 유독 눈에 띄었다.

예쁜 꽃들이 만발한 드물게 아름다운 학교였다. 그러나 학교 규모는 우리 학교와 비슷한데 학생 수가 계속 줄어들고 있었다. 하기는 비단 이 학교뿐이랴. 시골의 많은 학교가 줄어드는 학생들 때문에 큰 고민거리인 게 현실이었다.

나는 처음에 비장한 심정으로 신지동초 교직원들 앞에서 우리 학교를 살린 사례를 이야기했다. 전국 100대 교육과정 우수학교 도전, 산촌 유학 스토리, 유학센터 건립 등 지난 역사와 어려웠던 점들을 진솔하게 말씀드렸다. 그러면서 교직원들의 경청하는 자세와 몰입도를 보고 우리 학교 이야기를 점점 더 신명 나게 풀어냈다.

영호남 교류

영호남 교류 행사 차 우리 강진군의 초중고 교장 선생님들이 경북 예천교육청에 갔다. 오후 3시경에 우리가 도착하자 교육청 직원들이 모두 현관에 나와 반갑게 맞아주었다. 회의실에 들어가니 예천군 교장 선생님들이 많이 기다리고 계셨다. 곧바로 양 청의 학교장들이 모여 협약식을 했다. 예천 교육장님의 환영사도 멋졌고, 우리 교육장님의 축사도 맛깔스러웠다. 특히 우리 학교를 치켜세워서 정말 으쓱해졌다. 정말 뜻밖이었다.

우리는 예천 남부초를 견학하고 저녁 6시 20분쯤에 만찬장에 갔다. 그런데 생각지도 않게 KBS 1TV에서 '6시 내 고향'을 방송하고 있었다. 그러고는 곧바로 우리 학교 아이들이 나왔다. 모든 선생님이 숨을 죽이고 방송을 시청했다. 이어 많은 사람이 환호하며 손뼉을 쳤다.

말로만 들었던 '세상에 이런 일이!'였다. 나는 실감이 나질 않았다. 방송이 끝나자 교육장님께서 부르셔서 갔는데 곁에 계시던 예천 교육장님이 깜짝 놀라며 말을 잇는 것이었다.

"아니, 교장 선생님, KBS 1TV에 전화하셨나요? 말씀으로만 들었던 옴천초가 방송에 나와 진짜 놀랐습니다."

"아이고 교육장님, 저도 전혀 예상을 못 했습니다, 우리 학교가 나올 줄은요."

"아, 나는 처음에 USB를 꽂은 줄 알았습니다. 그런데 진짜 방송이었네요. 참 자랑스럽습니다. 교장 선생님, 정말 대단하십니다. 진심으로 축하합니다."

옆에 계시는 많은 교장 선생님들도 역시 자기 일처럼 칭찬을 해주니 황홀하면서도 몸 둘 바를 몰랐다. '세상에 어쩌면 이렇게 절묘하게 방송 시간이 맞아떨어지는지' 참으로 예상 밖의 우연한 사건이었다.' 나는 이게 모두 신의 배려요, 은혜라고 생각했다.

　예천에서 이틀째 되는 날이었다. 오전 일찍 안동하회마을에 갔다. 처음으로 와 보는 안동하회마을이다. 입구에서부터 하회탈이 우리를 반갑게 맞이해주었다. 모두 탈놀이 공연을 감상한 후 마을을 천천히 한 바퀴 돌았다. 옛 초가와 기와집들이 보존이 잘 되어 있었다. 류성룡 생가도 인상적이었고, 마을 중심에 있는 600년이나 된 느티나무는 숭고해 보였다.

　마을을 두르고 있는 소나무 숲도 굉장히 멋있었다. 하천이 마을을 감고 휘돌아 나가는 지형적 특색이 하회라는 이름을 준 것도 내게는 강렬하게 다가왔다. 남다른 기운이 느껴지는 하회라는 곳은 무엇보다 마을의 전통을 그대로 간직하고 있는 점이 인상에 남았다.

　경북도교육청과 경북도청도 방문했다. 두 기관은 한옥 형태로 멋지게 지어져 있었다. 두 건물이 가까이서 서로 마주 보고 있는 점이 특이했다. 내부도 편의성을 잘 갖추어 직원들의 만족도가 대단히 높다고 했다.

　우리로서는 참으로 배울 점이 많은 지혜로운 고장이었다. 그러나 무엇보다도 나는 우리 학교 유학사례 방송을 그곳에서 함께 시청한 것이 자랑스러웠다. 평생 기억될 만한 뜻깊은 여행이었다.

꿈에 그리던
산촌유학센터 준공식

2016년 7월 21일 목요일은 내 평생에 잊을 수 없는 날이 됐다. '多 어울림 한마당' 겸 '옴냇골산촌유학센터 준공식'을 하는 날이었다. 돌아보니 어언 임기 4주년이었다. 우리 애들은 여전히 아침부터 즐겁다. 녀석들은 녀석들대로 난리가 났다. 굴렁쇠 굴리기, 딱지치기, 세계전통놀이, 물놀이까지 정신이 없었다.

오후엔 세계전통요리 체험을 했다. 중국의 만두, 일본식 오꼬노미야끼, 야끼소바, 필리핀의 발렌시아나, 베트남은 월남쌈, 한국의 인절미, 부침개, 삶은 고기, 김치 등을 재연했다.

드디어 오후 5시가 됐다. 유학센터 준공식이다. 그동안 도움을 주셨던 귀빈들이 50분 이상 참여한 것 같았다. 참 많은 분이 오셨다. 몽골 천막을 무려 10개나 쳤다. 푸른 잔디 위에 세워진 천막을 보니 마음이 확 트이고 신선했다. 4년 만에 학교 잔디 운동장에서 준공식을 하게 되다니 정말 기뻤다. 이게 꿈인가 생시인가 싶었다. 처음 이 학교에 오던 날을 지금도 잊을 수 없다. 모든 것이 황량한 학교였는데 말 그대로 상전벽해였다.

방문하신 귀빈의 명단을 살펴보니 부 군수님과 과장님, 팀장님 등 세 분, 도교육청 정책기획관님 외 세 분, 장흥 교육장님, 여러 교장 선생님, 교육과장님, 장학사님 세 분, 도교육위원회 위원장님, 군의회 의장님, 군 의원님, 강진 읍장님, 문화원장님, 소비자교육 회장님, 전 강진서장님, 전국 농촌 유학협의회장님과 유학센터장님 등 다섯 분, 울산과 함양에서 오신 분들, 별빛 유학센터장님, 열린 마을 유학센터장님 내외, 재경 옴천향우회장님 외 세 분, 서울시의회 의원님, 강진군청 관계기관의 여러분 등이 오셨다. 정말 많은 분이 오로지 옴냇골산촌유학센터 준공식을 축하해주시기 위해 자리를 빛내주셨다.

부군수님, 의장님의 축사와 도교육위원회 위원장님의 격려사를 들었다. 부끄럽게도 내 칭찬 일색이었다. 그러나 여기에 계신 모든 분이 협력해서 이루어 낸 일이었다. 향우회에서는 금일봉을 모금해서 태양광 법인에 전달했다. 음식도 푸짐했고 진행 과정이 완벽해서 행사가 원만하게 잘 이루어졌다. 눈이 부신 햇살 아래 끊임없는 찬사와 웃음소리들의 향연, 잔치 가운데 연이은 축하 악수들, 하이파이브, 세리머니의 연속, 영화 속에 배경으로 등장하는 흑백소음 같은 것들을 찰나에 나는 얼핏 보았고 느꼈고 들었다. 그리고 피날레는 역시 주인공인 우리 아이들의 환상적인 악기연주로 장식했다. 우리의 꿈은 이루어졌고 내 인생의 쉰여섯 잔치는 이렇게 아름다웠다.

그러는 중에도 충남의 민수 어머니에게서 귀촌하고 싶다는 연락이 왔다. 농산어촌 유학에 관하여 혹자는 다소 비판 어린 시각이 있는 것도 나는 잘 알고 있다. 하지만 어떤 학부모는 이렇게 자녀의 살아있는 교육을 애타게 갈망했다. 그 지점이 우리가 할 일이라고 생각했다, 나는 곧바로 내일 살 집을 구해주기로 약속했다.

아침 일찍부터 민수 어머니께서 우리 학교를 방문했다. 학교를 둘러본 다음 아는 황곡과 좌척 집을 안내해 드렸다. 무척 마음에 들어 하셨다. 그리고 연우 부모님과도 진지하게 상담을 했다. 일단 방학이니 데리고 가 지켜보다가 그곳에서 지내는 게 싫다고 하면 다시 데려오겠다고 했다. 연우가 조금 걱정이 됐지만 크게 염려는 하지 않았다. 사람이 나고 자라고 사는 것은 온전히 하늘의 몫이라고 생각했기 때문이었다. 우리는 그저 주어진 현실에서 최선을 다하면 그것으로 만족했다.

우리 선생님들 그동안 참 많이 애쓰셨다. 참으로 고마운 분들이다. 나도 쉬어야 했지만, 지금부터 나는 우리 학교와 유학센터 준공식에 다녀가신 분들과 안부 인사, 감사 전화, 학부모님들과 상담하는 시간이 다시 시작된다. 나는 단지 처음부터 학교를 살리고 키우는 '지킴이'였을 뿐이니까.

후유증

온몸에 기운이 빠지고 열이 나기 시작했다. 몸살인가 보았다. 아무래도 안 되겠다 싶어 영산진료소 박지현 소장님께 전화를 드렸다. 빨리 오라고 했다. 가서 수액을 맞고 해열제까지 먹었다. 조금씩 나아진다는 느낌을 받았으나 마음의 병이 무섭다는 생각을 했다.

그 사이에 송용 마을 집은 부엌 도배를 하고 모터를 교체했다. 오후엔 미술과 간부 모임을 했다. 화순 수려제에서 모처럼 회원들과 함께 시간을 보냈다. '소소 미술관'에서 수다를 떨며 이야기를 하다 보니 그나마 한결 마음이 나아지고 몸이 더 좋아지는 것 같았다.

좌척 집을 방문했는데 어르신이 반갑게 맞아주었다. 내일 인천에서 오는 학부모님께 집 임대를 해야 하기 때문이었다.

드디어 인천에서 삼 남매를 데리고 학부모님이 오셨다. 좌척 집으로 안내했더니 맘에 들어 했다. 집주인 할머니가 안 계셔서 30분 이상이나 기다렸다. 겨우 만나서 허락을 받고 면사무소에 가서 식구 다섯 명 모두를 옴천면으로 전입 신고했다. 정말 뿌듯했다.

곧이어 충남에서 민수네 가족이 도착했다. 송용 집을 맘에 들어 해서 다시 면사무소에 가 전입신고를 마쳤다. 오늘만 해도 8명의 새로운 가족이 강진군민이 되었다.

아이들만 오면 왜 이렇게 기쁜지 몰랐다. 그런데 다시 문제가 생겼다. 산업 팀장님은 유학센터 입주생은 중복지원에 해당하므로 지원이 안 될 거라고 했다. 깜짝 놀랐다. 말이 안 된다고 생각했다. 학생 1인당 유학비 부담이 큰데, 과연 그런 비용을 치르면서까지 아이들이 이곳에 올 수 있을까?

그렇게까지 비싼 돈이면 가까운 강원도, 전북 등으로 가지 굳이 강진군 옴천까지 유학을 오지는 않을 것이다. 더구나 홈스테이는 더 저렴했다. 센터만 비싼 돈을 받으면 안 된다고 생각했다. 갑자기 예상하지 못한 문제가 생겼다. 이렇게 운영을 하면 유학센터에 아무도 오지 않을 것이다.

유학센터 건물을 고생해서 멋지게 지어놓고 운영이 안 되면 어떡하지? 날마다 고민하다 보니 다시 머리가 아파지기 시작했다. 급한 김에 군청 조 과장님께 전화했다. 사연을 말씀드리니 자기도 예산을 세우는 사람이 아니어서 나중에 생각해 보자고 했다. 8명의 새 가족이 와서 무한히 기쁜데 한쪽으로는 유학센터 운영 때문에 무진장 머리가 아파 왔다. 그래도 아이들을 보내주신 것에 감사했다.

도청 쪽에서는 유학캠프 신청자가 생각보다 적다고, 서서히 나에게 문제를 제기하고 있었다. 유학센터 준공 후 모두 나만 바라보기 시작했다.

　민수 어머니께서 송용 집 부엌 수리비용이 무려 500만 원이 넘게 들어 안 되겠다며 다른 집을 구해달라고 했다. 정동리 이장님께 다시 연락을 드렸다. 보증금 없이 월세만 주면 어떤가 하고 제의를 했다. 화신 집도 좋다고 다시 요구했는데 집주인이 거절했다. 그 집은 흙집이어서 겨울철 추위 때문에 수리를 많이 해야 한다고 했다.

　나는 정동리 집을 재차 적극적으로 권유했다. 전화번호도 알려 주고 서로 이야기해 보도록 부탁을 했다. 송용 마을 집에 살던 윤성이 어머니에게는 짐을 빼지 말고 다시 살도록 부탁했다. 대신 모터만 수리하면 물이 나오니 비용을 절반만 지급하도록 당부했다.

　아, 어렵다. 쉬운 게 하나도 없구나. 전화를 10통 정도 했더니 머리도 아프고, 정말 힘이 들었다. 오랜만에 광주로 와서 남편, 딸과 함께 무등산 옛길을 따라 서석대까지 올랐다. 이곳은 전혀 다른 세상이었다. 무심히 산에 오르니 세속의 일이 전혀 생각이 나질 않는다. 참 상쾌했다. 숲길마다 시원하고 마음은 가뿐하다. 정상에 올라 광주시를 내려다보니 저게 어느 세상인가 싶었다.

화려한 인천

비엔날레 주차장에서 버스를 타고 인천광역시로 출발을 했다. 전국 초등 여교장단 연수 때문이었다. 인천 진산초등학교를 견학했다. 실습실, 미술관, 피아노 연습실 등 시설이 잘 갖춰져 있는 게 눈에 띄었다.

유명한 G타워에 올라갔다. 33층까지 올라가 인천 송도를 내려다보니, 마치 이국의 어느 도시 같았다. 현대적인 디자인의 아파트들이 즐비했다. 광주나 목포, 순천의 도시 이미지와는 또 달랐다. 아무튼, 도시로서는 배경이 빼어난 곳이었다. 시골에서만 묻혀 지내다 보니 세상 변하는 줄 모르고 살아온 것 같았다.

차이나타운의 '만다옥'에서 완도교장단과 함께 소위 100년 짜장, 하얀 짜장, 탕수육, 팔보채 등을 맛보았다. 우리는 송도 모라카이 호텔에 여장을 풀었다. 10층 21호실이었는데 이 교장 선생님과 함께 묵게 돼서 마음이 편했다. 호텔 카페에서 이 교장 선생님 등 전북 출신 4명이 만나 커피를 마셨다. 나중에 임 교장 선생님도 합류했다. 이 교장 선생님은 참 편하고 좋은 사람이었다.

뉴욕 주립대학교 한국 인천 글로벌 캠퍼스도 둘러봤다. 현재

1,200여 명이 재학 중이라고 했다. 전국의 여교장 선생님들을 보니 새로운 결의가 다져졌다. 금난새 지휘자의 오케스트라 공연에 참석했다. 남자는 평생 마에스트로, 대통령, 장군 이 세 가지 로망을 꿈꾼다더니 오늘 마에스트로 금난새를 보니 그 말이 맞는 것도 같았다. 예술 중의 예술은 역시 음악이 아닐까. 금 지휘자는 마치 순수한 은발의 소년 같았다. 중간에 금난새 지휘자의 강의도 들었는데 70세여도 유머가 넘치고, 땀을 흘리며 최선을 다하는 모습이 참 멋져 보였다.

교감 선생님께 동유럽 여행을 잘 다녀왔다고 연락이 왔다. 학교는 교실, 장애인 시설, 유치원 화장실 등 여전히 공사 중이었다. 복내초 정교장선생님, 구례 중동초 나교장선생님이 우리 학교를 방문했다. 그간 있었던 산촌 유학의 진행 과정을 이야기했다. 그런데 두 교장 선생님은 미리 우리 학교 정보를 알고 와서 몇 가지 질문을 했다. 보통내기가 아니었다. 열정파인 셈이었다. 나 교장 선생님이 있는 곳엔 귀촌자가 유학사업을 한다고 하니 아무래도 잘 될 것만 같았다. 두 분은 유학센터도 둘러보고 가셨다. 이렇게 교장 선생님들이 관심을 두고 움직여주니 전남 교육은 언젠가 다시 비상할 것이다.

이장 사모님과 산촌 유학협동조합 이사장님을 만났다. 유학센터 운영 방안, 유학비 등을 구체적으로 논의했다. 그리고 점심 후에는 부면장님과 면담을 했다. 앞으로도 몇 가지 지원 방안을 더 논의해야 할 것 같았다. 지원금 중 난방비라든가 사무 인력 지원 문제가 아직 미해결 과제들이었다.

이 세 분을 내 차에 태우고 군청 친환경 농업과 조 과장님을 만나러 갔다. 유학센터 운영비. 유학비 지원 등을 요청했다. 과장님은 지원하되 금액을 조금 다운시키겠다고 했다. 그나마 긍정적이어서 다행이었다.

광주의 진욱이 어머니께서 딸 두 명과 진욱이를 데리고 살 집을 주선해 달라고 부탁했다. 황곡리 집을 추천하기로 하고 부면장님과 함께 그곳으로 안내를 했다. 무척 맘에 들어 했다. 놀랍게도 집주인은 무료로 임대 해주기로 했다. 부면장님도 덩달아 곳곳에 쌓인 쓰레기를 처리해 주겠다고 했다.

오는 길에 보건진료소 박지현 소장님을 만나 예비 숙소가 필요해 여분의 집을 부탁했다. 흔쾌히 허락을 해줘 또 한 채를 확보했다.

마지막 2학기

벌써 2학기 개학을 했다. 세월 참 빠르다. 유학센터 운영도 재개됐다. 모두 건강한 모습으로 등교하니 무척 반가웠다. 그 사이에 재석이가 새로 유학을 왔다. 그리고 동해, 윤성, 재석,

승국, 서준, 하경이가 유학센터에 짐을 풀었다. 용정중학교 진학 문제 때문에 오후에 승국이 아버지, 어머니가 오셨다. 동해, 승국이에게도 꼭 도전해보도록 격려를 했다. 아이들 역시 적극적이어서 도전하겠다고 장담했다. 그동안에 우리 아이들은 자신감을 되찾았고 몰라보게 능동적인 아이들로 변했다. 이 사실은 누구보다 부모님과 가족이 더 잘 알 것이었다.

　유학센터를 방문해서 다섯 명의 아이들하고 이야기했다. 모두 즐겁게 잘 지내고 있어 나로서는 만족스러웠다. 그런데 유학센터 운영에 문제가 생겼다. 하경이 어머니가 센터장을 못 맡겠다고 한 발 뒤로 물러선 것이다. 주소도 못 옮기겠다고 했다. 센터장 자리는 너무 부담스러우니 보조만 하겠단다. 참으로 걱정이었다. 우리가 모두 신뢰하고 일을 맡겼으니 주도적으로 꿰차고 나가면 되는데 하경이 어머니는 부담이 됐나 보다. 다시 고민이 깊어지기 시작했다. 곧 인천에서 남경이네 삼 남매가 이사를 온다고 했다. 다행히 집은 마음에 들었다.

　학교 교실 4칸은 손을 보는 중이고 유치원도 공사 중이었다. 그나저나 유학센터 운영을 어찌해야 할지 고민이었다. 도청 인재양성과 담당자 두 분은 인사 발령이 났다고 했다. 도청 지원금이 빨리 와야 할 텐데, 사람이 바뀌면 일이 더뎌질까 노심초사였다. 유학사업이 농업정책과로 옮겨 갔으니 다시 도청에 가봐야겠다. 이장님 딸이 교장실로 찾아와 이야기를 나누었다. 센터 일을 도우려고 일부러 들렀다 하니 참 고마웠다. 인성도 좋고, 기본적으로 아이들을 좋아하고, 아마 엄마랑 함께하면 더 잘할 것 같았다. 드디어 신축 교실이 완공됐다. 이로써 부족했던 교실 문제가 해결되었다. 교무부장 선생님 송별회를 했다. 며칠 후 늘 불편하게 생각했던 교장실 세면대 공사가 뒤늦게나마 시작되었다. 작천 파출소, 강진 경찰서에 유학가정 순찰 강화 요청 공문을 발송했다. 오후에 작천 파출소장님께서 학교에 오셨다. 온화하고 좋은 분 같았다.

주원이 어머니에게 집을 보여드리니 맘에 들어 했다. 의외로 소탈하신 분이었다. 집도 매우 상태가 좋았다. 주인 어르신께 연락하니 그냥 쓰라고 했다. 언제든지 괜찮다고 그러니 감사했다. 목포 승한이 어머니에게 전화를 드리니 며칠 후에 오겠다고 했다. 지낼 숙소는 진료소 옆집이었다.

장흥교육지원청에서 '작은 학교 희망 만들기 지원단 제2차 협의회'가 있었다. 도교육청에서 이 장학사님도 왔다. 하지만 교직원들의 의지가 특별히 강한 학교를 모델 학교로 지정한다고 했는데, 그러나 우리에게는 참 쉽지 않은 이야기였다. 구체적인 이야기를 많이 하긴 했지만, 얼마나 성과가 있을지는 미지수였다.

제5장

농촌 유학의
미래를 꿈꾸며

학교와 유학센터의 미래

　교감 선생님이 학교 이야기를 하면서 이번에 신규들만 100% 배치되었다고 걱정했다. 유학센터도 제대로 가동되려면 아직은 멀었고, 마을 주민과 하나가 되기에는 많은 것을 신경을 써야 했다. 산촌 유학이 안정적인 기반을 갖추기 위해서는 교사와 마을 그리고 교육지원청이 하나가 되어야 한다. 특히 유학센터가 학교와 마을의 유기적 관계성에 있어야 한다. 우리 아이들이 마을의 주민이 되어야 하고, 마을은 아이들을 잘 품어주어야 한다. 그 중간에 교사들의 역할이 무엇보다 중요하다. 도시의 아이들이 산촌에 들어와 사는 것은 모험이며 새로운 세계의 경험이다. 그 교육의 중심에 교사가 있고, 우리 아이들이 있다. 그 모든 것을 총괄하는 교장의 자리는 더 많은 것들을 살피고 도와야 한다.

　나는 경험 있는 교사가 필요했다. 그래서 도장학사님과 학교 사정에 대해 말을 했다. 신규와 경험이 있는 교사들이 조화롭게 배치되길 희망했다. 옴천초 산촌 유학의 미래는 우리 교사들의 손에 달려있다고 해도 과언이 아니다.

　오후에는 유학센터에서 아이들을 돌보고 계신 활동가 선생님과 학부모 사이에 문제가 생겼다. 아이 관리문제로 학부모와 언쟁이 일어난 것이다. 유학센터가 시작된 지 일주일 만에 일어난 사건이다. 여러 아이가 함께 생활하다 보니 물건이 서로 섞이기도 하고 사소한 일도 다투는 일이 생겨났다. 그것을 부모에게 전화하고, 부모는 일방적인 아이 이야기만 듣고, 전화한 것이었다. 나는 이런 일 하나하나를 다시 교육하였다. 무엇보다 아이들이 서로 화목하게 지낼 수 있도록 매일 교육을 했다.

유학센터를 지어놓으니, 곳곳에서 문의가 오고 유학생들이 찾아왔다. 부산에서 찬우 형제가 유학을 왔다. 아버지와 할머니 그리고 삼촌까지 함께 왔다. 할머니는 손자들을 이곳에 놓고 가려니 마음이 놓이지 않는다고 했다. 그래서 여러 가지 사항들을 꼬치꼬치 물었다. "할머니, 걱정하지 마세요! 찬우네 집처럼 저희가 보살피고 교육할게요" 하면서 할머니를 위로하였다.

사실 유학센터 아이들을 잘 관리하기 위해서는 세 명의 관리자가 필요했다. 그러나 충분한 예산이 확보되지 않아서 두 명이 하는 상황이었다. 다행히 도청 과장님으로부터 유학센터 한 명의 인건비를 책정해 지원해 주기로 했다는 연락이 왔다.

마지막
업무들

　이제 내가 옴천을 정리해야 할 시간이 왔다. 옴천초는 전라남도의 대표적 산촌 유학학교로 자리매김을 하였다. 유학센터와 학교, 그리고 마을이 유기적 관계 속에서 안정적으로 성장하고 있다. 지난 4년을 생각해 볼 때, 정신없이 보냈던 시간이었다. 후임자가 차질없이 산촌 유학을 진행할 수 있도록 마무리를 잘해야 했다. 나는 유학센터의 일지를 점검하고 안전점검표를 살펴보았다. 위기 상황이 발생했을 때, 학생들이 대처해야 할 요령도 교육하도록 했다.

　나는 유학 센터장을 데리고 군청 친환경농업과를 방문했다. 지금까지 유학센터 인건비와 비품비용을 군청에서 지원해주고 있었기 때문에 이를 협의하기 위해서였다. 이번에도 컴퓨터 두 대와 책상을 제공해준다고 하니 감사했다. 덕분에 유학센터의 살림살이가 거의 충당되고 있었다.

　옴천초가 전국 100대 교육과정에 선정되고 명성을 얻은 덕분에 나는 여러 학교의 교육과정 컨설팅을 하게 되었다. 그동안 우리 학교가 갖고 있던 '노하우'를 서로 나누고자 했다. 함평, 장성 등 여러 학교가 준비하고 있어서 우리 학교의 자료를 공유했다.

특히 장성에 있는 초등학교는 교육과정 편성이나 학교 교육과정의 재구성, 설문지, 공교육 정상화 위원회, 성적관리위원회 등 모든 자료가 잘 갖춰져 있었다. 또한, 교사들과 학생들도 내용을 잘 숙지하고 답변을 잘했다.

물론 옴천초가 모든 것이 우수하다고 자랑할 수는 없지만, 다른 학교에 비해 어려운 환경 속에서도 전국적으로 인정을 받았으니, 다른 학교에 본보기가 된 것이었다. 그렇다고 우리 학교를 자랑하거나 최고라고 말하고 싶지는 않다. 교육은 대상과 환경에 따라 얼마든지 그 방법과 내용이 달라질 수 있다. 그래서 우리 학교의 교육과정이 하나의 기준이 될 수 있지, 보편적인 기준이라고 말할 수는 없다. 나는 다른 학교들의 교육과정 컨설팅을 하면서 많은 것을 배웠다. 즉 교육은 끝이 없고, 완벽한 모범답안이 없다는 것이다. 모든 교육과정이 장점이 있으면, 거기에는 단점도 있다. 그 단점을 어떻게 보완하고 최소화 하느냐가 중요하다. 나는 교육과정 컨설팅을 하면서 그 점을 강조했다.

옴천초의 교육과정은 지속해서 보완하고 발전시켜가야 한다. 이제 그 몫은 이 학교를 운영해 가야 할 교장 선생님과 교사들에게 달려있다. 나는 옴천초가 산촌 유학의 모델이 되고, 대한민국 교육의 미래가 되었으면 한다.

옴천의 올겨울 날씨는 유난히 혹독했다. 이 학교를 떠나야

해서 그런지 그동안 느껴보지 못한 추위를 느꼈다. 학교와 유학센터 현장을 다시 한번 살펴보니, 왠지 모를 안타까움이 남았다. 군청 송 팀장께 전화가 왔다. 군수님께서 걱정이 많다며, 언제 옴천초 교장 공모제를 하느냐고 물어 왔다. 군수님도 조금 걱정이 되나 보다. 그러나 사실은 누구보다 내가 제일 걱정하고 있었다. 유학사업의 연계성도 그렇고, 후임자를 위해서 인수인계를 잘해야 하는 부담감이었다.

교육감님과 면담하는 날이 왔다. 먼저 산촌 유학 현황부터 보고 드렸다.

"교장 선생님, 그간 애썼고 지금도 정말 수고 많으십니다. 현재 유학생 수가 몇 명입니까?"

"예, 전체 학생수 43명입니다. 앞으로 산촌 유학을 더욱 활성화하기 위해서는 빈집 수리 사업도 필요하고, 유학센터를 공립으로 지정하여 지원하는 방안도 필요합니다."

"강진까지 유학을 오는 가장 큰 이유는 무엇이라고 생각하십니까?"

"우리 학교는 다른 곳과 비교하면 유학비가 매우 저렴하고, 학교 교육과정이 특성화 되어 있기 때문이라고 생각합니다. 그것은 전국 100대 교육과정 우수학교로 선정된 것만으로도 얼마든지 증명할 수 있습니다."

나는 이렇게 두 가지 이유를 들어 답변을 해드렸다. 그리고 나는 교육감님의 저서 『공부는 왜 하는가』에 대한 책 내용도 여쭈었다. "교육은 열정이자 노력이다."라는 말이 가슴에 와닿았다. '예술 교육을 통한 감성 기르기'도 내가 실천하고 있는 부분이어서 매우 공감했다고 말씀드렸다. 그리고 그간 못다 한 묵은 이야기들도 더 풀어내며 이런저런 상황에 대해 이야기를 나누었다. 교육감님은 시종일관 미소를 잃지 않으시며 내 말에 귀를 기울이셨다.

내 사랑 옴천 안녕!

오늘은 졸업식과 동시에 종업식을 하는 날이었다. 아침부터 마음이 뒤숭숭했다. 아이들과의 작별 때문인지 어젯밤에는 잠을 설쳤다. 처음 4년 전 첫날 밤 이곳에서 잠을 설쳤던 기억이 떠올랐다. 옴천초에 부임한 이후 학교 살리기에만 주력하며 정신없이 앞만 보고 달려왔다.

어느새 4년이 훌쩍 지나버렸다. 참 세월이 덧없다는 생각이 들었다. 무엇보다도 아이들하고 정이 많이 들었는데 생각하면 눈물부터 나온다. 어떻게 작별인사를 해야 할까? 울지 않고 이별할 수 있을지 자신이 없었다. 공허한 생각에 잠겨 있다가 나는 마음을 굳게 먹고 학교로 무거운 발걸음을 옮겼다.

학교는 벌써 식장 행사준비로 분주했다. 10시쯤 되자 면장님, 장 회장님, 농협지점장님, 옴천사 큰스님, 학부모님들 여러 분이 오셨다. 드디어 졸업식이 시작되었다. 먼저 6학년 학생들과 유치원생들에게 졸업장을 수여하고 다른 상들도 수여했다. 다음엔 학교장 회고사를 하는 시간이었다. 이제 진짜 작별인사를 할 차례였다. 오르기 전부터 자꾸 울컥해지는 마음을 간신히 눌렀다. 겨우 마음을 진정시키고 단상에 올랐다.

지난 4년 동안에 있었던 일들을 하나둘씩 되새기며 천천히 이야기했다. 그렇게 감회어린 이야기를 하다 보니 나도 모르게 목소리가 떨리기 시작했고 감정이 북받쳐 오르기 시작했다. 나는 그만 회고사를 채 마무리 짓지 못하고 소리를 내며 울어버렸다. 순간 식장 전체가 울음바다가 되었다. 학생들이 훌쩍거리며 우는 모습을 보니 나는 더욱더 흐르는 눈물을 주체할 수가 없었다. 어떻게 마무리가 됐는지도 몰랐다. 겨우겨우 정신을 차리고 인사를 하고 졸업식을 마쳤다.

잠시 후 교장실로 돌아오니 현지가 편지를 가지고 와 전달해 주고 갔다. 펼쳐보니 많은 학생이 릴레이 편지를 썼다. 언제 썼는지, 이 녀석들 졸업식에 참여하느라 쓸 틈도 없었을 텐데 기특했다. 편지를 펼치니 우리 아이들의 마음이 내게 진하게 전해져 왔다.

"교장 선생님이 떠나신다고는 상상도 하지 못했습니다. 영원히 함께하실 줄 알았거든요."

"교장 선생님은 내게 친구였어요. 친구 같은 교장 선생님이 떠나신다니 너무 슬퍼요."

"그동안 우리에게 너무 잘해주셨습니다. 마치 우리 엄마같이."

"친구들을 많이 만들어 주셔서 감사해요."

"교장 선생님과 숲을 걸었던 일이 생각나요."

"우리 학교 교장 선생님, 영원히 잊지 않을게요."

"......."

등등의 릴레이 글들이 계속 이어졌다. 그동안 내가 아이들을 많이 배려하지 못했구나! 너무 업무에만 치중했던 게 아니었던가 하고 후회가 됐다. 사실 나도 머릿속이 복잡했다. 아이들에게는 예고 없이 이별을 통보한 셈이었다. 생각해 보면 제일 먼저 아이들에게 미안했다.

당연히 늘 그 자리에 있던 내가 떠난다니, 아이들은 당황스럽고 받아들이기 어려운 모양이었다. 미리 말해주지 않아서 더욱더 섭섭했는지도 몰랐다. 어른인 나도 이렇게 슬픈데 우리 아이들이 슬퍼할 것을 생각하니 계속 눈물이 쏟아졌다. 다사다난했던 지난 4년 동안의 일들이 주마등처럼 스쳐 갔다.

폐교 위기에 있던 이 학교를 살려보겠다고 공모 교장으로 온

게 엊그제 같은데 벌써 4년이 흘렀다. 그동안 힘들고 어려운 일은 이루 말할 수 없이 많았다. 바쁘다 보니 시간 가는 줄도 모르고 바깥세상이 어떻게 돌아가는지, TV 드라마에서는 무슨 연속극이 방영되고 있는지도 모르고 살았다. 그저 옴천마을의 4계절이 바뀌는 것만 속절없이 보고 스쳐 보냈다. 세월이 흐르는 강물 같다는 말이 딱 맞았다.

무식하면 용감하다고 나는 낯선 옴천 땅에서 맨몸으로 부딪치며 4년 동안 온갖 열정을 다 쏟아부었다. 문제가 생기면 고민하다가 잠 못 이루는 밤도 많았다. 하지만 지금은 마을과 더불어 학교가 살아났다.

6학년을 빼고 당시 9명이었던 우리 학생들도 내년에 이젠 무려 50명이나 된다. 그동안 3학급이 증설됐고, 부재했던 교감 선생님 자리도 17년 만에 부활시켰다. 이처럼 기쁜 일이 또 어디에 있겠는가? 그야말로 기적이 일어난 셈이었다.

큰 도시의 아스팔트 아이들이 우리 전라남도 강진군 옴천면 옴천초까지 유학 와서 이제 완전히 변했다. 교육에 관한 내 가치관도 변했다. 지난날을 돌이켜 볼 때, 더욱 감사한 것은 강진군청이 지자체로서는 처음으로 「농촌유학생을 위한 강진군 조례」를 만들어 적극적으로 지원한 것이다.

교육청과 도청 군청 그리고 학교와 마을이 하나가 되어 옴천초 산촌 유학은 꽃피울 수 있었다.

앞으로 농산어촌 교류 유학사업이 안전하게 정착하기 위해서는 법적, 제도적 장치가 갖춰져야 한다. 옴천초에서 유학사업을 추진하면서 2016년에만 11가정, 53명이 가족 체류형으로 이사를 왔다. 나는 이분들이 정착할 수 있는 빈집들을 찾아서 마을 사람들과 협조해 제공해 드렸다.

그리고 현재 세 가정이 완전히 강진군민이 되어 지역사회에 이바지하고 있다.

전남일보, 옴천초 농촌 유학 성공모델 자리매김

전남일보 김성재 기자는 2019년 5월 28일 강진군 옴천초등학교를 농촌 유학의 성공모델로 다음과 같이 소개하였다.

그 기사 내용은 다음과 같다.

【전남일보】강진 옴천초교 '농촌 유학 성공모델' 자리매김
(2019. 05. 28.)
농촌 유학센터 설립…폐교 위기 극복 학생 수 증가
친환경 건강 · 힐링 · 문화 · 예술 교육 프로그램 '인기'

(전국 최초의 농촌 유학 모델로 자리매김한 옴천초등학교에서 학생들이 청정자연을 교실 삼아 수업에 열중하고 있다. 강진군 제공)

폐교 위기에 놓였던 강진 옴천초등학교가 전국 최초의 '농촌 유학 성공모델'로 떠오르고 있다. 28일 강진군에 따르면 옴냇골 농촌 유학센터는 농림축산식품부가 실시한 '2019 농촌 유학 지원대상'에 선정돼 4800만 원의 사업비를 지원받게 됐다.

옴천초교 농촌 유학센터는 폐교 위기에 놓인 농촌학교를 살리고, 입시 경쟁에 내몰린 도시학교의 한계를 극복할 수 있는 교육적 대안을 제시하고 도·농간 교류 활성화 효과로 인기를 끌고 있다.

전국 최초의 농촌 유학 모델인 옴천초등학교는 입학생이 없어 폐교 위기에 처했다. 이에 옴천초등학교 교사 및 마을 주민들이 발 벗고 나서 농촌 유학사업의 활성화를 위해 노력한 결과 현재 학생 수가 48명으로 늘어났다.

특히 광주와 전남은 물론 서울과 인천, 부산 등에서 온 유학생이 많아 농촌 유학 활성화에 성공한 학교로 자리매김했다.

제5장 농촌유학의 미래를 꿈꾸며

강진군은 지난 2016년 옴천초등학교와 전남도교육청, 수자원 공사 등과 유기적 협력과 예산 지원을 통해 전국 최초로 농촌 유학센터를 설립했으며, 매월 25만~35만 원의 유학생 체류비를 지급하고 있다.

옴천초교에 학생들이 모이는 가장 큰 이유는 독특한 교육 프로그램 때문이다. 친환경 건강교육, 힐링 교육, 문화·예술·감성 교육 등 다양한 분야의 교육이 학생들에게 제공된다.

지난해부터는 힐링 산촌체험이라는 새로운 프로그램이 운영되고 있다. 학생들은 청정자연을 교실 삼아 숲 체험, 산촌 요리, 텃밭 가꾸기 등 다양한 활동에 참여한다. '반딧불이 마을 학교'도 옴천초등학교의 대표적인 방과후학교 프로그램이다.

강진군은 올해 농촌 유학사업 국비 지원 유학센터로 선정돼 군비로 지원해왔던 프로그램 개발비 및 컨설팅·홍보비, 기자재 구매비, 보험 가입비, 교사 인건비 등을 국비로 지원해 산촌학교 활성화를 꾀할 계획이다.

이승옥 강진군수는 "학교 폐쇄를 걱정했던 소규모 작은 학교가 인근 지역에서 학생 수가 가장 많은 학교로 탈바꿈했다"라며 "지속해서 학생들이 유학을 올 수 있도록 지역교육청과 관계기관, 지역주민 등과 함께 노력해 나가겠다"라고 말했다.

제6장

담양교육지원청과
봉산초등학교

담양교육지원청 교육지원과장

　나는 담양교육지원청 교육지원과장으로 부임하면서 산촌 유학을 현장에서 지휘하던 교장에서 정책과 제도적 기반을 구축하는 기획자가 된 것이다. 나는 그동안 현장에서 경험했던 일들을 정책적인 차원으로 풀어내려고 했다.

　일본은 우리보다 30년 빨리 산촌 유학을 시작하였다. 일본의 산촌 유학 성과분석은 우리나라에 좋은 모델이 될 수 있다. 특히 우루키 산촌 유학센터는 산촌 유학의 표본이 되고 있었다. 나는 교육지원과장으로 있으면서, 일본의 산촌 유학 현장을 방문할 기회가 있었다.

　'소다테루카이' 등 일본산촌 유학 활동가들의 만남은 기존의 나의 교육철학에 신선한 충격을 주었다. 일본 산촌 유학의 성공과 실패 사례를 통해서 지속 가능한 한국형 산촌 유학의 방향을 고민하게 되었다. 이때 일본의 산촌 유학 현장을 방문하고 쓴 결과보고서는 다음과 같다.

일본 산촌 유학 현장을 돌아보고…
-우루키 산촌유학센터-

I. 들어가며

현대사회는 급속도로 변하여 제4차 산업혁명 시대가 도래하고 있고, 교육현장에서도 이에 대응하는 2015 개정 교육과정을 운영하며 시대에 알맞은 인재를 육성하고자 많은 변화를 시도하고 있다. 그러나 우리의 현실을 돌아보면 인구의 자연감소 현상으로 농산어촌의 인구는 점점 줄어들고 있고, 교육현장도 전남을 비롯한 전국의 농산어촌 소재 학교들은 학생 수가 줄어들어 역동적인 교육과정 운영에 어려움이 많은 실정이다.

이에 따라 귀농·귀촌할 뜻이 있는 소수 활동가는 10여 년 전부터 농산어촌의 작은 학교를 살려 활성화하고자 농촌 유학 사업을 전개하며 노력해오고 있다. 그래서 2017년 10월에는 우리의 현실을 되돌아보고 향후 비전을 수립하는 데 기틀을 마련코자 40년 먼저 시작한 일본의 산촌 유학 현장을 직접 방문하게 되었다.

이번 방문에서는 일본의 소다테루카이 등 일본 산촌 유학 활동가들과 만남을 통해 산촌 유학의 성공과 실패 사례를 듣고 현장을 직접 살펴봄으로써 산촌 유학의 중요성과 역할을 공유하게 되었다. 따라서 여기에서는 일본의 산촌 유학 현장을 돌아보며 알게 된 내용과 느낀 점을 소개함으로써 우리의 교육현장을 되돌아보고 향후 발전을 위한 방향을 제시하고자 한다.

Ⅱ. 일본 산촌 유학의 실제
  1. 우루키 산촌유학센터 현황
   • 대상 : 초2~중3까지 대상이나
           현재 초4학년~중3학년, 12명 유학 중
   • 지도교사 : 센터장 1명, 생활교사 2명, 영양 및
             조리사 2명
   - 인력지원
     ▶센 터 장 : 마을에서 채용, 인건비 지원
     ▶생활교사 : 소다테루까이에서 1년간 수습기간을
               거쳐 채용 후 파견, 인건비 지원
   • 시설 : 마을의 중심부에 위치, 전체 학습실, 급식실, 식당,
          세탁실, 침실, 다목적실, 사무실 등
   • 유학비 : 학생 부담 매월 65만엔 정도,
            농가는 1일당 1500엔~5500엔
  2. 운영 방법
   • 자세한 매뉴얼과 엄격한 규칙을 제정하여 기초 기본
     교육에 충실
   • 학생들은 계획표에 의해 생활하며 스스로 밥상을 차리고,
     감사기도 후 잔반을 남기지 않는 식사와 스스로 설거

지하며 정리 정돈
- 센터에서 학교까지 3Km 거리를 도보로 통학하게 함으로써 등하교 중 계절의 변화를 관찰하게 하고, 기초 체력 향상과 강인한 정신 함양
- 여가 시간은 틈틈이 큰북연주를 함으로써 전통을 이어 가고 서로 협력하는 마음과 소통, 어울림, 스트레스를 해소하게 하는 효과
- 센터장은 출퇴근, 생활교사는 상주하며 학생 관리
- 유학생들은 센터에서 20일, 농가에서 10일간 머무르며 자연과 접하고 농사를 배우며 체험활동을 함
  - 학생들은 농가부모를 고향부모처럼 여기고, 성년이 된 후 찾아오는 학생들 많음. 농가부모들은 학생들 돌봄을 어려움으로 생각하기 보다는 오히려 함께 동반 성장하는 것으로 생각한다는 말이 매우 인상적이었으며 일본 사람들의 높은 국민성을 가늠하게 하였음

3. 지원
- 지자체의 적극적 지원 : 시설 및 센터운영비 지원, 마을과 센터의 홍보(친환경 농산물 생산, 온천개발, 레저 및 체험장 시설, 마라톤코스 개발)
  - 유명 마라톤 선수 활용 적극 홍보, 유명 연예인인 가수

를 홍보대사로 임명 활용하는 콘서트 개최, 농산촌 지역을 지원할 수 있는 외부인으로 구성된 지역 활성대 지원으로 문화예술, 이벤트 행사 기획 및 추진 지원함
  - 면장과 교육위원회, 지역민들이 지역을 홍보하고 아끼는 단결된 모습에서 본받을 점이 많음
- 소다테루까이(산촌유학지원단체)의 인력 지원: 생활교사 2명 파견, 인건비 지원, 유학센터들의 장단기 프로그램 및 캠프 지원
- 산촌 유학사업 시작 근본 취지는 학교나 지역 살리기가 아닌 아이들에게 자연을 접하며 바른 인성을 겸비한 인재로 길러야 한다는 철학으로 시작하여 40년 이상 실천함으로써 학교와 지역을 살리는 효과
  - 아이들과 국가의 미래를 생각하는 순수한 의도와 높은 수준에 놀라웠고 연로하신 농가부모들의 밝고 순수한 미소와 타국 연수단에게 농가의 내부시설까지 기꺼이 공개해주는 그 모습이 매우 감동적이었음

4. 학교의 역할(우루키소중학교)
  - 초중학교가 통합된 학교 초등1-2학년: 복식통합학급 운영
  - 센터와 학교의 확실한 역할 구분

- 유학생 선정시 함께 협력, 센터에서 부모상담 전담, 학교에서 부모에게 따로 연락하지 않음, 다만 운동회, 음악회 등 행사시 부모를 초청하여 함께 하도록 함으로써 월 1회 정도 부모와 만남
- 신발과 실내화, 장화를 구분한 신발장, 우산꽂이까지 갖춘 소박한 현관
- 목재 책상, 분필칠판, 등유난로 특히 컴퓨터가 없는 교실이 매우 인상적
- 손글씨, 손바느질, 목공 실습, 찰흙으로 만든 도자기, 붓글씨 등 직접 손을 활용한 노작교육 후 소산물로 구성한 교실 및 환경
  - 편리함보다는 학생들의 건강과 지능발달, 인내력, 근검절약하는 생활습관 형성 등을 먼저 생각하는 철저한 기초·기본교육으로 기본정신을 잇게 하는 교육(현재 전자칠판과 컴퓨터, 스마트폰, 연필깎이 활용, 조립품 조립 등 온통 편리함을 추구하는 우리교육 현실을 돌아보는 계기가 되었고 염려되었음)

5. 반영할 내용

- 우리나라에 맞는 기본 철학이 확실히 정립된 가운데, 기본정신을 잇는 일관성 있는 교육과 규칙 제정 필요

- 유학센터와 학교, 지역, 지자체의 확실한 역할 구분과 정부와 지자체의 충분한 예산 확보로 행·재정적 지원과 적극적인 협력 필요
- 센터운영자, 생활교사, 농가부모가 쉽게 유학생을 돌보며 서로 협력할 수 있는 매우 자세한 매뉴얼 제작 및 보급 필요
- 소다테루까이 같은 인력과 프로그램 등 유학센터를 적극 지원하는 전문적인 공신력 있는 단체 필요
- 최근 늘어가고 있는 마음병이 있는 아이, 결손가정 아이들을 상담하고 치료할 수 있는 전문가나 이를 겸할 수 있는 전문적인 활동가 양성 필요
- 우리나라의 여건에 맞는 여러 가지 형태의 농산어촌 유학사업을 전개하되 높은 학력, 영어회화실력 향상 등 학부모들의 다양한 요구에 부응하는 형태의 유학센터 운영도 고려
- 지자체, 지역, 학교, 센터 등 적극적 홍보로 농산어촌유학에 대한 필요성을 널리 알리고 노력하며 분위기 확산

Ⅲ. 나오며

지금까지 살펴본 바와 같이 일본의 산촌 유학은 우리보다 30년 이상 앞서간 만큼 받아들여야 할 시사점이 많았다. 무엇보다도 산촌 유학을 시작한 최초 동기가 국가의 미래를 염려하며 아이들을 청정자연 속에서 뛰어놀게 해야 한다는 확고한 철학에서 시작했다는 점에 주목하고, 교육현장에서는 기초·기본 교육에 더욱 충실해야 한다는 것이다.

따라서 앞으로 산촌 유학이 더욱 발전하기 위해서는 양국 간 상호교류를 확대하고 긴밀한 협력을 통해 향후 발전을 위한 방안을 모색함으로써 지속가능한 한국형 산촌 유학 사업이 전개되어야 할 것이다.

나는 일본 산촌 유학 현장 방문을 통해서 우리 실정에 맞는 농산어촌 유학 프로그램이 필요함을 깨달았다. 특히 대한민국은 농산어촌 유학 사업을 문재인 정부 100대 과제 안에도 포함하고 있었다.

그것은 농산어촌 유학 사업이 단순히 도시 아이들의 농산어촌 체험이 아니라, 도농의 균형발전을 위한 토대를 만드는 작업이었다. 나는 담양교육지원청 교육지원과장으로 있으면서 농촌 유학을 '도농 교류 농촌 유학'으로 변형해서 시도해 보았다.

도시의 아이들이 농촌으로 오는 것과 더불어, 농촌의 아이들도 도시의 학교에 가서 공부하는 방식이다. 그래서 먼저 담양

군수님을 만나서 유학 관련 사항에 대해 구체적으로 협의하였다.

나는 담양군 농촌 유학의 활성화를 위해서 먼저 담양군과 자매결연 된 부산시 동래구, 대구시, 서울 용산구, 대전시 등과 사업을 추진하고자 했다. 그래서 전국 교육지원과장 회의가 있을 때마다 해당 시의 교육지원과장님들을 따로 만나 도농 교류 농촌 유학 사업을 함께 해보자고 설득했다. 부산시 동래구는 '동래구민의 날' 행사에 직접 참석하여 홍보하기도 했다.

교육지원과장 모임은 1년에 2~3회 있었기 때문에 매번 반갑게 인사하며 홍보한 덕분에 매우 친해졌다. 그래서 2018년 1월에는 서울시 중부교육청, 성북 강북교육청을 직접 방문하여 교육국장님, 과장님과 도농 교류 농촌 유학 사업을 협의하기도 했다. 그날은 얼마나 추웠던지 볼이 얼어붙어 떨어질 것만 같았던 맹추위가 지금도 생생히 떠오른다.

그날 따뜻한 국밥을 사 주신 허 과장님의 따뜻한 마음도 오래도록 기억에 남아 있다. 나의 열정과 수고가 드디어 열매를 맺기 시작하였다.

서울 중랑구와
협약식

　서울 중랑구와 협약식이 이루어진 계기는 2017년도에 담양 교육지원청에 근무하면서 처음으로 만든 '마을 학교'에서 비롯되었다. 2018년 11월 당시 '덕이 있는 마을 학교'의 초청 강사로 서울 시장님을 모시고 토론회를 개최하였다.
　나는 도농 교류 농촌 유학 사업의 필요성, 당위성 그리고 방법 등에 관해 설명했다. 시장님은 바쁘신 일정에도 나의 제안을 관심 있게 들어주셨다. 서울 시장님은 놀랍게도 이 사업에 대해 관심이 많다고 하시면서 즉석에서 서울 중랑구 류경기 청장님과 통화를 시도했다.
　"류 청장님, 내가 지금 청장님의 고향인 담양에 와 있어요. 앞으로 서울시의 아이들을 담양군으로 농촌 유학 보냅시다."라고 제안을 하였다. 그러자 중랑구청장님도 "네, 좋습니다. 우리 중랑구 아이들을 담양으로 유학 보내도록 하겠습니다."라고 대답하셨다.
　기적 같은 일들이 일어나고 있었다. 서울 중랑구 학생들이 대숲 맑은 생태도시 담양에 와서 농촌문화를 알고 배우는 것이 얼마나 귀하고 값진 일인가? 그리고 담양 학생들이 서울에 가서 도시문화를 친구들과 함께 체험하는 것은 교육의 민주화이다. 전혀 시도해보지 못했던 '도농 교류 농촌 유학 사업'의 첫 삽을 뜨게 된 것이다.

나는 구체적으로 일정을 잡고 추진하기 위해서 출장을 내어 중랑구청장님을 만나러 갔다. 12월 그날은 유난히도 눈이 많이 내리고 추운 겨울이었다.

이날은 서울에 살고 계신 담양 출신분들이 함께 모이는 재경 담양읍 향우회 정기총회가 있던 날이었다. 류경기 중랑구청장님은 담양 출신이기 때문에 당연히 정기총회에 참석하셨다. 내가 그곳에 도착해보니 이미 담양 군수님이 와 계셨고, 나를 보자 깜짝 놀라셨다. 그리고 이개호 농림부 장관님도 참석하셨다. 나는 류 청장님을 따로 만나서 도농 교류 농촌 유학 사업을 제안했더니 흔쾌히 잘 해보자고 하셨다. 곧이어 인사말을 할 때 구청장님께서는 중랑구 아이들을 내 고향 담양으로 농촌 유학 보내겠다고 하셨다. 감사하게도 나에게도 홍보할 기회를 주셨다.

"향우회원님 안녕하십니까? 우리 담양군도 학생 수가 줄어들어서 고민입니다. 담양군을 살리고 대한민국도 살려야 하지 않겠습니까? 여러분의 자녀나 손자 손녀들을 고향으로 유학 보내주시면 명품인재로 길러 드리겠습니다."

했더니 모두 힘찬 박수로 화답해 주셨다.

그 후 도농 교류 유학 사업에 대해 중랑구 담당자와 구체적인 내용과 방법을 협의했다. 이제 협약식 날짜를 정하는 일만 남았다. 2019.2.26. 협약식 날짜를 정하기 위해 중랑구청을 방문했다. 담당자와 과장님이 매우 친절하게 맞이해주셨다. 날짜는 가능한 한 빨리 정하고 싶었지만, 구청장님의 국외 방문 일정이 있어서 쉽지 않았다. 구청장님께서는 교육청만이 아니라, 담양군과도 교육 협약식을 맺고 싶어 하셨다. 그래서 중랑구청과 담양교육지원청, 담양군청이 함께 협약식을 3월 20일에 하기로 했다.

그다음 날 협약할 내용을 정리한 후 담양군청 이병노 국장님(現. 담양군수)과 면담을 했다. 내용을 훑어보신 국장님은 교육청과 관련된 내용은 2가지뿐이고, 모두 담양군과 관련된 것이니 군청에서 협약식을 준비하겠다고 하셨다. 역시 판단이 빠르시고 통찰력이 있는 분이셨다

협약서에 사인은 교육청과는 이미 협약이 맺어졌으니, 각각 하는 것이 좋겠다고 하셨다. 그러나 3자가 한꺼번에 사인을 하는 방법을 찾고자 다시 면담하며 해법을 찾았지만 쉽지 않았다. 중간 실무자 관점에서 참으로 난감했다. 하는 수 없이 중랑구청장님께 부탁하니 해법을 주셨다. 오전에는 담양군청에서 협약식을 하고, 오후에는 담양교육지원청에서 하자는 것이었다. 이렇게라도 배려해주셔서 고민을 덜게 되었으니 따뜻한 청장님의 마음이 느껴져 감사했다.

드디어 2019년 3월 20일. 류경기 중랑구청장님께서 직접 담양교육지원청을 방문하셔서 중랑구청과 담양교육지원청이 '도농 교류 농촌 유학 협약식'을 했다. 나는 이 협약식 사회를 보면서 얼마나 기쁘던지 자꾸 눈물이 나는 것을 참을 수 없었다.

도농 교류 농촌 유학, 첫 시작! 서울 아이들이 담양으로~

도농 교류 농촌 유학 사업 시작, 서울 중랑구 학생들 30명이 먼저 담양으로 오기로 했다. 담양교육지원청에서는 작은 학교(초 8교)를 대상으로 홈스테이가 가능한 학생들을 모집했다. 처음에는 참여율이 낮았지만 교장 선생님들께 일일이 설명하고 안내하니 적극적으로 호응해주셨다. 2019년 6월 12일. 드디어 중랑구 학생들이 담양에 왔다. 일찍부터 수북면에 있는 국제청소년교육수련원으로 가서 학생들을 맞이했다. 중랑구청 팀장님이 학생들을 인솔하고 왔다. 학생들의 표정도 밝고 즐거워했다. 우리는 간단히 환영식을 하고, 점심을 먹는 것부터 담양체험을 시작했다. 오후에는 국제청소년교육수련원 주변의 병풍산 숲길을 걸었다. 서울 학생들은 자연의 신비함과 맑음을 느끼며 천천히 숲길을 걸었다.

밤에는 천문학박사님의 지도로 허블망원경으로 달을 관측했다. 달의 표면이 보이자 아이들은 환호성을 지르며 신기해했다.

이튿날, 대나무가 많은 죽녹원과 메타세콰이어길을 걸었다. 옛날에 주조장을 미술관으로 개조한 해동문화예술촌도 관람했다. 그 후 대나무박물관을 관람한 후, 대나무 부채 만들기를 했다. 오후에는 담양 학생들과 함께 조선 시대 정원인 소쇄원을 견학했다.

저녁에는 학생들이 모두 모여 골든벨과 캠프파이어를 하며 친교의 시간을 가졌다. 학생들은 두 손을 꼭 잡고 즐겁게 참여하며 매우 친해졌다. 9시쯤 홈스테이 농가로 돌아가 가족들을 만나고 함께 잠을 잤다.

셋째 날, 학생들은 농가에서 아침을 맞이했다. 일찍 일어나 텃밭에 가 고추, 토마토, 블루베리를 따고, 가축들에게 먹이를 주며 농촌 생활을 체험했다.

농가에서 재배한 농산물로 차려진 아침을 먹고, 담양 학생들의 학교에 함께 등교했다. 각 학교에서 함께 공부하고 놀이하며 급식도 함께 먹었다. 서울 학생들은 10명도 안 되는 적은 학생 수에 놀랐고, 선생님이 항상 가까이 계시니 개별지도를 받는 것 같고 공부도 더 재미있다며 신기해했다. 급식도 매우 맛있어서 많이 먹었다고 했다.

오후에 서울로 돌아가는 버스가 도착하자 학생들은 며칠 더 지내고 싶다며 아쉬워했다. 담양 학생들과 부모들도

"일정이 너무 짧아요. 정들자마자 이별하니 아쉬워요."

"다음에는 날짜를 더 늘려 주세요."

나는 학생들에게 앞으로 서로 편지, 문자, 카톡, 전화 등으로 소통하며 지내길 부탁했다. 그리하여 하반기에 서울에서 다시 만날 때는 더욱 친해지자고 했다. 부모님들도 서로 소통하며 친하게 지내시라고 부탁했다.

이 전의 경험으로 보면 학생들이 친해지면 자연스럽게 부모들도 친해져 서로 왕래하는 것을 봐왔기 때문이다. 농가에서 생산한 농산물도 보내주고, 휴가 때는 서로 방문하여 친하게 지내는 사람들이 있었다. 매우 바람직하지 않을 수 없다.

이번 도농 교류 체험학습은 여러 가지 면에서 매우 의미깊은 행사였다.

도농 교류 농촌 유학, 담양 아이들이 서울로!

2019.10.30. 이번에는 담양의 학생들이 서울로 도농 교류 체험학습을 떠났다. 12쯤 서울 중랑구청에 도착하자 중랑구청

직원들이 반갑게 맞이해주셨다. 구청 기획상황실에서 환영식을 한 후 구청장실로 갔다. 류경기 청장님께서는 자리를 만들어 기다리고 계셨다. 학생들을 반갑게 맞이하고 대화시간을 가졌다. 청장님께서는 고향에서 온 학생들이라서 그런지 매우 친절하게 대해주시고 답변해주셨다.

　점심을 먹은 후 중랑 숲 체험의 숲으로 갔다. 숲은 잘 조성된 꽤 큰 숲이었다. 학생들은 서로 서바이벌게임과 집라인을 타며 즐거운 시간을 함께했다. 저녁에는 롯데월드타워 전망대에 올라갔다. 학생들은 서울시의 휘황찬란한 야경을 보며 놀라워했다. 올림픽파크텔 숙소로 돌아온 후에도 잠들지 못하고 즐거워했다. 둘째 날, 오전에 자전거 교통안전 체험을 했다. 자전거는 모두 익숙하게 잘 탔다. 오후에는 구청의 청년 공방에서 네온사인 만들기 체험을 했다. 신비한 네온사인 빛을 보며 모두 열심히 만들었다.

　저녁에는 중랑청소년센터에서 서울과 담양 학생들이 함께 모여 레크레이션으로 친선의 시간을 가졌다. 학생들은 매우 친해져 무척 즐거워했다. 그러나 각 가정의 사정으로 홈스테이를 하지 못함에 매우 아쉬워했다.

　셋째 날, 오전에 한성백제박물관을 관람하고 호돌이 열차를 타고 주변을 탐방했다. 우리는 '나 홀로 나무' 앞에서 기념촬영을 했다. 점심을 먹은 후 환송을 받으며 아쉬운 발걸음을 돌렸다. 담양 학생들도 서울에서 홈스테이와 큰 학교를 경험하길 원했지만, 중랑구의 사정으로 이루어지지 않아서 매우 아쉬웠다. 그러나 도시와 농촌 학생들이 서로의 문화를 접하고 교류를 한 것은 매우 의미깊은 일이었다.

담양교육지원청, 보고 싶은 친구들 만나러 가요~

[교육연합신문=조만철 기자] 2019.11.01

담양교육지원청은 지난 6월 담양에 방문한 서울 중랑구 학생 30명과 담양 학생 30명이 10월 30일부터 11월 1일(2박 3일) 동안 함께 도농 교류(도시체험학습)를 올림픽공원 및 서울 일원에서 실시하였다.

이번 도농 교류는 다채로운 담양지역 학생들의 도시문화에 대한 이해를 돕고 도시 지역 문화를 직접 경험하는 기회가 됐다.

학생들은 중랑 숲, 롯데월드, 한성백제박물관, 호돌이 열차, 청년 공방, 자전거 교통안전체험장, 중랑 청소년센터 등 도시의 다양한 문화를 체험할 수 있다는 점에서 의미가 컸다. 특히, 롯데월드 견학은 평소에 경험하기 힘든 타워전망대를 이용해보는 등 다채로운 체험을 했다.

도농 교류에 참여한 담양 담양남초 임채은 학생은 "친구들과 함께 도시문화를 체험하면서 친구들과 더욱 친해질 수 있었고, 배려하는 마음이 커졌다. 무엇보다 담양에서는 경험하지 못했던 다양한 도시문화를 직접 체험해 보니 정말 재미있었으며 서울 친구들과 계속 교류하고 싶다."라고 말했다.

교육장은 "서울과 담양의 도농 상생의 기반 마련뿐 아니라 양 지역의 다양한 문화를 경험함으로써 학생들의 호연지기 함양시키며, 아울러, 앞으로 지속적인 도농 교류 활성화로 작은 학교의 교육 경쟁력을 더욱 강화할 것이며, 교육이 지역을 살리는 명품 담양교육 실현에 최선을 다하겠다."라고 밝혔다.

담양 봉산초등학교

나는 담양교육지원청 근무를 마치고, 다시 담양 봉산초 교장으로 부임했다. 현장으로 돌아온 나는 다시 봉산면에 맞는 농촌 유학을 시도하였다. 담양군 봉산면은 강진군 옴천면과 달리 전통문화가 곳곳에 있었다. 특별히 우리나라의 가사문화를 꽃피운 장소이다.

봉산초는 송순의 '면앙정' 근처에 있는 90년이나 되는 학교이다. 오랜 전통과 역사를 간직한 학교로써 인재도 많이 배출했다. 나는 이러한 지역문화의 특성과 담양의 생태환경이 접목되는 창의적 교육 정책을 추진하고 있다.

봉산초 교육의 핵심가치를 크게 네 가지로 구분하면 다음과 같다. 첫째, 多 함께 성장하는 혁신학교 운영이다. 21세기의 교육은 다양성에 기반을 둔 혁신 교육이다. 多는 학생 개개인의 다양성을 존중하고, 그것이 잘 발현될 수 있도록 교육하는 시스템이다. 맞춤형 교육으로 학생들의 끼와 능력이 획일화 속에 매몰되지 않도록 하는 방식이다. 특수성과 다양성이 서로 만나면서 창의적 인재를 양성하는 것이다.

둘째, 多를 바탕으로 그 능력이 개인의 특성에 맞게 표출되도록 '방과후학교' 활동과 연계시키고 있다. 학생과 학부모의 요구를 반영한 수요자 중심의 교육 프로그램을 개설하여 한 명의 학생도 소외됨이 없도록 한다. 또한, 정기적으로 활동 발표회 및 전시회를 개최하여 교육의 성과를 공유하고 있다.

셋째, 감성을 기르는 문화예술 체험학습이다. 봉산초는 가사문학의 산실인 면앙정과 인접하고 있다. 면앙정은 조선 중기의 문신 송순이 1533년(중종 28)에 지은 정자이다.

면앙(俛仰)은 '아래로는 땅을 내려다보고 위로는 하늘을 우러러본다.'라는 의미로, 땅과 하늘에 한 점 부끄럼이 없는 삶을 살기를 바라는 염원이 담겨있다. 이곳 면앙정은 가사 문학이 탄생한 진원지이다. 이곳에서 시작된 '면앙정가단'은 '호남시단'의 토대를 이루었다. 우리 학교는 이러한 지역문화를 기반으로 학생들에게 문학적 감수성을 함양하는 데 중점을 두고 있다.

또한「학교사랑! 마을사랑! 우리고장 보물찾기」프로젝트 학습으로 가사 문학에 관심을 갖고 송순의 인물탐구를 통해 애향심과 자긍심을 함양하고 있다. 또한, 문학과 예술이 접목되고 표현될 수 있도록 예술가와 문학가와의 만남을 추진하고 있다. 즉 담양의 생태환경과 문학과 예술이 접목되는 '창의 융합 교육'을 실시하고 있다.

넷째, 마을과 연계한 교육과정 운영으로 마을의 전문가 멘토와 함께 하는 자율동아리활동이 있다. 이 프로그램은 학생들을 마을 사람들과 함께 잘 키우자는 취지로 기획했으며, 마을의 전문가들이 멘토가 되어 진로 직업을 탐색하고 체험활동을 통해서 함께 꿈을 키우는 것이다. 주요 부서는 목공예, 도예, 곤충 사육, 바느질, 사진, 칠보공예, 우도농악, 텃밭 가꾸기 등이다. 매월 1회 만나 활동하며 학습 소산물은 나눔 바자회를 통해서 전시 판매하여 수익금은 전액 이웃돕기 성금으로 기부하고 있다. 이러한 교육 프로그램은 담양 봉산초만이 갖는 장점이며 특성화라 할 수 있다.

나는 이러한 교육의 가치를 농촌 유학의 교육 목표로 내세웠다. 봉산초로 유학을 온 도시 학생은 문학과 예술 그리고 생태적 감수성을 함양할 수 있다. 이것은 회색빛 도시공간에서는 결코 배울 수 없는 교육의 이념들이다. 즉 담양 봉산으로 유학을 와야만 배울 수 있는 교육의 가치들이다. 4차 산업혁명 시대 교육의 핵심은 무엇인가? 창의력 및 융·복합 능력과 공감 소통능력이다. 우리 봉산초등학교는 창의융합 교육과 공감 능력 배양을 통해서 국가와 세계가 필요한 인재를 양성하고자 한다.

이이남 작가의 꿈과 끼를 이어받아

나는 지역 출신의 유명 예술가와 학생들의 정기적인 만남을 추진하고 있었다. 미디어 아티스트인 이이남 작가는 봉산초등학교 49회 졸업생이었다. 그는 미디어 아트 부분에서 세계적으로 인정받고 있는 작가이다. 나는 여러 차례 작가와의 만남을 시도하던 끝에 양림동 갤러리에서 그를 만났다.

작가님은 어린 시절 개구리 울음소리를 많이 들었고, 들판을 뛰어다니던 추억들을 떠올렸다. 그리고 동네 밭에서 감자와 고구마를 캐 먹고 자랐던 이야기들을 했다. 이때 길러진 생태적 감수성이 바로 창조의 원동력이 되었다고 하니 깊은 공감이 되었다. 그렇다. 만약에 회색빛 건물이 즐비한 도시에서 자랐더라면, 아마 오늘날의 예술가는 탄생하지 않았을 것이었다. 작가님은 흔쾌히 모교의 후배들을 위해 미디어 아트 작품을 기증해 주셨다. 모교의 아이들이 영감을 받고 선배보다 더 훌륭한 예술가가 되기를 바라는 마음에서이다.

모두 3점을 기증해 주셨는데 1점은 학교 실내 현관에 설치한 명화를 재해석한 작품으로 "크로스오버 쇠라와 꿈"이다. 2점은 학교 외부 중앙현관 위에 설치한 작품으로 "신 묵죽도, 아사전에 매화꽃 피었네, 크로스오버 쇠라"이다. 또 한 점은 같은 장소에 "기운생동 시리즈"로 하늘과 땅, 바다 3가지 테마로 들숨과 날숨처럼 호흡하는 자연의 생명력을 디지털 예술로 담고 있다.

이 작품과 함께 우리 아이들의 그림도 모두 전시되고 있어서 아이들과 학부모님들이 매우 행복해하고 있다.

〈작품 1〉 기운생동(氣韻生動) - 자연의 노래

〈작품 2〉 기운생동(氣韻生動) - 평화의 물결

〈작품 3〉 기운생동(氣韻生動) - 생명의 꽃

우리 학교가 동네 미술관이 되어서 주민과 학생이 예술을 향유하고 있다. 나는 이 모든 것이 봉산초만이 갖는 교육적 강점이라 생각한다. 모든 마을은 그 마을의 역사와 문화가 있다. 그 문화적 자산 위에 교육은 시작되는 것이다. 나는 봉산이 갖고 있는 인적, 물적 그리고 문화적 자산을 교육의 형태 속에서 하나로 묶어서 교육하고 있다. 이것이 바로 4차 산업혁명 시대가 요구하는 교육이다.

농산어촌 유학이 대한민국 교육의 미래가 되기 위해서는 학교와 마을 그리고 지역의 문화적 자산이 함께 융합되어야 한다. 그때 21세기가 원하는 창의적 인재가 양성될 수 있다.

에필로그

사람들은 그동안 농산어촌 유학에 큰 관심이 없었다. 그저 도시 아이들이 농촌체험을 위해서 잠시 왔다가 가는 정도, 혹은 농촌학교 살리기를 위한 목적으로만 생각했다. 농산어촌 유학은 정체된 마을에 많은 변화를 가져다주었다. 예를 들면, 노인들만 있던 마을에 생동감을 가져다주고, 지방 유입인구를 늘어나게 했다. 농산어촌 유학은 농가 숙박형, 유학센터형, 그리고 가족들이 함께 이주해 오는 세 가지 형태이다. 특별히 가족들이 함께 학교가 있는 마을로 이주해 오는 경우가 점점 늘고 있다. 이것은 지역발전을 위해 매우 바람직한 현상이다. 소문난 농산어촌 유학학교가 세워지면, 그 마을도 함께 성장하게 된다. 즉 농산어촌 유학사업은 귀농과 귀촌의 새로운 바람을 일으키고 있다.

대한민국 부모들은 자식의 교육을 위해서 모든 희생을 감수한다. 아이들이 농산어촌 유학을 통해서 숨겨진 재능과 미래의 가능성을 발견한다면, 과감하게 도시 생활을 벗어나 농산어촌으로 이주하게 된다. 그러므로 앞으로 농산어촌 유학은 더 체계적이고 과감한 혁신이 필요하다. 즉, 초·중·고등학교가 함께 연계한 교육의 지속적인 프로그램이 필요하다. 농산어촌 유학이 단발성으로 끝나지 않고, 한국 교육의 미래가 되기 위해서는 통합적인 교육 체계가 필요하다. 또한, 국가가 농산어촌의 유학생에게 다양한 혜택을 주는 제도들을 만들어 추진할 때, 농산어촌 유학은 대한민국의 미래가 될 것이다.

과거에 옴천초 교장으로 있을 때, 산촌 유학의 조례를 만들기 위해서 밤낮으로 뛰었던 기억이 새롭다. 지자체, 여러 기관 단체 등의 지원이나 협력이 없었으면 농산어촌 유학은 불가능하다.

내가 처음 산촌 유학사업을 시작할 때는 구체적인 교육의 철학이 없었다. 단지 강진군 옴천 마을에 있는 작은 초등학교를 살리겠다는 일념으로 시작했다. 즉 '어떻게 하면 폐교될 학교를 살릴 것인가' 하는 일념으로 시작했다. 그러나 여러 번의 시행착오와 시간이 주는 교훈을 통해서 농산어촌 교육이 얼마나 중요한지를 깨달았다.

인간은 결국 자연에서 시작하여 자연으로 돌아간다. 즉 인간은 자연 속에 존재하며 자연을 문화화하며 살아간다. 그런데 급격한 도시화의 물결은 자연을 콘크리트 중심의 회색 문화로 변질시켰다. 도시는 끊임없는 경쟁과 비교 그리고 자본의 논리에 지배당하고 있다. 도시의 아이들은 입시 경쟁이라는 싸움터로 몰리고, 게임중독, 학교폭력 등에 종종 노출된다.

이 아이들에게 자연과 마을 그리고 지역문화가 있는 농산어촌학교와 교류가 필요하다. 반면에 농산어촌의 아이들에게는 친구가 필요하다. 도시에서 온 친구는 시골에 있는 아이에게서 새로운 삶을 배우는 동반자이다. 나는 농산어촌 유학이 궁극적으로는 '도농 교류 교육'으로 발전되어야 한다고 생각한다.

도시의 아이들이 농산어촌으로 오는 것만이 능사가 아니다. 발상을 전환해 농산어촌의 아이들이 도시로 가는 교육의 상호교류가 필요한데, 그게 바로 '도농 교류 교육'이다. 나는 농산어촌 교류 교육이 한국 교육의 미래라고 생각한다. 도시와 농촌에서 자란 두 아이의 만남은 무엇보다 살아있는 교육이다. 아이들은 전혀 다른 성장환경에서 나고 자란 스키마를 교환하는 것이므로 사회성, 협동심, 배려심 등 미래핵심역량을 기르는 데 이보다 더 좋은 방법이 없다.

물론 시행을 해보니 아직은 도농 교류가 걸음마 단계이고 특히 도시로 가서 지내는 것은 많은 한계가 있었다고 고백할 수밖에 없다. 서울 중랑구와 업무협약을 하고, 서울 아이들 30명이 먼저 담양에서 2박 3일간 농촌체험을 했다. 함께 놀고, 자고, 학교에서 공부하며 소중한 추억을 만들었다. 가을에는 담양 아이들 30명이 서울로 올라가 도시체험을 했다. 이 사업으로 농촌과 도시에서 매우 소중한 것들을 체험하며 좋은 추억을 만들었지만 계속 이어지지 못한 아쉬움이 많았다.

나는 농산어촌 유학의 교육적 가치를 네 가지 키워드(keywords)로 정리하고자 한다. 즉 '사람', '마을', '문화', '생태'가 그것이다.

첫째, 교육의 중심은 '사람'이다. 교육은 사람이 사람답게 존중받고, 사람이 사람답게 살아가는 것을 배우는 것이다. 농산어촌 유학은 아이들의 삶을 무엇보다 귀하게 여기고 인격적으로 대우한다. 아이들은 학교와 마을로부터 소외되지 않고 마을의 구성원으로 존중을 받게 된다. 특별히 그들은 공동체성이 무엇인가를 몸으로 배우게 된다. 즉 실제 삶이 교육임을 배우게 된다.

둘째, 농산어촌 유학은 '마을'이 학교이다. 교육이 교실 안에서만 이루어지는 것이 아니라, 마을 전체가 학교이다. 도시교육이 학교 교사와 학원 교사에 의해서 주로 이루어진다면, 농산어촌 교육은 마을 주민이 삶을 가르쳐주는 교사가 된다. 그래서 농산어촌 유학사업은 마을과 학교가 아이들을 키워가는 '교육 공동체의 주체'가 된다.

세 번째로 농산어촌 유학은 '삶이 문화'임을 알게 한다. 문화는 넓게는 인간 삶의 총체적인 양식이고, 좁게는 지역이 갖는 삶의 역사와 전통이다. 도시의 아이들은 농촌 유학을 통해서 마을의 시간성과 역사를 자연스럽게 습득한다. 즉 도시의 콘크리트 문화에서 배울 수 없는 마을의 전통과 문화를 배울 수 있다. 그래서 사람이 문화를 만들어내지만 동시에 문화가 사람을 형성해감을 몸으로 배우게 된다.

넷째, 농산어촌 유학은 '생태'가 교육임을 알게 한다. 도시의 개발 문화 속에서 자란 아이들에게 자연은 개발과 지배의 대상이다. 도시는 끊임없이 자연을 파괴하고 도시화를 만들어간다. 그런 환경 속에서 교육을 받는 학생들의 사고방식은 어떠하겠는가? 사람은 환경과 구조에 영향을 받으며 성장한다. 반면에 농촌의 학생들은 자연이 삶의 일부임을 몸으로 체험하면서 살아간다.

곧 사람도 자연의 일부임을 깨닫는 생태적 감수성을 자연스럽게 습득하게 된다. 아이들이 자신이 자연의 한 구성원임을 알 때, 자연의 아끼고 보살핌이 바로 나를 살리는 것임을 깨닫게 된다.

이제 나의 교직 생활도 마감해야 할 때가 다가왔다. 그러나 교육에 관한 나의 열정은 여전히 식지 않고 뜨겁다. 교육은 나의 삶이며 호흡이 멈추는 순간까지 계속된다. 배움이 없는 삶은 정지되고 죽은 삶이기 때문이다. 나는 평범한 섬마을 교사에서 시작하여 한국 교육의 미래를 걱정하는 교육자가 되었다.

아직도 미완의 숙제로 남은 농산어촌 유학사업이 더욱 진화되고 발전되기를 꿈꾸어본다. 그러기 위해서는 농산어촌 유학에 대한 교육철학과 가치가 재정립되어야 한다. 그리고 그에 따른 법적 제도적 장치가 뒷받침되어야 한다. 이제 대한민국의 농산어촌 유학은 시작이다. 이것이 대한민국 미래 교육의 중심이 되기까지는 이 부분의 교육전문가들이 많이 나와야 한다. 특별히 농산어촌 지역에 근무하는 교사들에게 이 교육이 얼마나 중요한가를 깨닫게 하고 소명의식을 갖게 할 필요가 있다. 40년 교직 생활을 눈앞에 두고 정리한 나의 보고서가 농산어촌 유학에 작은 길잡이가 되길 바라면서 이 글을 마친다.

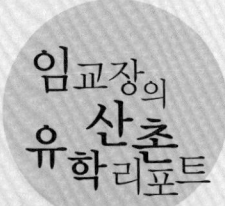

임교장의
유학 산촌 리포트

내가 경험한 산촌 유학의 이야기

발행일_ 2022년 08월   •   발행인_ 임금순
발행처_ 동인출판(062.234.7384)
        광주광역시 동구 문화전당로 23번길3-1(남동)